過往雲煙

林鵬先生回憶錄

序

韓石山

一

林鵬先生是我敬重的一位長者。

打定主意要寫個痛快的文章，一起首竟是這麼一個平庸的句子，不知將來林先生看了會怎樣，此刻我就先覺得彆扭，不是怠慢了林先生，就是怠慢了我自己。

改吧，似乎也不好改。因為林先生確實是我敬重的一位長者。問題出在，我不是一個能很規矩地敬重某個自己敬重的人的人，他呢，也不是個能很規矩地端著架子等著叫敬重他的人來敬重的長者。

越說越糊塗了，還是說兩件事吧。

林先生是個書法家，這沒說的，毛病出在他以為他靠靈性成了書法家，只要他一指點，再愚鈍的人也能成了書法家。一次在他家裡，前幾年了，現在不會了，他說：石山吶，你只要照我的法子練上兩個星期，就成了書法家了。找兩幅自己喜歡的書法家寫的字，字數不要多，一首七言絕句，一首五言絕句，照著寫，寫熟了，到了哪兒都是這兩幅，別的不管他怎麼求，就是個不寫。時間一長，架子也有了，名氣也有了，不是書法家是什麼？

我心裡直笑，這是教沒文化的官僚的辦法，韓某人怎麼會來這一套。說出的話卻是，林先生吶，這麼一來是成了書法家，且是出自林門，只是你的弟子那麼多，我現在才列於門牆，將來見了你那些弟子，我該叫什麼，叫師兄還是叫師叔？——我還是好好當我的三流作家吧。

林先生一聽，哈哈大笑。此話遂擱過不提。

再一件事，也與寫字有關。他知道我平日是寫字的。一次聊天過後，要走了，問我，要紙嗎？隨手指指地板上堆的宣紙摞子，有一人高，全是別人送的。我說要。他說，你自個拿吧。將上面的幾令翻了一下，抽出一令我覺得好的，扛起便走。

從老先生家這麼拿東西，只有林先生家敢。我知道，他是真心給，不是客套，他也知道我要就是要，不要就是不要，不會扭捏。要是別處，先不說會不會這麼說，就是說了，要和不要我是會掂量一下的。一掂量準壞事，——我是個窮到連紙也買不起的人嗎？

下次見了林先生，說起練字，我說，林先生的紙真好，寫起來的感覺就是不一樣。他驚喜地說，是嗎？別人送我的都是好紙。我說，我家裡也有好紙，只是一用好紙寫，總也寫不好。用林先生的紙就不同了，白來的，寫壞了不心疼，心態放鬆，筆下也就有了靈氣。

林先生聽了，哈哈大笑，說：「那你以後就隨便拿吧。」以後他再不提拿紙的事。可我知道，只要我開口要，他還是會給的。

敢隨意說話，敢隨意行事，這就是我敬重林先生的表現。

允許我隨意說話，允許我隨意行事，這就是林先生品德學問之外，更讓我敬重的地方。

雖未能列於門牆，林先生還是把我當弟子看待的。只是我這人在尊師面前，總也沒個正經的時候，比如共同外出赴宴，要上台階了，我會過去攙扶一下，給了別人，這樣的事，做就做了，絕不會說什麼的，我不，一邊攙扶一邊總要說「有事弟子服其勞。」每當此事，林先生總是推開我，去去去。我呢，也只是在這樣的地方表現一下，待到了餐桌上，就只顧自己大快朵頤，絕不會說什麼「有酒食，先生饌」了。

有了這樣的亦師亦友的關係，當領了林先生之命，要為他新近編成的散文集寫序的時候，就會知道，我會怎樣的盡心，要寫成一篇怎樣痛快淋漓的文章了。

還得說是怎樣領命的——與林先生有關的事，沒有一件不是既見情誼又見個性的。

上個月吧，去了林府，剛落座，老先生說他的散文集編起來了，隨即說：「序，你寫吧。這是你鼓動我編的。一萬字，不能少！」

我心裡苦笑，有這麼讓人寫序的嗎，定下了字數不少於一萬。我從沒有寫過這麼長的序。可是——當時就沒有可是，只有現實——就坐在林先生面前，就聽到了林先生的話，能說的話只有一個字，行。

二三十年的交往，林先生從來沒讓我做過力不能及的事，凡是他讓我做的事，我也從沒有撥過林先生的魂兒。真用得上那個俗之又俗的流行語：說你行，你就行，不行也行。

其時我正在寫一部書，唯一的軟話是，寬限幾天行不行。

林先生說，也不能太遲。

這不，我的事一撂過手，就緊著看起林先生的散文集子。他老人家做事，從來是大手大腳，像這樣的書稿，要是我，列印上一冊也就行了，他竟用四號字，印了不知多少本，且裝訂得跟真書一樣。看這樣的書稿，簡直是一種享受，不像是在看書，倒像是在批公文似的。

不光看了這本書，還看了先前送我的《丹崖書論》、《平旦札》，連他的書法集也翻了出來。

看林先生的書，一是痛快，越看越痛快，一是敬重，越看越敬重。

二

敬重的根基是佩服。

佩服的根基之一是經歷。

一個中學生考上北大清華，也佩服，佩服的只是單薄的聰明，一個赴緬甸作戰的遠征軍老兵，你只要見了，就只有佩服，不是別的，是豐厚而苦難的經歷。

林先生是有大經歷的人。不知道他的經歷，很難理解他這個人。要捋清他的經歷，非得編個年表不可。還真的編了，抄錄下來太長，且簡略述之。

林鵬，原名張德臣，後改林鵬，字翮風。河北易縣人，生於一九二八年農曆正月廿八。一九四一年入晉察冀邊區革命中學讀書。一九四三年任區幹部。一九四五年以正連級入伍，任晉察冀一分區團、師政治部通訊幹事。一九五二年赴朝參戰，任六十五軍戰地記者、報社主編。一九五八年轉業到山西，歷任山西省人事局秘書，省革委會業務組幹部組副組長，省輕工廳科技處處長。

光看這些，不過是個有著革命經歷的老幹部。這樣的人多的去了，若要佩服，去了榮軍敬老院，進了門就得一步三磕頭，直到爬著出來。

再看下面這些。

改革開放以來，聲名大震，曾任山西省書法家協會主席，中國書法家協會理事，創作評審委員會委員。為山西省書法家協會名譽主席、山西大學美術學院客座教授、太原師範學院名譽教授。出版著作有《丹崖書論》、《蒙齋讀書記》、《平旦札》、《林鵬書法》、《蒙齋印話》，長篇歷史小說《咸陽宮》。還有即將出版的這本——《過往雲煙》。

還不行。大陸省區（含直轄市）書協主席，一屆就三十個還掛零，加上曾任，比我家的祖宗牌位還要多。就是出了那麼多書，也沒有什麼可稱道的，我周圍的文人朋友，哪個不是十幾部二十部？

說到底，經歷不是一個又一個的層級（官職），也不是一冊又一冊攤開的書本，這些都是直線的，平面的。經歷是一個豐厚的存在，是巍峨的山巒，更是山巒上升騰起的雲嵐。不是仰首可視的豐碑，也不是抬腿可進的殿堂，就是那麼一個歷盡滄桑，又渾身正氣的人。

真正的經歷，不是多少了不起的偉績，要的是曲折，乃至挫折，入死出生的驚懼。

這才是林先生經歷中最為可貴的，也是讓我由衷佩服的。不必詳述了，有位朋友正在寫他的傳記，相信看過的人，會同意我的這個看法。這裡連簡略述之的必要都不必。林先生有首名為《回鄉》的詩，既見經歷，見性情，也見才華。詩曰：

書劍飄零四十年，歸來依舊老山川。
項上得腦今猶在，肚裡初心已茫然。
丹心碧血成底事，白髮青山兩無言。
小子狂簡歸來晚，尚有餘力綴殘篇。

對了，無意中寫出了經歷的真諦，就是，只有昇華為性情的經歷，熔鑄進才氣的經歷，才是讓人敬重的經歷。

還有一首詩，也頗見性情，不妨也抄在這裡：

吊兒郎當小八路，自由散漫一書生。
命中註定三不死，胡寫亂畫老來風。

這裡的三不死，用他自己的話說，就是：「我經歷過三個戰爭，抗日戰爭、解放戰爭、朝鮮戰爭，沒有被打死，困難時期沒有被餓死，一系列的政治運動沒有被整死。」（《丹崖書論》第二三五頁）

這經歷，用他的話，還有一種更為簡潔的表達：挨整三十年，讀書三十年。看了這些經歷，瞭解了他的性情，他的才氣，就知道這是一個怎樣的人，這樣的人有多高的志向，積三十年之功，能做出怎樣的業績了。

前面說「挨整三十年，讀書三十年」，還應當加上「著述三十年，精進三十年」。精進一詞不好理解，我的本意是，有人有著述而無精進，比如在下，有人有精進而無著述，比如時下不少高談闊論，而一下筆便露怯的學者。林先生則反是：會讀書，善思考，呈才使性，多方建樹，筆走龍蛇，碩果累累。最能說明這精進成果的，該是經過三十年的磨礪，終於成為一代名書法家、名作家、名學者。

這是人生的大成功，也是挨整的大成功。

挨整與成功之間的關係，當他自己還氣猶填胸之際，倒是他的老首長，北京某部劉紹先政委先他一步，看了出來。九十年代初，一次去北京，去看望老首長，劉政委說：「林鵬，你應該感謝你挨得那些整。你要是不挨整，你能讀了書，能寫出長篇小說，能寫學術隨筆，能寫一筆好字嗎……跟你一發子的多了，誰能像你。」

既已寫了林先生的經歷，且將以之作為下面談論他的散文的依憑，不妨在這裡，也將他的書藝與學問作一概述，這樣，後面說起他的散文，就更實在了。

他是當今的草書大家。料不到的是，其起步竟是篆刻。學篆刻，是為了學會篆字讀《說文》。為什麼讀《說文》。是為了學習古典文學。這個路子，是他轉業到山西後，因工作之便，結識了從教育部下放到山西的右派分子，語言學家孫功炎。孫先生給他說的：「把《說文》攻下來，直接就攻讀十三經、先秦諸子……把眾經諸子攻下來，你再看這些（他指一下我正在看的唐宋八大家文集），就像大白話一樣。」（《蒙齋印話》）

於是便下了十幾年的功夫，由篆刻而篆字，由《說文》而先秦經典。

這是起始，也可說是最初的功夫。接下來就分作兩途，一是書藝的發展，一是學問的發展。

書藝的發展，有一個篆書而草書的過程，仲介則是明清之際的山西草書大家傅山先生。是理之必然，也是性之必然。有了篆書的底子，再進入草書，這是一些研究林氏書法的人，不大注意的。從最規整的，到最草率的，其成功的奧秘或許在這裡吧？

學問的發展，則是由眾經諸子，到專注一經一子，一經者，《禮記》也，一子者《呂氏春秋》也。

書藝與學問相糾結的，則是傅山研究，《丹崖書論》。

學問與寫作相糾結的，則是長篇歷史小說《咸陽宮》。

直到二十世紀終結，他還不知道，他還有另一樣大本事，這便是盡情盡性而又元氣沛然的散文寫作。

想到他初到部隊，是通訊幹事，後來做到軍報的主編，擅長的是通訊寫作，我的腦子裡，登時就閃過一個意象：一條蛟龍，幾十年騰雲駕霧，興風作浪，到了耄耋之年，一回頭，又咬住了自己的尾巴。

一切都是機緣的巧合，一切都是命運的撥弄。一句話，一切都是才情的使然。

三

太原的住戶千千萬萬，我進出最多的，一是南華門我自己的家，一是東花園林先生的府上。大前提是，我不是個愛串門的人。這兩個數值不可相比，但次序不會有錯。

去林先生府上多，一是方便，一是那個整日煙霧繚繞的大平房，誘惑力實在太大了。

方便之處在於，略去我出門要走的一截小巷，可說是在一條街上，府東街上。我家在東，林府在西，相距不過兩站路。我有早晚散步的習慣，太原的地勢是東高西低，往西走總覺得便當些。再則，這條街的人行道寬敞，走起來輕鬆自在。這樣一來，散步的路線，幾乎固定在沿府東街往西，到省政府西門再拐回來。而林府就在省政府東邊的東花園（這也是他自號東園公的由頭）。若我一天之內，早晚都散步的話，會四次路過東花園的大門口。一不留神，就拐進去了。

關鍵還是林府的誘惑力。

林家外屋沒有沙發，有兩張大桌，一是林先生的寫字台，一是客人們的敘談處。進了林家，賓主分兩側坐定，小保姆奉上茶，林先生推過煙。

話題從來不會預設，你只要說上一句話，這個話裡總有一個字，能勾起主人的話頭。這個話頭，很像一個毛線團子的線頭，一扯開就沒個完，且是越扯越長，越扯越粗，到後來就不是毛線團子了，而是一個鋼絲團子，你要做的不是怎樣扯，而是怎樣斷開。

這樣說林先生有些不恭，實際上，我也是個貧嘴饒舌的毛線團子。公允的說法該是，在林府，從來不缺新鮮的話題。

前幾年的事兒了。一次我去林府，一坐下，林先生就說，你來得巧，今天我太高興了。真是一個好故事，給了你能寫一篇好文章。

這樣的開頭，不用搭腔，抽煙品茶，靜靜聽下去就是了。

故事是：多年前一位要好的朋友，北京某研究院的專家，來他家拜訪。他說自己新購得一套明版的《史記》，多麼的好，拿出來欣賞。那位朋友，也是個書癡，一看喜歡的什麼似的，兩眼發直，愛不釋手。他的豪氣上來了，說：「喜歡就送給你吧！」朋友驚奇地問：「真的。」他說：「這還能是假的。」當即捆紮停當，走時提上走了。待朋友走後，難說多麼後悔，心裡總還是有點咯噔。時間一長，也就忘了。

「八年了！」他的聲調，讓我想起文革中一齣著名的戲劇裡的一句台詞。

「後來呢？」我的心提的老高，由不得問道。

「嗨！真也奇了！」林先生一拍大腿，再說下去，不是對我，卻是扭頭喊小保姆，「去裡間把那套《史記》拿出來，昨天剛放進去的。」不等小保姆出來，又是一陣大笑，又是連聲說：「太高興了，太高興了！」

《史記》攤開了。藍色的布封套，一冊打開，稍稍泛黃的宣紙，清晰的仿宋字。林先生這才說：

「就是昨天，這位朋友托人從北京，將這套《史記》送回來了。」附信中說，他當年不知道這部書多珍貴，貿然收下，以為是部平常書，近日有朋友說，這樣的書放在拍賣會上，最少也值十萬。他才知道自己做了孟浪事。對不起林兄，特完璧歸林。

真是兩好合成了一好，只有林先生能做出送書的事兒，也只有這位朋友能做出還書的事兒。

有的事情，不是一次講的，是一年甚至幾年裡說的，起初只是一個猜想，隨著時間的推移，多年之後，竟成為一個傳奇故事。

退休後，林先生常回老家——易縣南管頭村。每次回去，前山後山，東遊西轉。別人以為他是閒來無事，觀景自娛，實則他是心有所思，意有所為，說白了就是要勘破一宗歷史疑案。

北魏太武帝，曾於太延元年十二月駕車東巡，走到太行山東麓某處，無路可通，乃「援弓而射之，飛矢逾於岩山」，照此方向前行，轉過彎豁然開朗，車駕遂暢行無阻。太延三年，地方官在太武射箭處刊石立碑，額曰《皇帝東巡之碑》，俗稱《御射碑》。一九三六年冬，北京的燕下都考古隊來易縣考察，曾見過此碑並有記載。此後幾十年間，直到上世紀末，只有拓片傳世，而不知碑在何處。

對鄉幫文獻，林先生一直興趣不減，老來尤甚。

經過長期思慮，多年踏勘，他斷定，他的老家南管頭村，便是《水經注》裡，提到御射碑時說的那個「三源齊發，齊瀉一澗」的「一澗」之頭。南管頭原本叫澗頭。後人「圖省事寫作間頭，間與官草書相似，久而久之，以訛傳訛，將錯就錯，成了官頭，最後成了管頭。」

（《巡訪御射碑記》）

踏勘的結果是，村北邊一個叫亂河營的地方，地形非常奇妙，「當年河床身低的時候，路過這裡簡直叫人絕望。山重水複疑無路，走到跟前，窄窄的山口向左拐，兩百公尺再向右拐，柳暗花明又一村，這就是貓兒崖。」沒說的，一千多年前，魏武帝要射箭探路，只會在這兒。

前些年，初聽他說這個猜想，我真想說，林老啊，你這是想《御射碑》想瘋了。

後來事情的發展，一步一步證實了這個「瘋想」，知道有一天，在一個井台上發現了《御射碑》的半截殘石。

也曾以為在別處，委託同鄉吳占良先生組織人力挖掘。「後學有緣奉先生之雅命，挖溝百米尋找御射碑殘石不得，蓋我修行太淺，緣分不及也。」（吳占良《有膽有識、無鬼無神——直說林鵬先生》）

繼而又命弟弟林鴻在村裡查訪。終於在一處廢棄的井台下方，找見了這半截殘碑。後來又在北京的一次拍賣會上，重價拍得《御射碑》的初拓，竟是大收藏家傅增湘家中的舊物。遂延工刻石，在他的新院落裡，建起《御射碑》碑亭，一旁是殘碑，一旁是新碑。這個碑亭，今天成了狼牙山鎮的一處景點。（南管頭後來改名為狼牙山鎮）

最妙的是，他說起殘碑在井台下方之事。我還記得他當年的聲口：

「石山啊，你說怪不怪，它就在井口！地上文物屬國家，地下文物屬國家，這是鐵則，誰也不敢違犯，可它就在井口下方，伸直胳膊就能摸著。不在地上，也不在地下，把我高興壞了，真乃天助我也！」

我說，這是因為你是林鵬，是大名人，家鄉的文物管理機構，知道挖出來你也不會賣，只會更好的保護才不理會你。要是給了一個鄉民，挖出來要賣給文物販子，你看有人管沒人管。

「哈哈哈！」林先生大笑，聲震屋瓦。

四

有時說到什麼，我們之間也會出現分歧。

指出遼寧博物館收藏的《丹楓閣記》乃贋品，是他在學林的一項義舉，也是一樁美談。最奇的是，人們都以為傅山的這一真跡，早就流傳海外，或是毀於兵燹，就在他的文章《讀清傅山〈丹楓閣記〉》發表後不久，一天深夜，竟有一位高齡老者，在後輩的攙扶下，來到林府，幾句話過後，展開一個小包袱，但見，「絹本，微黃，織錦封面，高三十四公分，寬二十七公分，前後共蓋有九枚小印。墨氣生動，筆法自然，真跡無疑！」（《〈丹楓閣記〉真跡發現記》）

老人且說：「這古物三百年來，未出昭余（祁縣舊稱）一步，一直藏在我家，我看了你的文章，知道你的人品，只讓你一個人看看。」

到後來，林先生籌畫要出版一部關於《丹楓閣記》的辯真集，擬將各種版本，各方論文盡收其中，當然是要是他的幾篇大文。林先生的性格，讓他做事，跟鬼子進村似的，「悄悄的，打槍的不要」，那會把他憋出病來。只要是他覺得快意的事，總會七里咣當弄出響聲來。我去了，自然也會跟我說起，說到得意之處，指著我說：「石山，你也來一篇，不管是反是正。」

正好那一段時間，我也沒有什麼正經事，好整以暇，權當把玩，把有關文章全看了，各種版本也細細比較。除了真跡本，遼博本商務本家裡全有（商務本乃據真跡影印）。再次去了，說我看過各種本子，林先生問：「是不是寫下文章了。」我說：「文章不會寫，意見還有一些。」

「什麼，快說！」身子傾了過來。

他的辯真集已編好，就放在桌子上，我攤開，一一說了我的看法。

我說：「你看，你的文章裡說，最初的《丹楓閣記》當是商務印書館所據者，文物出版社所據的遼博本，『肯定是後來照抄的作品』。證據之一是，商務本上『不能形容於萬一，然文章妙境亦若夢』一句中，『然』字括在『文』字的旁邊，遼博本也是括在同一處。另有兩字，也是這樣處理。」你就說：「哪有自己抄自己的作品，前面錯了，後面也照樣錯。」可是你就沒說，後面的文句中，商務本上「此猶我是說夢者也」，猶字先寫錯了，後再旁邊括上一個「由」字，遼博本改過來了，沒有寫「猶」，直接寫成了「由。」再下來，商務本括在旁邊的「延」字，遼博本放在裡面了，商務本上「是老老引楓向黑洞之地」，第二個老字旁括一「夫」字，楓下少一「仲」字，遼博本將第二老字逕改為「夫」字放在裡面，又在楓下添一「仲」字，這怎麼能說是「照抄」了真跡呢？對你有利的證據你就用，不利的就不理睬了。

「好啊！」林先生的精神又來了，「寫成文章！」

我說：「我不會寫文章的，只是作為咱倆的「談資」或是『資談』罷了。」

「還有嗎？」

我說：「還有，古人有『告不如稿』的說法，真跡有多處修改，率性潦草，自是上乘之作。遼博的作品，上面有烏絲欄，規整些也就拘謹些。真要做比較，該是將商務本上的字，與遼博本上的字，一一對照分析，比照的材料，應當是從傅山同一時期的作品中，各選出十個字來，指出它們的異同。這樣才能讓人信服。」

林先生歎了口氣，說：「我老了，做不了了。」

還有一次，說起傅山的「四寧四毋」（寧拙毋巧、寧醜毋媚、寧支離毋清滑、寧真率毋安排），林先生大為讚歎，說是多麼的了不起，只有傅山這樣的人，才能提出這樣決絕的書法理論。

我說：「林先生，山西的上輩書家，包括你老，常給年輕人講這個道理，怕不太妥當。傅山的這個說法，是他教給兒孫的，是說有了二王趙董的底子之後，不免會媚巧，會清滑安排，怎麼矯正呢，就是這四寧四毋了。這是矯正之法，而非作書之法。現在的年輕人，沒有二王趙董的根基，一上來就是又拙又醜，支離真率，那不是引人上死路嗎？」

林先生說：「啊呀，你這是個發現。」

後來在他的《傅山學趙雜談》文中看到，我的這點見識，林先生早就談到了。文中說：「寧肯這樣，而不要那樣，這只是從兩個極端相對而言，並不是真的要選擇其中一個極端。在這兩個極端之中包含著一個中間的第三者，這就是美。」

豁達、大度，這是林先生性格中，最讓人喜歡的東西。

或許是有他的放縱，有時我也會不知高低深淺，說些自以為是，卻未見得是的話。

白謙慎的《傅山的世界》，我是在書店偶然看見的。自己拿了一本，一想，林先生是傅山研究專家，也該看看，又拿了一本。我的那本，一兩天看完了。另一本送到林府，林先生說，這個人他見過，當年為了搜集資料來過太原，姚國瑾領上來家裡的。問我看了此書，有何感觸。

說罷感觸，又說：「這讓我想起你的傅山研究。你跟白先生的研究，可說各擅勝場，各有千秋。區別在於，一個是受過正規學術訓練的，一個沒有受過正規學術訓練。這樣說一點也不否認你的學術造詣。訓練不同，作為也就不同。白研究傅山，寫一本《傅山的世界》，你研究傅山，寫一本《丹崖書論》，白著是有整體構架的學術專著，林著是零篇散論的集子。立論的宏闊嚴謹，當數白著，若論見解的精深透闢，卻不能不佩服林著的吉光片羽了。你這個人呀，多虧沒受過正規的學術訓練！」

這樣的話，林先生居然不以為忤，仍報之以開懷大笑。

在林先生這兒，不光有高談闊論的暢快感，時不時的，還真能學上一兩手。

比如，有一次外地朋友，帶來書法作品，讓林先生評點。幾張條幅，攤在地上，林先生轉了半圈，說：「有長進，沒寫到左邊。」

我記住了，字要寫到左邊。道理至明，人用右手寫字，往右或橫或捺，總要順當些，氣力也足些，而往左，則反是。

還有一次，我問林先生，像衛俊秀先生的行草書，怎麼看起來一氣呵成，一筆到底，幾乎找不出蘸墨的對方呢。

林先生說，這個問題提得好。早些年衛先生來太原寫字，有一回他就在旁邊，注意到了這個問題。說著拿起桌上的一支煙當作毛筆，邊演示邊說，比如寫「國家」兩個字，寫到「國」這兒筆枯了，仍不停，下來狠狠的將「家」字上面這個點寫了，再蘸墨接著寫下去。點這個點，叫「占勢」，不光氣勢貫通，再蘸墨回來，下一個字也不會移了位置。你回去細細琢磨去吧！

去林先生府上，聽他談話多了，有時竟覺得，林先生平日的談話，真該有個人記錄下來。英國大文學家詹森博士，就是有個叫鮑斯威爾的年輕人，將他的言行記錄下來，寫了本《詹森博士傳》而成為傳記文學名著的。

真要記下來，他的言談，比他的文章還要精彩。

五

說了林先生的經歷，說了林先生的談吐，該著說這本書了。

他說是我催他編的，這個不敢當，總是寫了這麼多東西，有可編的才編了起來。若是沒有，神仙也催不出來。但要說我與林先生的散文寫作，一點關係也沒有，也不儘然。

至少七八年前，他開始寫散文的時候，我是盡過一點力的。

林先生的大弟子姚國瑾在一篇文章裡說，前些年，他開始寫一些回憶革命戰爭年代人和事的文章。《山西文學》上發表過一篇《不能宣傳的抗日英雄》，寫的是抗戰時期晉察冀一位縣大隊隊長樊金堂的故事。後來這篇文章被《讀者》轉載，廣為傳播。

這篇文章，就是我經手編發的。原來的題名是《懷念樊金堂》或別的什麼，我看了覺得太平常的，順手改為《不能宣傳的抗日英雄》。此文能為《讀者》轉載，也是我們刊物的光榮。

知道他有大經歷，此後聊天時，我常勸他多寫些懷念故人的文章，記得後來還發表了《白髮青山兩無言》。再後來，我就退休了，也就不再說這個話了。

還須蕩開一筆。我是將林先生其他文章，比如《丹崖書論》、《蒙齋讀書記》裡的多數文章，都當做散文看的。不是現在要評述他的散文了，才編出這樣的瞎話。我有這個毛病，但這次不是。

翻開手邊的《丹崖書論》，隔幾頁就有我的批註，有的是針對思想，有的是針對方法，也有些，則純然是針對文字、文風、章法。

比如第十七頁，書上有這樣一段話：「正是這種人命不值一錢的時候，人開始覺醒……他們像天上的繁星，照出了夜晚的黑暗。他們的語言像霹雷一樣，震撼著民眾的心胸。他們幾乎毫無例外的都是才氣橫溢，咳唾璣珠，一句玩笑話就足以使所有的庸人感到膽戰心驚，彷彿將要天塌地陷一樣。」（《讀《霜紅龕集》札記》）

我在旁邊的批語是：多麼漂亮的文句！

第五十五頁：「我們不僅對他們的成就感到驚奇，而且對他們的學習、研究、吸收和繼承的能力感到驚奇。我們甚至無法尋求，他們是從哪裡得到了如此豐富的營養。他們簡直就像口渴的夸父一樣，一下子就吸乾了江河湖海。傅山和王鐸給人的印象就是這樣。」（《傅山與王鐸》）

批語是：林先生的文風，真可說如夸父一樣了。

第六十三頁：「我在閱讀《霜紅龕集》時，經常遇到攔路虎，因為無路可走，所以驚懼之餘只好奮不顧身。現在摘出數字略抒己見，惟大雅方家是正。」

批語：這是林先生的聲口，謙遜起來也是這麼有氣勢！

第二一七頁：「我們只有數不盡的老小詩作者，老的七個字一句，小的前言不搭後語。我們卻沒有一個能寫出一首驚天地泣鬼神的詩的詩人。」（《狂草狂言》）

批語：即使嘲諷，也是筆筆字字，擊中要害。

下面不抄原文了，抄幾條批語。

第二二一頁：你都不知道他的文章是怎麼聯結的。（《狂草狂言》）

第二三七頁：看林先生論人論書，只覺得痛快淋漓，齒頰生香。（《「定磁碗」條幅觀後記》）

第二七一頁：「怎麼能說的這樣簡捷，這樣準確，又這樣的斬釘截鐵，只能歸之於讀書多，想的透。你沒有讀那麼多的書，只好讓他出一頭地。」

這樣說了，也就大致能看出林先生文字的風格，也就能大致推出他的散文的風格了。若要做一總括，該是豪俠之人，豪俠之文。事實上，在大約十天之前，我開始動筆寫此文時，確也在《過往雲煙》列印本的某頁上寫了這麼幾個字。然而，今天寫到這兒，翻出這個批語，要引入文章，且要就此大發宏論的時候，方發覺，我是錯了。豪俠之人，豪俠之文，不過是說什麼樣的人，寫出什麼樣的文，跟那位當代文學的泰山北斗多說的，血管裡流出的是血，水管理流出的是水，不是一樣的淺薄嗎？

我縱不才，何至於斯。

只怪我有感覺，而沒有細細地體味，或者說，細細地體味了，卻沒有說出真正的感覺。

林先生不是一味豪俠的人，他的文章也不是一味豪俠的文章，散文尤甚。

但也不能說沒有豪俠，甚至不能說豪俠不是主調。一味的豪俠，那時魯莽，那時單薄。那絕不是林先生的風格。墨分五色，主色肯定是墨，其餘四色，也不能說不是墨，卻不是絕然的墨。這道理太玄了，不妨直說，林先生的散文裡，不光有豪俠之氣，亦有逶迤之形，不光有逶迤之形，且有嫵媚之姿，不光有嫵媚之姿，且有清雅之味。這豪俠，這逶迤，這嫵媚，這清雅，是分明能感覺到的，又是一個渾然的整體。只能說，有時彼輕此重，有時又有此無彼，如何調度，如何拿捏，那就只有天曉得了。我們看到的，只是一個一個的字，一行一行的文，一篇一篇的章。這是最讓人無奈，也最讓人著迷的地方。

就這，我還沒有說那文化的蘊含，才氣的靈動，該說攪動吧，攪個黏黏糊糊，又濺個清清澈澈。

說了這麼多，還是個空疏。

那就舉個例子吧。不必再挑選，就說前面提到的那片《不能宣傳的抗日英雄》。

規範的做法是，將這篇文章的人物故事，簡略地複述一遍。已寫了百十個字，又抹去。我知道，這種剝筍抽繭的辦法，對林先生並不適用，雖說這確實是個傳奇之人，做的也確是不可思議的傳奇之事，還是個不適用。剝的再慢，抽的再細，剝下的，抽出的，只會是一片筍皮，一根繭絲。還是看不出那個渾然一體，那個氣韻靈動。

不必多事徵引了。

好在我的這篇文章，出書時會放在集子前面。翻過幾頁之後，就是那篇《不能宣傳的抗日英雄》。全文不長，自個看就是了。他的集子也不厚，全翻上一遍不是多難的事。不是多難，而是愉快的享受！

二〇一一年九月二十二日於潺湲室

目次

不能宣傳的抗日英雄

——回憶樊金堂

樊金堂去世了，我心裡很難過。回想過去……

那是一九七三年，一位老首長對我說：「咱們晉察冀有個有名的戰鬥英雄，叫樊金堂……去延安學習，以後到了東北，現在在遼寧。他挨了好幾回整，目前下放某地，想回山西來，你幫個忙，把他調回來吧。」我說：「行。」會上研究通過，然後發個函，不久，這人就帶全家回到太原。

人回來了，情況也逐漸清楚了。支左的軍人們背地裡嘀咕，說我調回來一個「壞人」。我不放心，就問那位老首長：「聽說他蹲過監獄……」他說：「扯談！運動當中態度不好，抓起來的……他從來沒有態度好過……哈哈。」

樊金堂回到太原三個月不能分配，後來他知道這些情況，直奔北京，去找他的老首長們。他人還沒回來，電話就來了。當時的省革委會主任過問此事，指示：「妥善安置。」支左的軍人們頂不住了，同我商量怎麼安排，我說：「好辦。」樊金堂抗日初期就是縣大隊的大隊長，到七十年代才只是十六級，一次會上決定，安排在省測繪局任辦公室主任。

他回來以後，我們才認識。我的老首長曾經多次向我講述樊金堂的戰鬥故事。我同他認識以後，便常常問他。我是想檢驗一下老首長說的是否真實。現在要從頭說那些戰鬥故事，讀者也未必愛聽。再說我也不善於描寫。我曾經想過，邊區的著名作家不少，怎麼沒人寫樊金堂呢？有個朋友對我說：「如果寫樊金堂，那是宣傳什麼呢？」我一時回答不上來，他繼續說：「宣傳，宣傳，不要忘記宣傳……」我說：「宣傳抗日還不行？」他說：「正是抗日，不能宣傳……」我不能說服別人，只好說服自己。我說宣傳抗日，也是順著「宣傳」的竿兒爬……文學是人學，它應該著眼於人。多年來，見物不見人，記吃不記打，嗚呼哀哉！

樊金堂本質上是個俠客。他年輕時剽悍的很。他的大隊最善於行軍，尤其善於夜行軍。他說打哪裡就打哪裡，三十里五十里，轉眼就到，說拿哪個據點，手到擒來。搞得日本鬼子顧此失彼，焦頭爛額。認真說來，日本鬼子也向他學習，學會了長途奔襲。

有一次，軍區抗敵劇社在某地演出，日本鬼子六十里奔襲，兩路包圍。聶榮臻司令員立即命令樊金堂大隊去解圍。電話上說：「把演員們都搶救出來，一個不能損失！」樊金堂的大隊跑步趕往出事地點。他要求他的戰士們：「男演員一個戰士拉一個，女演員跑不動，背也要把她們背出來！」他們趕到時，日本鬼子的包圍圈已經合攏。他們衝進去，把演員都救出來了。那真是槍林彈雨……日本鬼子也懵了。他們絕沒有想到，樊金堂會有這一手，他真敢往包圍圈裡頭銜……所幸，演員沒有損失。他當時的警衛叫張培華，我們不久也認識了，他對我說：「老林，那場戰鬥，我背出來一個女演員，她就是胡朋。」張培華是個典型的中國農村青年，淳樸、靦腆，招人喜歡。晚年他耳朵背，可是喜歡跟人說話。他聽不清別人說什麼，只為自己的話哈哈地笑。我常想，現在的農村裡，已經不大見這種青年人了。

別人打日本，樊金堂也打日本，樊金堂把日本鬼子打的心服口服，自稱：「朋友。」當時駐軍定襄縣一帶的一個日本聯隊長，相當於團長，叫什麼，樊金堂說過，我忘了。這位聯隊長也是突發奇想，忽然給樊金堂寫了一封信，說：「非常佩服樊大隊長，想同樊大隊長見一面，不知能否垂允？」這一類的話，倒也十分客氣。樊金堂的豪爽氣概一下子就表現出來了。批其信尾，說：「願奉教。」定了時間、地點，最後是：「在下恭候，樊金堂。」在約定的時間，那聯隊長帶了一個翻譯，不帶武器，真的來了。戰士們問：「來了兩個鬼子，打不打？」樊金堂說：「別打喲！人家這是客人，咱們要以禮相待。」兩人見面，互致敬禮，握手言歡，然後就在農村茅舍裡的土炕上分賓主落座。

那聯隊長首先說了一大套如何敬佩樊大隊長的話……樊金堂忙命炊事員炒幾個菜。我問：「都是什麼菜？」他說：「就是炒雞蛋，炒豆腐，記得有個炒乾豆角，別的記不清了，當時也沒有什麼特別的東西，有啥算啥。」我說：「喝的什麼酒？」他說：「白乾。」兩個人除了不談打仗的事，別的什麼事都談，主要是互相問候，家裡有幾口人等等。根據樊金堂的描述，我猜想這位聯隊長很可能是個紳士，很有派頭，文質彬彬，翻譯說他懂中文，熟悉中國古代典籍。而他對面坐的樊金堂，卻是個典型的中國農民。家庭成分中農，父親是鄉村教師。樊金堂身板粗壯，異常憨厚，初中畢業，不善言談，只是說：「今日相見，萬分榮幸，請喝酒，請用菜……」翻譯問：「聯隊長請問，樊大隊長娶媳婦沒有？」樊金堂差不多臉都紅了。那時候他才十九歲，還沒有結婚。

認真說來，這是抗日戰爭史上一個非常生動、非常深刻、非常獨特的場景。一個日本紳士同一個中國農民，打得不可開交，又抽空兒坐下來，互相敬酒，開懷暢飲。翻譯說，聯隊長深通中國的歷史地理。這種所謂的「中國通」，全世界到處都有。他們瞭解中國的各種東西，就是有一樣，他們不瞭解，這就是中國的農民。所有到中國來的外國人，他們只看到了碼頭上的中國苦力，卻不瞭解東方亞細亞生產方式下的農民。他們最終都敗在這些淳樸農民的手裡了。所有外國的、西方的東西，概莫能外。這種農業文化的柔軟的剛強，或說剛強中的柔軟，說來無比神奇……西方的東方的帝國主義們，怎麼能認識這種高級事物呢？

聯隊長臨分手時，說道：「樊大隊長，有什麼需要，兄弟一定幫忙，一定盡力。」樊金堂實際上是有點開玩笑的意思，他說：「我需要一挺歪把子機槍，兩箱子彈。」聯隊長說：「一定辦到。」在雙方激烈的戰爭之中，開這種玩笑，古今中外是不多見的。誰知那聯隊長一言九鼎。隔了幾天，前沿哨所報告說：「有兩個鬼子，帶著幾個民夫，打著白旗，進山了。」樊金堂命令道：「既然是打著白旗，就不要打。看他們來幹什麼的……」進山來才知道，兩個日本兵，輪流扛著一挺日本造的歪把子機槍，後邊四個民夫，抬著兩箱子彈。樊金堂收到這些東西，高興極了，嘴裡不停地說著：「夠朋友，夠朋友。」請兩個日本兵吃完飯，樊金堂寫了一封意思是「收到了」的回信，交給兩個日本兵。那兩個日本兵用半生不熟的中國話，說了半天才把意思說清：「聯隊長的命令，把東西送交樊大隊長，就不用回去了，算我們逃亡了，真要回去，是要被槍斃的……」這把樊金堂給難住了。後來才想起來，把他們送到軍區。電話上聶司令員說：「這麼大的事情，你樊金堂既不請示，也不報告……」樊金堂嘿嘿一笑，後來對人說：「一個日本人想見我，這有什麼可報告的。」這種事在他來說，好像稀鬆平常。

聶司令員非常喜歡他，很關心他，想培養他，就把他送到延安去學習。樊金堂參加革命，就是為了打日本。延安沒有日本打，只好安心學習。正趕上邊區開展大生產運動，他勞動積極，表現好。後來看到他老實可靠，槍又打的準，就叫他去跑運銷。他腰裡插兩把駁殼槍，一個人押運著十幾個騾子，北走包頭，西闖蘭州。路上土匪甚多，別人經常出事，他從來沒有出過事。我問他：「你怎麼不出事？」他說：「我沒碰上過，真要碰上，自然是凶多吉少。」他總是喜歡把事情往平淡裡說，在他嘴裡沒有驚險事情。不過，我想這很可能是他威名遠揚的緣故。當時沒有見過他的人，也知道有個樊金堂，厲害。學習完，任命他為後勤部長，師的架子，日本投降後開赴東北，便成了一個軍，他依然是後勤部長。

有人告訴我，行軍路上，他看見一個放羊的老漢正蹲在路邊抽煙，他裝好一袋煙走過去：「老大爺，對個火。」把煙抽著，他也蹲下了。「老大爺，光景怎麼樣？」老大爺就哭起窮來。他一回頭喊道：「通信員，從騾馱子上拿一捆票子來。」他把那捆票子放到放羊老漢的腳前，說：「改善，改善吧。」

也是這次行軍，從他家鄉過，正好趕上一個廟會。聽說樊金堂回來了，人們不看戲了，全部跑去看樊金堂。樊金堂的豪俠氣概又上來了。廟會上有一排溜飯棚，他對賣飯的說：「凡是看樊金堂的，都管飯，最後我給結帳。」那次事情鬧大了……反正也不怕，他是後勤部長，有錢。碰上一個小學同學，又是老戰友，當時是縣裡的幹部，腆著臉對他說：「金堂，我看你的手槍特別好，我挺喜歡，送給我吧。」樊金堂說話不打磕：「拿去吧。」聽說那次榮歸故里，光手槍送人好幾支。這種事情，嚴格地說，拿公家的財物，隨便送人，不能算對。不過從前的人，同後來的人不一樣，可以說大不一樣。從前的人，不俗。不像後來的人們，針頭線腦，上綱上線，沒完沒了……像樊金堂這事，在從前，就是首長知道了，罵一聲：「他媽的樊金堂，胡鬧！」也就過去了。那時候人們甚至傳頌著樊金堂的這種嚴重違紀行為，哈哈一笑完事。那時候人們都有點豪俠氣概，都是英雄。樊金堂是這遍地英雄中的大英雄，是雞群中的鶴。後來人們變了，變得瑣碎無聊。有一次在閒談中，樊金堂以平靜的口氣說：「都是小人。」我聽了這話就想，君子都到哪去了？所謂農業文化的優勢，就是道德。把道德丟掉了，這就像一個人掉了魂兒一樣了，連他是誰，他也不知道了。

事情總是朝著日益嚴重的方向發展。解放後第一個運動是三反運動（反對貪污、反對浪費、反對官僚主義），樊金堂身為後勤部長，自然是在劫難逃。各種嚴刑拷打都來了……他貪污的數字加在一起大大超過了他們部隊的裝備和給養的總和。

定襄的一位老革命叫周銘，我問他：「樊金堂究竟貪污沒有？」他說：「他貪污個屁，他連兩條褲子都不剩。」就是周銘同志給我講了上述的，廟會上給人開飯，和送人手槍的事。周銘最後對我說：「他是個俠士。你聽說過這種俠義之士嗎？他就是有萬貫家財，他也敢都送了人……」

此後的歷次運動，都跑不了樊金堂。樊金堂就是假裝老實，最終還是態度惡劣……一次一次，變本加厲。樊金堂命大，開除、下放、坐監、勞改……總算沒整死。他的身體好，依然故我，威風不倒。這事情我仔細考慮過，他沒有被整死，同老首長們的關懷、愛護是分不開的。他畢竟是個有名的戰鬥英雄……再說群眾的眼睛是雪亮的。像樊金堂這麼一個生活儉樸的人，他貪污那麼多東西幹什麼……不過，群眾也恨他，主要是恨他態度惡劣，據說是非常惡劣。

三中全會以後，組織上主動給他落實政策，職務改為太原市市政管理局局長。定襄縣的老幹部特別多，級別都很高。例如范儒生、梁寒冰、周銘、郭高蘭等等。有一回，他們一塊兒回到了故鄉，住在定襄縣招待所裡，一天院子裡忽然人山人海，水洩不通，一問才知道，是來看樊金堂的。在故鄉人民的心目中，他是一個傳奇式的英雄。其他的老幹部，雖然級別很高，不在話下。

他晚年，喜歡吊兒郎當，愛喝酒，愛下棋。有人告訴我說，他看見樊金堂蹲在馬路邊，跟人下棋呢。我的棋藝，應該說比較臭的。他的水平跟我不相上下，所以他喜歡找我下棋。

有一次，他老伴兒路明對我說：「老樊下鄉去了。這回他一時半會兒回不來，我給他帶了十五條菸，足夠他三個月抽的。」誰知剛過一個月，他就回來了。我一見吃一驚：「怎麼這麼快就回來了？」他笑一笑說：「沒菸抽了。」我說：「路明說給你帶了十五條菸，這麼快就抽完了，怎麼抽的？」他笑著說：「我當隊長，一開會，拿出菸來大家抽……」豪氣不減當年，真是稟性難移。

最近幾年，見面不多。他老了，我也老了，懶得動彈。忽然聽說，老樊病故了，我難過極了。我老伴兒急忙買來輓幛。深夜，我寫了：「偉大的民族英雄樊金堂同志永垂不朽！」說實在的吧，我當時是淚流滿面。第二天，我和老伴趕去，一同在老樊遺像前三鞠躬。我的心情非常沉重。說什麼「時代造就了英雄」，當然不能說這話不對，不過，大家都是從那一個時代走過來的。怎麼只出了一個樊金堂？

老實說吧，英雄人物的高貴品質從來都沒有真正被人珍視過。把一切光榮偉大都歸於抽象的時代，這對嗎？誰知道，也許是對的吧。

樊金堂逝世於定襄縣。聽說給他送葬的有好幾千人，許多老漢，七八十歲的人，都哭了。他們哭什麼？我猜想，他們是哭過去的歷史，歷史結束了，昔日的光榮早已灰飛煙滅了。

白髮青山兩無言

人生在世，總有幾個好朋友。當時同他們在一起，也不覺什麼，等他們不在了，才知道他們是多麼珍貴。這中間有一個小時候的好朋友，相處得好，說得來。比較投契，他叫張世祿。我們一起在師政治部當幹事，他是保衛幹事，我是宣傳幹事，一見面就說個沒完，說呀說呀……不知哪來的那麼多的話。有一次他對我說：

「林鵬，我不管你，我的祖國是蘇聯。」

我從來沒有到過蘇聯，蘇聯是什麼樣兒，我一概不知，我怎麼能把他當作我的祖國呢。於是我問道：

「你為什麼參加八路軍？」

「為了打日本。」

「為什麼打日本？」

「為了保衛蘇聯。」

在當時，他有這樣一種政治覺悟，這樣的說法，在我看來是完全合情合理的，我不但非常贊成，而且對他非常敬佩。在當時，我認為我也應該有這種覺悟，只是張世祿比較富於理性，我則偏於感性罷了。在張世祿的話說過以後，我才知道列寧曾經提出「工人無祖國」的口號，後來史達林又有新說法：「全世界工人的祖國是蘇聯。」這我才知道張世祿的說法是有根據的。

那時候在黨內有一個口號，叫做「為中共布林塞維克化而鬥爭」。文章就載在延安《整風文獻》，又稱「二十二種文件」中。我是中共黨員，又做宣傳工作，要說對「布林塞維克」一點不懂，也不對，嘴上總是說過來說過去的，還能說一點不懂，其實真的不懂。是在許多年以後看了《聯共黨史》，才知道布林塞維克的意思就是多數派。比如《國際歌》中的「英特兒納遜納爾」是什麼意思，張世祿告我「就是共產國際」……我從前在邊區革命中學學習，問過一個老師，那老師說：「你就當世界大同來理解吧。」後來也有人告訴我：「此即共產主義社會。」

延安整風以後，部隊裡談論最多的是王實味。我入伍晚些，我入伍後人們依然在談論他。我同張世祿閒談中，自然也談過王實味。我問張世祿，王實味的反動思想主要是什麼，他說：「天下老鴉一般黑。」他又進一步解釋道：「國民黨一團糟，專制獨裁，壓制民主，說他黑，那是真黑……王實味說共產黨和國民黨一樣，都黑，天下老鴉一般黑。這就荒謬絕倫，反動透頂了。」我們沒有參加延安整風，如果我在延安，並且參加批鬥王實味的大會，假若我要發言，或許比張世祿還要激烈……我只知道王實味寫過一篇文章《野百合花》。只知道一個標題，沒見過文章的內容。我是許多年以後，在同張世祿分手以後好幾年。在《人民日報》的「奇文共賞」中才看到王實味的《野百合花》的文本，文中沒有「天下老鴉一般黑」的話，我有點大失所望。

張世祿比我大一歲，大一歲就是兄長，並且永遠是兄長。從前有新戰士入伍，站成一隊，先問年齡，你十幾？你十幾？十五、十六、十七、十八……好，你，十八歲的，當班長。永遠是這樣。它絕不會讓十五歲的領導十八歲的，哪怕十八歲的是個白癡。張世祿當然不是白癡，我十分佩服我的這位兄長。許多事我都是聽他的，有一次我對他說起我們宣傳科長，多麼難做……他說：「不要有意見……不要對自己的頂頭上司有意見，這可不好。」我聽了他的，再也不講那位宣傳科長的壞話了。後來，這傢伙（科長）依然非常壞，到他死一直很壞。我曾經奇怪，共產黨竟然能容忍這種人。

有一次我問張世祿「AB團」是怎麼回事？他說：「不該知道的，就不要打聽。」我很聽話，從此有關「AB團」，無論對誰，我再沒有提起過。很多年以後，我問降大任，降大任才告訴我：「A就是反動，B就是布林塞維克。」而抓AB團究竟是怎麼回事，我仍然是不知道。

後來張世祿到連隊去當指導員，我則從師政治部宣傳科調到團政治處當宣傳幹事。從此，不常見面了。有時行軍遇見他，匆匆忙忙，說上兩三句話，急忙分手。如果想念，就寫封信，道個平安。有一次他回我一信：「聽說你行軍路上休息時，還拿本書看。你看那麼多書幹什麼？你有點呆氣。別惦記我，我死不了。」巴掌大的一片紙，潦潦草草的字跡，他就是這麼個人。他為人短小精悍，動作敏捷，言語乾脆……大小仗他都是在最前頭，他卻從來沒有負過傷。我完全相信他的話，他死不了。

一九四八年，對我們部隊來說，是最艱苦的一年。年初是「三查」，春天是察南戰役，夏天打豐寧、承德、昌黎、武清……到了秋後打了一個八達嶺戰役，搞得焦頭爛額。退下來，往北退，退到宣化東邊的雕鶚。然後四天走六百里，從雕鶚到石家莊北邊的靈壽，說是保衛石家莊，實際是保衛西柏坡。四天六百里呀！大部隊運動戰，從北山的各個山口裡，像流水一樣地向南流啊！剛到靈壽，一個電報，立刻原路往回返，在新保安包圍了傅作義的三十五軍。十二月下旬，對新保安三十五軍發起總攻，全殲之。正要準備過新年，司務長們都下鄉買豬去了。一個電報，連夜出發，兩天兩夜，四百里路，颳著大風，下著大雪，趕到大同，我們的目的地是聚樂堡，準備打大同。剛到聚樂堡又是一個電報，原路返回，打北京。

在新保安戰鬥打響前，在八里莊，我見到了張世祿，他已經當了副教導員，他一見我就大發議論，也就是大發牢騷。他說：「咱們晉察冀的老領導們，會打日本，會建設根據地，就是不會打運動戰。去年，一九四七，一年間，朱總司令在晉察冀，我們淨打勝仗，到年底解決了石家莊。今年總司令到南方去了，南方一直打勝仗，咱們呢？一會兒長城南，一會兒長城北，從山海關到大同，圍著北京轉圈兒，一年走了一萬多里，沒打一個好仗……還不錯，到年底，逮住個三十五軍……」我也有此同感。我們都是這個看法。當時行軍時，幹部戰士邊走邊講怪話罵大街，非常不滿。雖然如此，罵歸罵，怪話歸怪話，打起仗來仍舊是衝鋒在前退卻在後。那時候，年輕人們口無遮攔，說話不忌生冷。

然後，張世祿對我說：「破參謀爛幹事，你還沒幹夠？林鵬，快要求下連隊，當指導員去，搞政工，這才是你的前途。」

「這由不了我呀！」我說著。

「你是沾了你會寫文章的光，也吃了會寫文章的虧。」

「大概是吧。」

「有人反映，說你很驕傲。你甭管誰說的，有沒有，有，承認了就改。我們革命不是為自己，是為了解決全人類……」

那是一次非常愉快的談話，令人難忘。我另一個老戰友，曾經對我說，就是張世祿能批評你，別人誰能批評你……

新保安是一個很堅固的古老城堡。總攻開始，夜裡，我們從八里莊出發，來到大海沱山根下，從一個兩邊都是小樹的季節性的小河溝裡，向新保安城堡的西北角接近。發起總攻，我們就是從那西北城角登上去的。傅作義的三十五軍雖然是甕中之鱉，卻十分的頑強。我們勝利了，卻傷亡很重。我記得在那西北城角下面，烈士遺體一個緊挨一個。其中有好幾個是我認識的青年人……

四十二年後，一九九一年春天的一天，我從大同去北京，正好走到新保安，車拋錨了。同來的人說：「林先生下車吧，活動活動。車的毛病不大，一修就好。」

我一下車，先看到大海沱山，心中喊道：「呀，這不是大海沱山嗎？」再往下一看，「呀！新保安……」我站的地方正是那兩邊有小樹的小河溝上端，它正對著新保安那難忘的西北城角。小樹行子還在，西北城角還是老樣子……我想起昔日的殘酷戰鬥，想起犧牲的戰友們，我的眼淚止不住的流……汽車大概修了半個鐘頭，我的眼淚一直的流……我自然也想到了張世祿，他一張嘴就是解放全人類，我們解放了新保安沒有？四十二年過去了，舉目四望，連一棟新房子也看不到，看那情況已經是沙漠化了。我真想大哭一場……

這情形怎麼能對別人說，無此經歷的人，怎麼能理解我們的感情。我曾經對老戰友楊善元說到我在新保安的經歷，他笑道：「那裡埋葬著數以千計的冤魂，他們怎麼能讓你林鵬輕輕鬆鬆的過去呢，他們必定要攔住你，讓你哭他們一場……」他雖然是笑著說的，卻不禁落下淚來……

北京解放以後，我們就西進去打太原，太原解放後我們就去打西安，西安解放後我們就進軍蘭州。在進軍蘭州的路上，從平涼蒿店再往西走就到了六盤山下，這裡有一個山口，叫三關口，傳說曾經是楊六郎把守過的地方。我不知道楊六郎是不是到過這個三關口，甚至我也不知道歷史上是不是有過一個叫楊六郎的人，總之，我們來到了三關口。馬步芳曾經在此設防，我們在此打了一個小仗。我當時已調到師政治部宣傳科當幹事，這時的科長是蘇友林。一聽說前面有戰鬥，蘇友林就派我到前線去瞭解戰鬥情況。我聽說進攻的這個營正是張世祿當副教導員的那個營，我很願意去。我參加了那次戰鬥，馬步芳的騎兵戰鬥力不行，打的很激烈，但是戰鬥結束的很快。我們有六名戰士陣亡，負傷的有幾個人，其中就包括張世祿。正因如此，我們沒有見著面。他後來寫信告訴我：「我肩部中了一槍，只能算個輕傷，當時我倒在地上了，救護隊的人硬把我按到擔架裡，把我抬到綁紮所，我大發雷霆，輕傷怎麼能下火線，我又跑回去，我同部隊一起越過的六盤山……」我是到了蘭州城東的馬家山下，才接到這封信。當時三關口戰鬥結束後，我和他們六連的指導員一起，指揮戰士們在一個窄窄的地塹兒裡，挖了六個坑，把六位烈士掩埋起來，插上牌子，然後我回到政治部。

解放蘭州是一場大戰。蘭州解放後，我們向銀川進軍，銀川沒怎麼打，算是和平解放。然後我們就在寧夏種稻子，到第二年秋天，稻子黃了，養的豬也長成個兒了，一個命令，開拔。我們從中寧、同心、固原，這麼過來，直奔平涼，三關口是必經之路。我離開大路，跑到埋葬六名烈士的那個地撚兒上，在那六個墳丘前，默默的站了一會兒，我心裡很難過。他們都是河北省人，有的是北京東邊的人，為了解放全中國，死在三千里外的甘肅。我想起古代的詩句：「可憐無定河邊骨，猶是春閨夢裡人。」戲有一種苦戲，詩也有一種苦詩，令人不忍卒讀。我心中充滿了一種說不出來的凄涼。這件在六個墳丘前默哀的事情，在許多年以後，我一次又一次的想起來。這事同張世祿也可以說沒有什麼關係，但在聯想上，不知為什麼總是同時出現在我的思念中，總是一次再次的讓我感到一種莫名其妙的哀傷。

從寧夏一步一步走出來，到了咸陽才上火車。在山東騰縣休整一番，然後「雄赳赳氣昂昂，跨過鴨綠江……」這就到了一九五一年的二月了，大概是二月十一號過的江。過了江，老百姓說話就不懂，才知道出國作戰不是簡單事。這時候張世祿已經當了某營的教導員。他正在雄姿英發，興致勃勃的時候。他的理想或說是他的抱負非常偉大，世界革命，解放全人類……我後來曾經多次思考他……他有點像在他以前二十年的托洛斯基，和在他以後十年的格瓦拉他們。我說有點像，也只是有點像而已。他跟外國人在根本上是不一樣的。張世祿是徐水人。徐水人精明強幹，非同一般，但是說到底他畢竟只是一個徐水人而已。我是易縣狼牙山人，山裡的孩子，說好聽點是樸實，說不好聽點是愚笨。我同張世祿相比，就是缺乏遠大理想。抗日時期，我的目標是打倒日本帝國主義，抗戰勝利後就想打倒蔣介石國民黨，建立自由民主獨立富強的新中國。當時的口號就是這樣的。在入朝作戰前，我覺著我的目標已經達到了，我一直是想求學。抗戰勝利後，我就想去上學，上華北聯大，不讓去，一九五〇年我又提出去上學，又不讓，把我調到六十五軍政治部報社當編輯。當時有個小調：「我的青春小鳥一去不回來……」想起這一切來，就有點淡淡的哀愁，這其實在當時就叫做「個人主義」。

二月份過江，部隊進到一個叫遂安郡的地方（大概是這麼個名字，記不清了）休整備戰。然後，四月下旬，投入戰鬥，這就是所謂第五次戰役。張世祿在一九三師某團。我隨一九四師指揮所，在高浪浦突破英二九旅的防線，渡過臨津江，向南打到議政府，加平、抱川一帶。五次戰役分兩個階段，第一階段是向南進，第二階段是往北退。上級傳達說是敵人（指美軍）一下增加了二十個師，二十多萬人，頂不住了，只好退下來。這二十個師是從哪裡來的？難道是從天上掉下來的嗎？莫名其妙。向南進打的很順手，往北退打的非常被動，可以說損失慘重。直打到五月底，五次戰役才算結束。我們軍政治部又回到了五次戰役前曾經駐過的遂安郡一帶的山村中。

有一天，張世祿突然來看我，他說：「我被派到南朝鮮去，開展地下武裝鬥爭。」

我一聽愣住了，他接著說：「誰我也不見，就只同你見個面，道個別。此次任務，任何人都不知道。為了我的安全，你也不要告訴任何人。」

「能通信嗎？」我問。

「不准。」

「有什麼事交代我辦嗎？」我又問。

「沒有。」說罷他起身就走。

我送他一直送出一里多，送到山口外的路口。

我一直佇立在那裡，看他遠去的背影，看著他回頭向我揮手的樣子。我想，也許今生今世再也見不著了。我非常難過。這次送別的情形，後來多次回想起來，多次難過，可以說是到老未能釋懷。

為了他的安全，他被派到南朝鮮去的事，我從來沒有對人提起過。有幾次老戰友們閒談，說到張世祿，我問他們，他們說：「犧牲了。你還不知道？」我問：「什麼時候犧牲的？」他們說：「五次戰役。」我想，他向我告別是在五次戰役結束以後，他怎麼會在五次戰役中犧牲呢，雖然這麼說，我卻暗自高興，這證明，誰都不知道他的真實去向。

五十年過去了，再也沒有人同我談論張世祿的下落，我也不去打聽。我想，他也許早就犧牲了。有時候就想起他堅定的語言：「別惦記我，我死不了！」倘若他還活著，他能回到國內來，他一定會找我的，但是他沒有來。曾經傳達過一條「最高指示」，毛主席有這麼一句話：「哪裡的黃土不埋人。」據說這就是對外派人員的講話。是啊，哪裡的黃土不埋人。只是張世祿被埋到哪裡去了。我能在三關口前的那六個墳丘前默哀一次，我怎麼才能在張世祿的墳前也默哀一次呢？

張世祿不僅是我的好朋友，他也是一個年青有為的軍官，一個英雄，一個人才。五十年過去了，軍裡編了軍史，師裡編了師史，關於張世祿，連一個字都沒有。有位老戰友曾對我說：「犧牲的都是好樣的。」這話我非常贊成。英雄的花，天才的花，都在偉大的戰爭中，在一切偉大的抗爭中，悄然隕落了。他們隕落了，留下的只是我們心中的思念。

這後來的五十年是怎麼過的，五十年間我挨整三十年。真是不堪回首啊……我不會做詩，不過有時也想發點感慨，我有一首詩中有這樣兩聯：

項上得腦今猶在，肚裡初心已茫然。
丹心碧血成底事，白髮青山兩無言。

回憶陳亞夫

陳亞夫政委有一次對我說：「林鵬，我是一九二八。」我說：「這個時間好記，我是一九二八年出生。」他繼續說：「從一九二八年到一九三八年，這十年間，我在保定一帶做地下工作，我沒有被敵人逮住過。如果被敵人逮住一次，文化大革命這一關，我就過不了。」他又說：「我一共上過三年中學，被開除三次。我是滿城小荀村人。我們村很小，專為抓我設了一個局子。（國民黨時期縣警察局的派出機構，俗稱『局子』。）我每次回家，回來都是從大門進家，走時都是翻後牆跑掉。」陳政委對我說這些話，是在一九八二年的秋天。陳政委說這話，史進前在座。我雖然沒有做過地下工作，我能想像出那是非常艱難非常危險的工作。況且正是這個時間，保定一帶發生過有名的「高蠡暴動」和「五里崗暴動」等等，陳政委都是直接參與了的。陳政委同劉寧一的關係非常好。劉原名史連甲，滿城人，上述暴動的領導人之一。

一九三八年，楊成武帶著一一五師的獨立團來到狼牙山一帶。首先打聽陳亞夫在什麼地方。那時，陳亞夫已經組織起來一小股抗日武裝。所以，八路軍一來，陳就入伍，成為領導幹部。不久就擔任團政委。解放戰爭中，陳亞夫擔任師政治部主任和師政委。他任師政治主任時，起初我在團政治處當幹事，後來到師政治部宣傳科當幹事。他是我的名符其實的老首長。入朝時，陳亞夫是一九四師政委，劉紹先是主任。我是六十五軍政治部報社的編輯。過江前，我同當時的保衛部的副部長齊振華一起臨時下放一九四師，齊是政治部副主任，我是黨委秘書。我們跟隨一九四師，參加了五次戰役。五次戰役以後，我們又一同回到軍政治部來。回憶別人，總離不開自己的經歷，也就是自己的位置，這是要交代清楚的。

一九四七年，朱德總司令到了晉察冀，我們總是打勝仗，打正定，打陽泉，打滄州，打徐水，然後包圍保定，打清風店，最後解放石家莊。一九四八年就不同了，總是打不了勝仗，圍著北京轉圈兒，同敵人的主力頂牛。劉紹先政委一九八五年曾對我說：「林鵬啊，光一九四八年這一年，我有日記，我加過，這一年我們部隊走了一萬三千里路。」我說：「劉政委，那時候你可是騎馬的，林鵬可是靠兩條腿。這一萬三千里路，我少走一步也不行，少走一步我吃不上飯。」我們都笑了。說這話時，我的老父親在場。

一九四八年秋天，我們打了一個八達嶺戰役，跟國民黨的十六軍和九四軍頂牛兒。最後部隊向北撤下來，到了延慶一帶，我們團的三營在郭家堡。陳亞夫主任去我們三營檢查工作，正說著話，敵人衝進了村，槍聲大作。陳主任的警衛姓盧。他背上陳主任，翻牆出去，往北山跑。我們三營，那次受了損失。營長姓魏，教導員是李春森。李曾在政治處當保衛幹事，我們關係很好。在延慶通往雕鶚的山路上，李春森見了我，臉像一張黃表紙。他說：「林鵬，這回得槍斃我吧?!」這時候師首長們騎著馬，從我們前面山下的路上經過。師長是蕭應棠，政委是龍道權，我聽見了陳主任正在向他們述說這次三營受到突然襲擊的經過。我能聽見陳主任的爽朗的笑聲。我敬佩陳亞夫。他死裡逃生說起話來，輕鬆愉快，而且發出爽朗的笑聲，那笑聲幾乎震盪著整個的山谷。我對李春森說：「聽見了嗎，笑著講你們的故事……沉住氣，不至於。」第二天，我們駐雕鶚，第三天接到電報，「保衛石家莊！」四天走了六百里，從雕鶚趕到石家莊北邊的靈壽。

一九五二年三反運動中，我遭受打擊報復。打擊我的人自己後來也承認對我實施打擊報復，他承認錯誤的信寫於一九七九年月十一月，現存六十五軍落實政策辦公室。那真是殘酷鬥爭，無情打擊。三反是反貪污，貪污犯叫「老虎」。我沒有貪污，讓我檢討資產階級思想，主要是個人英雄主義，驕傲自大，瞧不起人等等，我檢討了，定為「思想老虎」。不經支部討論，不經組織和紀檢部門研究決定，軍黨委直接對我下了個處分決定：行政撤職，降為新戰士，黨內留黨察看二年。當時我要求下連隊，第二天宣佈我代理主編。軍政治部同情我的人，公開漫罵該領導，許多難聽話，我在吃飯場地就不止一次聽見過。我的朋友們警告我：「你什麼也不許說。」老首長同情我的，首先是劉紹先，他對李國中說：「林鵬犯了什麼錯誤，受這麼大的處分？」李國中告訴了我。

我受處分半年後，陳亞夫到軍政治部當主任，他首先找我談話，同劉紹先的話一樣，他說：「你犯了什麼錯誤，受這麼大處分？」我說：「我有缺點，但我沒錯誤。」我詳細談了是因為趙葆華說的一句話，該領導懷疑是我說的，我當然不承認，我也不說是趙葆華說的。這是一九五〇年軍黨代會上的事，後來在三反中，就給我這麼個處分。新戰士待遇，每月六元錢，連吸煙都不夠。談話後，陳主任派他的警衛給我送了四條中華煙。我想，我提到吸煙的事，這話說壞了。我堅決不要，孫玉書在場，他說：「主任給你煙，你還能退回去，那可不好。」

陳亞夫回到軍政治部以後，我的日子比以前好多了。都說陳主任「愛才」，所指就是愛護林鵬。陳主任提出給我撤銷行政處分，重新定級。宣傳處討論定副排，陳主任批下來是副連。我是一九四五年從易縣四區教育助理員被調入伍，入伍就是正連，十三年後轉業前卻是副連。所以說，正連入伍副連轉業，大概全軍就我這麼一個。這副連還是陳主任給的。

這時候有一個小插曲也應該提到。部隊有一個女同志，領導上要給她介紹對象，她說：「我已經有了朋友。」問：「是誰？」她說：「林鵬。」這時候我還不知道。我同她見過面，但沒有說過話。此後她給我來過一封信，沒署名。我知道是她，便回了一封信，也沒有署名。我們偷偷的相愛著。那年月因所謂的「非法戀愛」而受處分的不是一個兩個。她們的師政委見了陳亞夫主任，說起有個姑娘愛林鵬，這是很危險的事情。我當時正背著一個處分。如果罪上加罪，可夠我受的。誰知陳主任聽了笑道：「好啊，這姑娘有眼力，這是好事，我同意。」這樣不僅抹去了「非法戀愛」的罪名，而且變成公開合法了。于謙把陳主任的表態告訴了我，大家都為我慶幸。我以為我的事很秘密，其實人們早就知道了。這以後（她不瞭解陳主任的表態），她又來了一封信，都是勉勵的話，還是沒署名。我把這信給于謙看，于謙喊道：「呀，李忠葆，沒錯兒，就是她！」于謙說：「你趕快回信，把陳主任的表態告訴她。」

我們很快進入熱戀中。這是一九五三年春天的事。回想這些事，使我感慨萬千。我雖然是正連入伍副連轉業，但是我很知足，我很滿意。我在情緒最低落的時候，簡直活不下去的時候，找到了最理想的妻子，我覺得值。然而這一切，都是陳亞夫給的。後來聽說陳亞夫去世的消息，我落了淚，我妻子也落了淚。我現在寫到這裡，我的眼淚不住的流。人心都是肉長的，受恩於人，不敢有忘。

我們部隊是一九五三年十月回國。我一九五四年元旦結婚，不久就因肺結核住進二五一醫院。我決心轉業，一九五五年春，我回到軍政治部，把手槍一支和子彈十八發交給沙原。我說：「我要轉業了。」那時候轉業是從醫院走，去廊防轉業團的車票都發給我了。忽然，陳亞夫主任到了我們的病房。我很驚奇，問道：「陳主任，你怎麼來醫院了？」我當時以為他也住院了。他說：「我來看看你，聽說你要轉業？」我說：「是，車票都發了。」陳主任說：「不，不轉業，回政治部工作，我讓張純給你準備房子。」當時的幹部處長姓申，從一九四六年春我們就在一起工作。這是個壞人，他搞男女關係，我碰見了，真是不幸，從此記了我的仇。這事兒我什麼時候想起來，就一腦門子糊塗帳。我是怪話天天講，正事卻不肯說。賣漿子的敲門——糊塗到家了。此人不但不給我安排工作，還說我是地主成分、隱瞞成分、欺騙組織，這就要定我「階級異己分子」。最低也是開除黨籍。一九五五年七月肅反運動開始，我被送進了肅反隊。自然我的態度很不好。申某曾派王柏林一個人去我們南管頭調查我家土改時的成分，材料是他寫好的，由南管頭一個地痞李某某簽字蓋章，這就算齊備了。我在會上說：「這不行。成分不是含含糊糊瞎定的。南管頭必須是有一塊地，哪怕只有一畝，是林鵬家的，出租過一年，租給誰了……有這樣的材料，我就承認我是地主成分。」這樣的材料，他們沒有。姓申的又派了兩個人去南管頭，帶回了村支部的正式材料：我家是中農。肅反隊結束。我情緒極度低落，決心回家不幹了，我妻子勸我，我才安下心來。這次也是陳主任救了我，他在部務會上說：「我認識林鵬的父親，是個趕牲口的，地主還趕牲口。」姓申的沒吭氣。這是後來楊樹榮告我的。

在肅反隊待了半年，不了了之。最後我被趕到大同，到工農骨幹訓練大隊政治處當幹事。一九五六年，《解放軍三十年大徵文》和《志願軍英雄傳》編寫，陳主任提出：「調林鵬回來做這工作。」我黨我軍，不是沒人，只是流氓小丑們頂住堅決不用罷了。這找誰說去。我妻子從部隊轉業，分配天津工作，孩子們也去了天津。給我的工作，我當然得做。但是我堅決要求轉業，曾四次打文字報告，最後一次是寫給總政幹部的，批回來「准予轉業」。於是我住在招待所，等待轉業。以上兩項「徵文」和「編寫」工作完成後，我住在招待所沒事，就寫了一部小說。後來書稿寄給《解放軍文藝》，回信說：「很好，只是有些地方需要修改。」我是在前線，他們倒比我瞭解前線的情況，我一笑置之。

在我轉業前後的這段時間，正是陳亞夫日子最難過的時候。新派來一位軍長，自然是個長征老幹部。他彷彿是專門派來欺負陳亞夫的。在他眼裡，陳亞夫一無是處。這些情況，我當時就有感覺，詳細情況卻是後來人們，例如，王錦書和李軍（陳夫人）對我說的。我曾經多次想過，我們尊敬長征老幹部，實際只是尊敬長征的神話而已。我們抗日救亡運動起來的這一大批人，所受長征老幹部的迫害，罄竹難書。可是從來沒人說，這是為什麼？為了神話也！由此可見，是用我們的血淚鑄造了長征神話以及各種各樣的神話，這是不可否認的事實。今天是清明節，謹以此最沉痛悼念我的老首長陳亞夫同志。

我認為，一九五六年的形勢是最好的一年。年初提出「向科學文化大進軍」，我感到很振奮。蘇聯開了二十大，批判了史達林。秋天中共開了八大，提出反對個人崇拜。我認為這一切很好，很正常，很健康。雖然我個人受了挫折，非常煩惱，情緒不高，但是客觀形勢是很不錯的。

一九五七年初發動整風，動員全社會幫助黨整風，然後又把提意見的人打成右派。後來許多年以後，老戰友見了面問我：「林鵬，反右時候你是怎麼熬過來的，都認為你危險極了，李小山整天說，這回林鵬完了，完了，完了……他跑不了……」他們都認為我必然被打成右派……面對這樣的問話，我無法回答，我是一片茫然。當時我正忙著寫小說，沒訂報紙，也沒有收音機，我幾乎一無所知。我因為等待轉業，鳴放沒有我，反擊右派也沒有我，我當時是置身事外。

大約是一九七二年，當時在山西省政府支左的曹沛林同志（原六十五軍保衛處長）對我說：「林鵬啊，你是咱們六十五軍內定右派名單上的第一名啊！」我一愣。我不知道這「第一名」為什麼能夠逃脫。後來我反覆回想當年的情形……是我的老首長和老戰友們救了我。

一九五七年的八月間，反右派的浪潮已經風起雲湧。有一天晚上，到我在招待所的住室來了三個人，他們是于謙（宣傳處副處長）、王錦書（黨委秘書）、楊樹榮（組織處副處長）。他們是分別來的，只說一句話，說完就走。這句話是：「明天的大會你一定得參加，並且必須發言，發言要儘量左，記著，這是你的關鍵時刻。」我記得清楚，那天晚上楊樹榮他跟我動真格的了。他用一個指頭敲著桌子，聲音很小，用力很大。他說：「你林鵬愛看書，愛學習……你看書白看了！學馬列主義也白學了！明天把你的馬列主義水平拿出來，給大家看看……」我懵懵懂懂不知他們什麼意思，不過，他們的話我必須聽，因為他們非常嚴肅。

第二天，我到了反右大會上，並且發了言。我發了什麼言，我極力回想。好像我大量引用了恩格斯《反杜林論》的話。我善於背書。我就用恩格斯批判杜林的話批判那個右派，我說他是杜林，一個小資產階級的不知天高地厚的狂熱分子。當時在場的群眾對我的發言反映很好，那個右派分子也說：「心服口服。」這情況反映到政治部的部務會議上，陳亞夫主任說：「看來林鵬是真正的馬列主義者。」這情況是楊樹榮後來告訴我的。他參加了這次部務會議。他說：「陳主任說了你是真正的馬列主義者以後，停下來看著在座的人，意思是看他們同意不同意。沒有人不同意。」後來在七十年代，曹沛霖對我說：「陳主任既然這麼說了，沒人反對，我們就把你的名字從右派名單上鉤了。」他又補充說：「管他呢！越少越好。」

我後來每想起這些往事，心驚膽戰，夜不能寐，那種後怕的情狀不能言表。現在我把它寫下來，依然是不寒而慄。有一次同降大任閒談，談到此事，他說：「你一定要把它寫下來。你有這麼的好首長和這麼好的老戰友，實在難得，這是你的幸運，這是你成長的條件。」有一次同我的妻子談起此事，我不禁淚流滿面。她說：「總之也都過來了，還算幸運。」我說：「這都是託你的福啊！」我自信命苦，我沒有這麼好的運氣。

一九五七年十月初，我的女兒將要出生，我去天津照看。醫生說十月五日出生。我有點著急，等到五日不生，軍裡來電報催我「速回」，到七日她才降生，取名小曼，太慢了。我九日回到張家口，十日收回我的軍官證，換了一張火車票。此批轉業幹部，都是因病，司政後共有上百人。軍首長十月十一日請吃飯，通知我了，我沒去。包頭到北京的火車，在張家口停二十分鐘，車一到，我就上了車。等後面一大堆人上車時，軍首長們都來送行。我聽見陳主任喊著：「林鵬在哪，看見林鵬了嗎？」我聽見了，我沒答應。我想可能是因為昨天首長請吃飯我沒去之故吧。牛瑞如看見我了，喊著：「陳主任，林鵬在這兒！」陳主任坐在我對面說：「林鵬同志，你的處分問題，沒有撤銷（平反），這是我的一件憾事，實在遺憾。詳細情況也不必說了，你要想開點……」我說：「我才三十歲，到地方上，我決心從頭幹起，請首長放心。」我說了申某人搞男女關係被我看見的事，我是隱惡揚善，他卻記了我的仇。陳主任肯定聯想起許多這人欺侮我的事情，他的臉就像茄子的顏色。我們在轉業團時，楊林榮告我說，申某人被處理了，我沒吭氣。壞人到處都有，誰都看得出來，只是捨不得處理罷了。

一九八二年秋天，史進前（總政副主任）和陳亞夫（總參三部副政委），兩位老首長來山西。軍區的行政處長曹沛霖電話上對我說：「我們去五台山接他們，軍區的司令政委都去，也讓你去。」我說：「我一個穿便衣的，不敢和你們混。」他說：「不行，一塊兒去吧，給你派一部車，帶上孩子，一起去玩一趟。」

在五台山一個招待所的院子裡，兩位首長的車一停，陳政委一下車就問：「林鵬來了沒有？」我一聽趕緊過去同他握手問好。我想，我多虧來了，聽曹沛霖的話聽對了，如果不來，下車這一問，多掃興。二十多年沒見面，陳政委的樣子沒變，尤其聲音，那是一種非常熟悉，非常親切的聲音。他一直惦記著林鵬，下車先問林鵬，這令我十分感動。他喜歡誇獎林鵬，回北京見熟人就說：「林鵬寫一筆好字！」這是耿素墨後來告訴我的。在人生的關鍵時刻，他一次再次的保護我，直到晚年還在關心我，惦記我，誇獎我……

他去世後，有人評論說，他是不可多得的儒將。是一位儒將，並且是傳統道德的最高的最完美的體現者。他是中國士君子階級中出類拔萃的英雄。

英雄失路張學義

我出生在狼牙山，所以凡從狼牙山出來的老首長、老戰友們，對我都非常關心愛護。有時候回想往事，想起這些老首長、老戰友們，不禁不由的就落下淚來。老年人的毛病，老年人的眼淚不值錢。聽到某位老首長或某位老戰友去世的消息，往往連續失眠，甚至都不敢把消息告訴別人，怕自己掉眼淚。張學義去世以後，好幾年我才得到消息，大概老戰友們也有這個毛病。

一九四六年春天，我在某團任通訊幹事，張學義是組織幹事。張學義整天笑嘻嘻的愛開玩笑，招人喜歡，讓人願意跟他親近，他是一個出了名的搗蛋鬼。我到張家口時，去華北聯大看過一位老戰友，同時見過蕭三。那年我聽了周揚的報告，他講我們的個性就是黨性，黨性就是典型性等等。後來我便寫信給蕭三，向他請教典型性問題。蕭三很負責任，詳細回答我的問題，記的寫滿了三張信紙。收到回信時，我們在商都駐軍，我就把蕭三的信給張學義看了。他看完說：「你這是舔屁股也撿大的舔，是不是……」想不到他連損帶罵把我狠狠收拾了一頓。最後他說：「現在是戰爭年代，如果你被打死了，甭看你的通訊報導寫得好，沒人會想起你來。如果你僥倖活下來了，你也用不著巴結什麼大人物……」他說的我啞口無言。不過，他的話，我都銘記在心，終生難忘。然而，關於典型環境中的典型性格一類問題，就到現在我也沒鬧清。每次想起這類問題，一下就想起張學義的難聽話來，也就把問題放下了，隨他去吧。

不久，我們就參加了集寧戰役。那次戰役打的艱苦極了，個人的東西，全都丟完了，連吃飯的碗筷都丟了，蕭三的信自然也丟了。那次戰役中，我們背的是饅頭乾，後來看見被打死的敵人身上背的是炒米，我們的團政委劉克寬說：「壞了！壞了！」原來饅頭乾好吃，不經吃，結果我們是餓著肚子跟吃了炒米的人打……團首長從望遠鏡裡看清了前頭一個山溝裡有許多敵人的車輛，估計是輜重，就指揮往那裡衝……果然繳獲了許多糧食。炊事班支起行軍鍋來，往裡下白麵疙瘩，做熟了一鍋麵疙瘩粥。開始打飯，張學義就喊我：「林鵬你還愣著幹什麼！」我說：「我沒有碗。」他大叫著：「你的帽子是幹什麼的？」我摘下帽子來看著，心想這還能盛飯？這時炊事員就往我帽殼裡「誇」的一聲，倒了一大鐵勺那種疙瘩粥。這時敵人反擊過來，機槍在我們頭上亂爆，參謀長大喊著：「快跑！」跑出有一、二里去才坐下來把我帽子裡的飯吃進肚子裡。那地方，八月十五下了雪，我們還穿著單衣，真叫敗火。

從集寧撤下來就打懷來戰役。起初我們在懷來正面作戰，不久就調到懷來南面的大山裡作戰。先打馬刨泉，消滅敵人一個團，接著打污泥坑，跟敵人的主力頂牛。戰鬥失利，部隊撤下來，在鎮邊城村北待命。當地特別缺水，山溝裡擠滿了部隊，鎮邊城的井水都喝乾了。炊事員拿來了大餅，誰也吃不下去，嘴乾，嗓子乾，無論如何也嚥不下去。

鎮邊城村邊有個臭水坑，黑綠色的臭水，嗆鼻子。張學義端來一洗臉盆臭水，對我說：「林鵬，喝，喝！今天夜裡急行軍，不吃不喝走不動。」我說：「這怎麼喝？」他說：「不怕，我有辦法。」他在路旁揪了一些秋後的蒿子葉。那是俗名叫油蒿的，已經結了籽。他給每人發一小撮。他先揉碎油蒿葉子，塞住兩個鼻孔。自己帶頭喝這種臭水，然後馬義之跟著喝，主任王棟也喝了，我也跟著喝了。喝了這種臭水，烙餅就能嚥下去了。吃完後一個鐘頭我們就出發，翻越大山，到了易縣一帶。

張學義比我大三四歲。他特別愛開玩笑，但是從來不和我開玩笑。他把我當小弟弟……後來他到特務連去當指導員，他跟他的排長們淨開出格的玩笑。那年冬天，他媳婦來看他，晚上睡下了，有兩個排長聽他的窗根，想聽到一半句傻話，以便開他的玩笑。他耳朵尖聽見窗外有動靜，就爬到窗戶跟前，知道是兩個排長，他就隔著窗戶往外尿尿。外面的排長們起初以為下雨了，一想不對，大冬天下什麼雨，於是大喊道：「呀！張學義的狗尿！」「好小子，往我們頭上撒尿！」他們提了桶涼水來往裡潑，隔一會潑一瓢……害的小倆口一人蹲一個牆角，蹲到天明。我們的政治處主任王棟（後來做駐加拿大大使），聽到這事後笑彎了腰。

記得一九四七年徐水戰役過後，行軍中遇見了張學義。他說：「林鵬，你愛看書，給你一本書。」我問：「在哪撿的？」他說：「徐水城下敵人的戰壕裡。」那是一本很破的舊書，封皮早沒了，書頁也已經撕掉許多。當時人們都是用破書頁和爛紙捲煙抽。我也一樣，看一頁撕一頁。我記得那本書中有一則故事，標題是《林四娘》。後來許多年，我想搞清張學義給我的那本書是什麼書。我發現《聊齋志異》、《池北偶談》和《虞初新志》中都有這篇《林四娘》的故事。究竟張學義給我的是哪一本呢，始終沒有搞清。歷史上搞不清的事情太多了，豈止林四娘。於是我就想到了吸煙的問題。現在人們都知道吸煙不利健康……過去就很難說了。試想，假若沒有紙煙，人類怎麼能熬過二戰的艱苦歲月呢。太可怕了！

後來張學義當教導員，不知為什麼又當了營長，到朝鮮前線時，他當團參謀長。他的團長是張振川（張後來是六十五軍軍長）。張振川的回憶錄後面附有一篇林鵬的通訊報導，《三打紅山包》。這書出版以後，鄧雨濃寄給我一本。我看到我從前寫的報導，很是激動。在開城前線，張學義他們打過許多漂亮仗，這些仗都是張學義具體組織的。他是個很能幹的參謀長，當時我到紅山包採訪時同他見過面，這是一九五三年春天的事情。此後，二十多年，不知張學義何在……

一九七九年春節過後，有一天我從北京東四大街走過，突然有人喊：「林鵬！」我回頭一看是張學義，老戰友重逢高興非常。我這才知道，他後來當了團長，回國後上級認為他有培養前途，送去南京軍事學院學習。一九五七年學校大鳴大放時，他大放厥詞，被定為「極右」，到蘇北一個勞改農場中服刑。差點沒餓死，勞改農場的日子不好過。他不肯細說，我也不便細問。話雖然是這麼說，他還是給我說了一件事情。他說：「困難時期，勞改農場每頓只給一碗清湯……人們不能幹活，到後來連起床也起不來了。我想，驢吃草就能活，人為什麼不能吃草？我跟同屋的人說：『走，咱們吃草去！』我把他們從床上拽下來，我們一起爬，爬出鐵絲網外面吃草。我說我從小給毛驢打草，我知道什麼草能吃，什麼草不能吃。我們就抓把草葉塞進嘴裡嚼……林鵬，我們農場的人，都餓死了。我們屋裡一個沒死。後來汽車運了糧食來，連卸車的人都沒有。」我聽了不寒而慄。

一九七九年時，軍事學院已經沒有了，中央軍科院負責落實他們的政策，徹底改正，恢復軍銜級別，正式辦理轉業手續。張學義很高興。

有一天晚上，我問他鳴放了什麼？他說：「咱們小八路，哼不攏冬，有啥說啥。當時黨號召鳴放，一再動員讓我帶頭，那就說吧。我提了四點意見。」我說：「詳細說說。」他說：「第一，馬列主義好是好，就是不適合中國。中國不是歐洲。中國有中國的文化傳統，有自己的國情。第二，中國不能實行無產階級專政。中國革命是農村包圍城市，解放戰爭中工人階級在城裡，攻城的解放軍都是農民子弟兵……解放後卻讓工人階級（無產階級）專政，這不公平。第三，不能什麼都照搬蘇聯……讓戰士戴蘇聯紅軍的船形帽，戰士上街不戴，回來進營房時再戴上……第四，不能忘掉農民。忘記過去就是背叛，這是列寧說的。中國革命戰爭是農民戰爭，解放後把農民一腳踢開。三大差別（工農差別、城鄉差別、腦體勞動的差別）日益嚴重，完全是人為的。農民成了次等公民，一個戶籍制度就把農民，連他們的子孫都卡死了。這是不能容忍的。這是忘恩負義，這是過河拆橋，這是卸磨殺驢，這是背叛……」他這樣振振有詞的說著，我聽著渾身直打哆嗦。等他說完，我說：「你這些鳴放質量可是夠高的呀！這太嚴重啦！太可怕啦！句句都在綱上……」他笑道：「所以才定我一個極右呀！我沒說的，完全同意。」我問：「改正時他們怎麼說？」「他們說，問題嚴重，但這是認識問題，不是敵我問題，決定改正，也就是徹底平反。」我說：「不容易，不容易呀！」他後來小聲告訴我：「其實我現在還是這麼認識。他們可以批判我，處罰我，卻沒有能力說服我。經過十年勞改，我的思想認識更明確更堅定了！」我認為他還是年輕時的那種樣子，天不怕，地不怕，活生生一個搗蛋鬼。

寫中國政治思想史的人，絕不會想到張學義的鳴放。不過也不怕，有張學義的檔案在……歷史就這麼曲曲折折的過來了，曾經有過先見之明，也有過不少後見之明，如果這一切先知先覺、後知後覺都不算數，那就只剩下不知不覺、麻木不仁了。文化人的責任就是把別人的嘉言善行記下來，傳諸後世，不然要文化人幹什麼？養著他們只是為了「替聖人立言」、「為尊者諱」嗎！

張學義是個小八路，老黨員，他才是真心幫助黨整風，他考慮的都是根本性的問題。他能在大會上，站在講台上，把它說出來，並且說得如此明確，一點都不含糊其詞，他是坦誠的，他是忠實的……不使用暴力，至少不崇拜暴力，退一步說，至少在內部不對自己的同志使用暴力……這是很難的嗎？其實不難，但卻做不到。這是為什麼？不知道。其實，一般動物也有反思的能力，不然，他們的適應力從哪裡來呢？所以《禮記》說：「不能反躬，天理滅矣。」這是很深刻的話，同時也是很沉痛的話。

張學義只上過兩年小學。不過，成年以後，他的閱讀範圍很廣。他讀過以後又向我推薦的書很多，他催著我看。記得有袁珂的神話研究和范文瀾、周谷城的通史等等。我素來號稱是愛讀書的，他常常使我吃驚。一九七九年，有一天，他對我說：「首都劇場正在演老舍的《茶館》，值得一看。」

他年輕時身體很好，像牛一樣，不知為什麼，剛過七十就去世了。或許是受的苦太多了……他是徐水縣謝家營村人。去年我乘車從徐水路過，我向路南張望著，想找到謝家營，沒找到。當時我非常難過。我非常懷念他，懷念他的思想深度和語言風格。他是一個農村出來的小八路，一個農民子弟兵，一個有高度文化素養的革命軍人……這樣的人，現在越來越少了。

馬義之的文昭關

著名音樂家唐訶是我的老鄉。他是易縣梁格莊人。前些年通過蘇友林認識了唐訶，他給我的印象非常好，才氣橫溢，平易近人，而且愛好書法。他字很好，雅致大方。他的書法作品，比如寫「朝辭白帝彩雲間」，他在字的旁邊附上工尺譜，非常別致，人稱「音樂書法家」。前幾年他出版了自己的回憶錄性質的散文集，給我寄來一本，我都仔細看了。我最感激動的是，文中提到我的一位老戰友馬義之。唐訶說，馬義之是個音樂天才，凡有眼的就會吹，有弦的就會拉。他並且說，是馬義之教會他吹笙和工尺譜等等，這一切不禁勾起我很多的回憶。

唐訶和馬義之相處的時間，在一九三八年到一九三九年這個時間段。我同馬義之相處的時間要晚得多，在一九四六年以後一段時間。

一九四六年四月初，我被任命為晉察冀野戰軍第十七團政治處通訊幹事。當時六旅部駐在柴溝堡，十七團駐在洗馬林。我是在四月七日到達洗馬林，因為有個「四八烈士」，到了洗馬林就張羅開追悼會，所以這個日子記得清。當時十七團的政委是劉克寬，政治部主任王棟，張學義是任組織幹事，馬義之是教育幹事。馬義之比我大得多，差不多有十來歲，他把我當小弟弟看待，凡事都幫助我，照顧我。他對我是無話不談。他曾對我說：「我第一次結婚是抗戰開始的那年，後來我參軍走了，我媳婦想我，生生的想死了。」說著傷心至極。

馬義之是徐水人，家中頗有田產，算個不大不小的財主。馬義之年輕時長得俊俏，又會唱戲，唱旦角，棒棒腔。嗓音特別洪亮，唱《大登殿》，人稱「一口兒紅」。臨村的一個財主家的女兒看上了他。據媒婆說，得了「相思病」，已經是奄奄一息，就快不行了。後來一打聽，是好人家的女兒，模樣也好，又念過幾天書，兩家大人都同意，就定了親，不久就成親。小倆口兒新婚燕爾，如膠似漆不必多說。不久可怕的事情發生了，這就是盧溝橋事變。馬義之為了打日本，毅然決然參軍走了。馬義之是越走越遠，一走三年。他的美麗的妻子的病體，一天比一天沉重，不到三年香消夢斷，嗚呼哀哉……等三年後，馬義之請假回來看望他妻子時，只能在她的墳上痛哭一場而已。

我喜歡發表一些沒鹽淡醋的空論，照我說，這馬義之的第一位妻子（原諒我不知道她的姓名）也應該算一個革命烈士，她和前線戰鬥犧牲的烈士完全是一樣的，她也是為抗戰獻出自己的生命，難道不是嗎？她一生中最最嚮往的，最想得到的，並且是已經得到的，就是她的愛情，她為了打日本，犧牲了自己的愛情，連同自己的生命。她不是烈士是什麼。封建社會還知道為貞潔的女人立個牌坊，新社會誰想到要敬重這種富有犧牲精神的女人？讀者諸君想到過嗎？我的空論，猛一聽很可笑，但是，這可不是我偶然頭腦一熱胡亂說的，這是我多年考慮的結果。馬義之前妻的故事太感人了，它使我多年來，一而再，再而三的想起，簡直是無法釋懷，所以才寫下這些空話，惟望讀者諒之。

一九四六年五月初，我們部隊出發，到察哈爾北部去剿匪。那所謂匪不過就是日偽留下的殘部而已。九月初開拔，奔向集寧。這就開始了解放戰爭（當時叫自衛戰爭）的第一仗——集寧戰役。馬義之非常關心我，照顧我。他說，你沒有戰鬥經驗，打起來跟著我。他讓我跟著他，可他一開始就把我弄丟了。

集寧戰役是一次大會戰，主要戰場在集寧及其以西的廣大山區。我們團的參謀們看錯了地圖，見電報上命令我部到涼城集結待命，我們就大踏步（一百多里地）奔向了涼城縣，其實是指集寧西邊的一個小村，涼城村。涼城縣有個海子，我們到達這海子邊，命令來了，趕快往回走，是涼城村。我們往回趕時，敵人已經占領了涼城村。路上敵人的飛機不斷偵察騷擾，一吹防空號，我們就找地方隱蔽起來。當時是秋後，莊稼沒有了，只有一片一片的蔴地。我一鑽進去蔴地，倒地就睡著了。等我醒來，山野裡一片寂靜，把我嚇壞了。我想，我睡著了沒聽見吹號，搞不好這回要當俘虜。越想越怕。這時已是下午，後來我看見東邊敵機正在俯衝掃射，我想，八路軍沒有飛機，它掃射等於給我指示了方向，我就拚命往那裡跑。到天黑下來時，我追上了我們那個部隊。找到馬義之，說明情況，他笑了，他說，我也經過這，今天算你補了一課。這時前面槍聲大作，傳下來，「往後傳，上刺刀！」我沒再多想，戰鬥就這麼開始了。

關於集寧戰役，有許多事情要說，要寫，那是一次會戰，並且是一次混戰。敵人包圍我們，我們又包圍敵人，裡三層外三層，打成一鍋粥。舊曆八月十五，下了大雪，又颳著大風，人稱「白毛旋風」，我們穿著單衣，真過癮。馬義之喊著：「林鵬，真敗火！」張學義笑著說：「把一輩子的火氣都敗光了。」我和馬義之一起救護傷員，把他們抬到綁紮所去，給他們包紮好傷口，後來又把他們丟掉。整個部隊的運動，就像天上的浮雲，水中的浪花，一會兒東，一會兒西，就像「白毛旋風」。

我們的對手是傅作義，他們的援兵不斷增加，打了二十天，我們撤出戰場。我們是向北突圍，從八蘇木過鐵路，向北一直走到一個蒙古人的村落，後來向西走，向南，三天後又從紅沙壩過鐵路，向東急行軍，過隆盛莊，向興和奔。

臨突圍前，發給我們政治處每人一支步槍，給了我一支德國老套筒，十五發子彈。過了隆盛莊，夜間行軍中，我才想起我的步槍裡頂著一顆子彈，無論如何退不出來。馬義之說：「你既然頂上子彈，為什麼不放掉它？」我說：「夜間突圍，我沒有看見敵人，我朝誰放？」大家都笑了。張學義幫我扳槍栓，先得把槍栓扳正，才能向後退。張學義也扳不起來。主任王棟說：「我有辦法。」他把步槍放在地上，用一塊石頭往下砸，砸了幾下，還是不行，他說：「把它交軍械處吧。」馬義之對我說：「交軍械處最好，省得你扛著它了。」

馬義之有各種生活上的小辦法。他教給我，晚上睡覺時，把雙腳墊得高高的，讓血向心臟流，腳上的泡不痛，恢復疲勞也快。這個辦法很有效。許多年以後，著了急我就用這辦法。

集寧戰役以後，我們往東開，參加懷來戰役。據說陳誠到了康莊，我們同他頂牛。懷來戰役也是一場大戰。我們在懷來南部的大山中，翻過來，翻過去，戰鬥異常激烈不必說，一個餓，一個渴，實在難熬。餓了，只是走不動路，不至於死人；渴不一樣，一會兒就死了。懷來南山裡有個村名叫花莊，花莊村頭有一口井。我聽說前面有井，我就跑了一段，趕上前去喝水。馬義之喊我：「林鵬，你別喝了，我給數著呢，你已經喝了十四碗啦，先等等再喝。」這裡說的碗，是行軍帶的那種小搪瓷碗，容量不大。說著部隊上來了，把我擠開，別說再喝，看也看不見了。後來，我們和張學義、馬義之一起，喝過鎮邊城村外臭水坑裡的黑色的臭水。這些故事，許多年以後，我們見了面談起來，津津樂道，不以為恥，反以為榮。

有一件事情，事情雖不大，我卻以為應該鄭重的記載下來。

現在從北京往西看，門頭溝，齋堂再往西，那一片大山就是叫做野山坡的那一大塊地方，也就是抗日戰爭時期蕭克所領導的所謂平西分區的那個山區，是一個廣大的山區。北面，桃花堡，鞏山堡以南的就是有名的小五台山，再往南，金水口，大河南，以至單翅嶺、板城等等地方，在歷史上都是頗有名的地方。我們部隊在解放戰爭中，曾經多次從這裡越過，多半都是急行軍，而且是夜間行軍。之所以是夜間行軍，不是因為有敵情，只是為防止敵人的空中偵察。

有一次行軍中，嚮導跑了，部隊只好停下，派人去抓個嚮導。在月色濛濛之下，山間小路上，躺的坐的堆滿戰士。有人說：「濛濛月色之下，要有人吹個簫，就有意思了。」有人答話道：「張良會吹簫，今天他沒來。」引得人們哈哈笑著。宣傳隊裡有人揹著個京胡，就有戰士說：「給咱們拉一段吧，歡迎啦！」那揹著京胡的宣傳員，自以為技術不怎麼樣，便把京胡雙手捧給了馬義之，說：「馬幹事，您給拉一段吧，讓我也學一學。」馬義之接胡琴在手，說：「行嗎？好吧。」

我記得他拉的是《霸王別姬》中舞劍那一段的插曲，曲名好像記得是叫《夜深沉》。那胡琴的聲音真叫響亮，真叫脆生。曲子也非常的低迴婉轉，迭宕有致。你能想像到虞姬那悲壯的深情的劍舞。人們都沉醉了。整個山野，濛濛月色，月色濛濛，也都沉醉在寧靜之中，彷彿都在靜靜地欣賞著，又彷彿都睡著了。

有戰士低聲喊著，「好，真好，真絕！」

等曲子一終結，戰士們一片叫好。

這時候劉克寬政委說了話，「誰在拉胡琴？」警衛喊道：「二〇二問，誰在拉胡琴？」馬義之站起來說：「報告，是我。」政委說：「夜間行軍，應該肅靜。」馬義之說：「是，我錯了。」政委說：「以後注意！」馬義之又說：「是，我一定注意。」

戰士們會說俏皮話，「他非等著曲子拉完了，才發話責問。」又有人說：「我猜是他也愛聽。」「好一個政委喲！」

我就在跟前，在馬義之跟前，距離劉政委也不遠，不出十步。我的感受最深了。我們部隊人才濟濟，有馬義之這樣的天才，真是幸運極了。我能親聆他的琴聲，也是我的幸運。而且這濛濛月色，月色濛濛，令我終生難忘。

後來我調到十二團去當宣傳幹事，離開張學義、馬義之他們，我非常難過。再後來，我又調到師宣傳科當幹事，後來又調到軍報社當編輯，當記者……以後就是轉業到山西省人事局任秘書幹事……總之再沒見到馬義之。聽說馬義之也轉業了，在大同市文化局當局長。

一九五八年冬天，有一天，老戰友王奐告訴我說，馬義之來了，在省文化局。我趕緊跑去看他，見他滿頭白髮，忙問：「怎麼這麼快頭髮都白了？怎麼回事？」

他告訴我下面這段故事。

馬義之是個漂亮人物，面皮白嫩，頭髮黑，眼睛亮，聰明絕頂，善於談吐，善於歌唱，而且善於各種樂器。他是一個真正的才子。我們離別以後，他被提拔當營教導員，不久又當團政治處主任和團副政委。待到全國解放那年，他已經是團政委了。上級派他跟隨張洒耕到綏遠省去接受並改編傅作義的部隊。馬義之到傅作義的某團擔任團政委。

他們不能多帶人，只准帶通訊員和警衛，各連各營都派了政工幹部，也是只准帶通訊員和警衛。馬義之給他們規定了一個暗號，有情況就在電話中說這個暗號。一天晚上，他突然接到電話中說了這個暗號，就再沒有聲音了。他知道出事了。

馬義之立即找來敵軍的團長，問他：「你們想幹什麼，你們有行動，要暴動，是不是？」那團長極力解釋：「下邊出了什麼事，我不知道，真的不知道。」馬義之說：「聽我的命令，立即集合部隊，立刻出發，向大部隊靠攏。」團長下令以後，只集合來一個營，加上團部，不足五百人。馬義之命令立即出發。那是一九四九年秋天，那天下著小雨，走了不到二十里，另外兩個營就追上來，包圍了他們。他們占據了一個小村莊。

這時候，馬義之立即下了團部全體軍官的槍。馬義之用手槍對著那團長，說：「聽我的命令，你在屋裡，參謀人員在窗外，你立刻下令，構築工事，死守，待援！」

那團長態度也算可以，他極力解釋：「我的這支部隊原本就是雜牌軍，大多數都是土匪出身，他們受不了解放軍的嚴格紀律，想上山去，還過土匪生活。我同他們不一樣，馬政委，我不一樣，你相信我，我是個知識分子，我一直在北京上學，因為一個拐彎親戚關係，讓我當了團長。我懂得全國的形勢，國民黨完了，我贊成傅作義總司令的和平起義的決策，他的決策很英明，老百姓們都贊成，我怎麼能幹出這種土匪行徑呢，你放心，我一定服從你。等事情平定以後了，你去調查，這事兒如果同我有一絲一毫的關係，你親手槍斃我，怎麼樣，你放心吧……」

戰鬥雖然不很激烈，但不分晝夜的進行著，天一直下著小雨。

馬義之派出的騎兵通訊員，有一個踩著馬鐙，抱著馬脖子，趁著夜色衝出去了。三天後，當時的師政委龐殿賢（他後來轉業做山西省輕工業廳的副廳長，是我的頂頭上司）帶著大部隊到達出事地點，他命令暴亂的兩個營全部繳械，排以上幹部全部逮捕，交軍法處審判。這時候，馬義之才知道，派到那兩個營的政工幹部和通訊員們已經全部被害。他們都是馬義之的老戰友，馬義之難過之極。

他告訴我說：「這時，我洗了把臉，一照鏡子，嚇了我一大跳，頭髮變白了。人家說，伍子胥過昭關，發愁，一夜之間，鬚髮皆白。我不是一夜，我是三天三夜，頭髮全白，連一根黑的也沒有。神了，神了，都說伍子胥的故事是神話，我這不是神話，我這是現實。」

我們在一起，唏噓不已。

一九七三年春天，當時我做幹部工作，我到大同去調研下放幹部的事情。一天，我到大同市文化局去看望馬義之，他一見面我就緊緊的抱住我，說：「林鵬啊，我真想你呀！」

後來，大約是一九九〇年前後，馬義之去世了。隔了好幾年才告訴我，說是怕我難過，隔了幾年我就不難過了嗎？寫到這裡我依然是老淚縱橫，一說到過去，就是淚流滿面，這是老年人的毛病，沒法了。

歷史過去了，就像江中的流水，一去不返了。

南管頭人

我出生在狼牙山鎮南管頭村北頭，張姓。

南管頭地處五回嶺古道之上，《水經注》中多次提到五回嶺古道。有文字記載的，《史記》，秦始皇十八年攻邯鄲滅趙，趙公子嘉自立為代王。代在蔚縣。到二十四年，代王嘉聯合燕國抗秦，他就是走的五回嶺古道進入燕國。他的軍隊在畫貓兒這個地方。與秦將王翦遭遇發生激戰。於是這一段河水就有了一個獨特的名字，叫「亂營河」。這段河在南管頭北邊一里地。代王嘉在這裡戰死，他就被葬在他戰死的地方，後人稱「王子墳」。王子也者，不是國王的兒子，只是有點貶稱的國王而已。（詳見壽鵬飛編著《易縣誌》）

南管頭在狼牙山南，山南向陽，民性剛，山北向陰，民性柔。以恒山山脈東端而論，戰國末，山南出了荊軻和高漸離，山北出了個王次仲。他是創造隸書書法的人，也是反秦的英雄。南管頭人老實，在村裡，人們喜歡勾心鬥角，出了村，卻是老實疙瘩。南管頭抗日戰爭期間參加革命的老同志，都非常老實正派，對革命忠心耿耿。張慶源，李德明，李登隆，李登經……

南管頭沒有出過舉人，秀才之類。從前在科舉時代，有人中了舉要在大門前立個旗竿。

在我們那一帶山村裡，沒有一支旗竿，可見沒出過舉人。沒有舉人那就談不上進士了。所以南管頭沒有出過封建官僚。村裡倒有貧富之分。說到貧富之分，大概上古就有。古書上說：「象曰：牛羊，父母，倉廩，父母，干戈朕，琴朕，二嫂使治朕棲。」（《孟子》）可見是有富有貧，有私有財產的。

南管頭在土地改革中（一九四七年）出了一家地主和幾家富農，不過這種地主富農，不同於山外良田千畝雇工數十的地主、富農，充其量不過就是幾十畝地，十來間房，兩個長工，相比之下生活比較好過一些罷了。從太行山到呂梁山。在這一片廣大的山間村落，這種吃糠嚥菜的地主富農多的很。正是他們，苦巴苦業地供自己的子弟們出外求學，當然都是洋學堂。正是這些洋學生們發動並領導了國民革命（辛亥革命）和共產革命（一九四九），土改中卻抄了他們的家，掃地出門，家破人亡，這等於斷了他們的後路。革命發展很快，他們也只好忍痛向前，可以說是一往無前。

新中國成立後，公開的階級敵人是地富反壞右，對他們肆意壓榨，甚至殘酷鎮壓，這裡面卻沒有資產階級。按理說，沒有資產階級哪來的無產階級，然而卻有一個龐大的無產階級政黨。毋庸諱言，黨內成分百分之九十九以上是農民，而建國後卻對農民肆意剝削、剝奪和壓制……在人為製造的城鄉差別和工農差別中，百般歧視農民，把他們看做另類等等。可見理論和政策中充滿了悖論。

這些悖論被老革命們充分諒解了，他們認為很快就可以「過渡」到共產主義，成了共產主義「大道之行，天下為公」，一切都擺平了，也就沒得說了，他們把這看作是「犧牲小我」。這些悖論在從前誰也不敢說，說了這就是右派言論，是階級敵人。現在已經時過境遷，說說也就無妨了。

南管頭在抗日戰爭中，出了一位有名的烈士，他叫李君玉，易縣至今有一個村子以他的大名命名「君玉村」，在紫荊關附近。這位英雄出生在南管頭的一家地主家裡。烈士的遺孀和一個女兒，土改以後，頭上頂著地主婆和地主子女的帽子，受了不少窩囊氣。階級鬥爭嘛，能有什麼辦法？李君玉的一個戰友姓杜，後來做了保定地委書記，經他三令五申，文革前才給李君玉的遺孀摘了地主分子的帽子，種種往事，說來話長，一言難盡。

改革開放以後，村裡的有識之士們就商量著給李君玉立個碑。李和平大聲疾呼：「這是撥亂反正的大事！」雖有張林鴻，李和平，李慶宇等人的呼籲，二十年不見動靜。沒有人明確反對，可是就是幹不成。文革的「以階級鬥爭為綱」的包袱，壓得人們喘不過氣來。

近幾年，人們的生活好了，村裡是一派興旺的景象，領導班子也是一換再換，村民看到這件事應該辦了。村支部和村委會決定要辦此事，新支書李占軍上台，毅然決然著手辦理。他請我寫碑文，我的碑文是這樣寫的：

民族英雄紀念碑

抗戰先烈李君玉（原名德潤）乃南管頭鄉紳李鳳閣之子，李德鑫之弟也。君玉生於一九一五年，一九三二年出外求學，加入中國共產黨。抗戰軍興，奔赴前線，一九三九年任就龍華縣抗日政府民政科科長，為開闢敵後抗日根據地做出諸多貢獻。一九四二年三月六日與日本鬼子遭遇，在激戰中壯烈犧牲，時年二十八歲。邊區政府為表彰君玉的功績，決定命名其犧牲地為君玉村（現在紫荊關附近）永為紀念。此乃南管頭之光榮也。

當此紀念抗戰勝利六十週年之際，南管頭村民特建此碑，並邀請張林鵬撰寫碑文，用為緬懷先烈激勵後人。

西元二〇〇五年八月十五日　日本投降日立石

碑料用滿城的青石，並請保定高手汪雙喜鐫刻。狼牙山鎮黨委非常支持此舉，黨委出錢建了一個漂亮的碑亭，碑亭就建在南管頭後坡高處。南管頭的老革命、李君玉的堂弟、黑龍江省文化廳廳長利化（原名李德明）題寫楹聯，文曰：「天地有情留正氣，江山無恙慰忠魂。」利化是著名的書法家，曾經任黑龍江省書協主席。這副楹聯寫得非常優美，為碑亭增色多多。

揭幕式上來了很多人，縣委宣傳部長講了話，鎮黨委書記講了話，最後歡迎我說兩句，下面就是我的即興發言：

我是南管頭人，並且曾經是狼牙山的小八路。今天南管頭李君玉立個民族英雄紀念碑，這是大好事，我躬奉盛事，倍感欣慰。

我們面前站著一個強大的日本，所以我們永遠不要忘記抗日戰爭。六十年前的抗日戰爭，是一場真正的人民戰爭，並且是全世界人民反法西斯戰爭的一部分。這就是第二次世界大戰。二戰的勝利，奠定了持久的和平。在這一個時期，人類各方面都得到了飛速地發展。這一發展變化使全人類進入了一個全新的新時代。過去的一切都過去了，階級鬥爭結束了，革命運動結束了，它們永遠的結束了。這就是建立李君玉民族英雄紀念碑的偉大歷史意義。這件事情非常偉大，這要謝謝狼牙山，謝謝南管頭，謝謝大家。

我以我是狼牙山鎮南管頭村的人，又是李君玉的本村鄉親而倍感自豪。此前我有一首小詩，一併抄在這裡：

兒時戲耍地，
山頂有棋盤。
老來一張望，
心酸不可言。

尋訪御射碑記

我的家在易縣南管頭村。它為什麼叫管頭，不知道。隔河有個北管頭村，老人們告訴：北管頭從前叫郎山莊，南管頭從前叫什麼，打聽不著。後來讀《水經注》：「徐水三源奇發，齊泄一澗。」三源即野剎一源，七峪一源，甘河一源，它們在管頭匯合，這一「澗」就是南管頭。南管頭村南的西坡頭，至今還叫：「澗頭。」可見「一澗」就是南管頭。南管頭原本就叫澗頭。寫起來圖省事，寫作間頭。間與官草書相似，久而久之，以訛傳訛，將錯就錯，成了官頭，最後成了管頭。這種事情，一旦見諸公文，就變為既成事實，有沒有道理，倒在其次了。

南管頭現在是個鎮，從前是個小山莊。《古今圖書集成•職方典》中，有周莊社，沒有南北管頭。南管頭的耕地都叫台，南台、北台、東台，可見從前耕地的位置很高。村子也在台上，有個地名叫八畝台。我也是少小離家老大回，據我看，我家門前的河床，五十年來增高了兩公尺。《水經注》的作者酈道元是西元五世紀的人。以五十年兩公尺計算，退回一千五百五十年去，我們村前是個六十公尺深的山澗，所以說酈道元的描寫是非常正確的。楊守敬、熊會貞的《水經注疏》說三源齊泄的地方叫「雷溪。」這附近沒有叫雷溪的地方，這雷溪也許是我們村南山澗的名稱，不過早已迷失罷了。

我既然敢於確定《水經注》的「一澗」就是南管頭，這離御射碑就不遠了。《水經注》的話是這麼說的：「徐水三源奇發，齊瀉一澗，東流北轉，東山下，水西有御射碑。」

近二十年來經常回老家探視，前山後山，東遊遊西轉轉。故鄉雖然窮苦，卻是山清水秀、景物宜人。抗日戰爭期間出了狼牙山五壯士。狼牙山是個小山，全國地圖上還特意把它標出來，大概是沾了五壯士的光吧。這地方歷史悠久。既然北管頭原名叫郎山莊，那就是漢武帝時，戾太子之子，史皇孫之弟，叫某郎的隱居的地方了。從北管頭沿河往北走，一里路，就到了畫貓兒。山岩上畫著五隻小貓，還有一個紡線的老太太。六十年前清晰可見，現在已經模糊不清了。這裡從前只有幾戶人家，行政上屬北管頭村，這裡地名叫王子墳。據壽鵬飛《易縣誌稿》說，這是代王嘉的墓。《史記》載，秦始皇十八年滅趙，趙公子嘉自立為代王。代在蔚縣。二年後，荊軻刺秦之年，王翦伐代，代王嘉奔燕，兵出此路，戰敗自殺。他就被埋在他自殺的地方。這一段河有個單獨的名字：亂營河。後人可以想見當時的情況。

我家門前的大道，就是五迴嶺的古道。乾隆年間，把原屬河北的平定州劃歸山西，把原屬山西的蔚州劃歸河北。此後每年陰曆五月二十三，蔚州（包括淶源、陽原二縣）的錢糧騾隊，從我家門口過，送往省城保定。直至民國期間依然如此。雖然淶源、蔚縣早就歸了河北，但是河北人至今依然叫他們：「老西兒。」想來令人不禁失笑。

從這條五迴嶺古道走過的人很多。北魏太武帝東巡（到山東），回來的路就是走的這條古道。當時的北魏首都在大同。抗日時期還有許多外國人從這裡走過。他們是白求恩、柯棣華，還有燕京大學的教授，英國人林邁克。林邁克有一張亂河營的照片留下來，照片發表在他的書中——《八路軍抗日根據地見聞錄，一個英國人的不平凡經歷的記述》，中文版由國際文化出版公司一九八七年出版。照片標題是〈狼牙山風光，一九四二年〉。我認為這張照片無比珍貴，遠景中圓的是蓮花瓣山峰，方的是寬鞍，俗名鞍子陀。

亂河營的地形非常奇妙，當年河床很低的時候，路過這裡簡直令人絕望。山重水複疑無路，走到跟前，窄窄的山口向左拐，二百公尺再向右拐，柳暗花明又一村，這就是貓兒崖（讀音：涅）。我散步經常到這裡來。我揣想，這就是北魏太武帝拓跋燾援弓而射的地方。別的小山包不值得一射，而較大的山峰，箭又射不過去。亂營河的山，非常險要，卻並不高。《水經注》說：「飛矢逾於山岩。」《太平寰宇記》說：「飛矢逾於山岩三百餘步。」拓跋燾是個馬上皇帝，開疆拓土，武功赫赫。當年車駕行至這種地方，山窮水盡疑無路，經他一射，射出一條小路，然後柳暗花明又一村。自然是群臣高呼萬歲，於是「刊石用贊玄功。」（《水經注》）二十年前我散步到亂營河，心想，他既然走的是五迴嶺古道，必然經過這裡，這一箭必是在這裡射出，別的地方沒有這種景致。我曾經想在河水拐彎處的山窩裡蓋兩間房子，退休以後住到那裡去，一定把御射碑找出來，哪怕是一塊殘石也罷。萬一找不出來，我想找來御射碑的拓片，照原樣複製一座，修個碑亭，立在路邊，也算故鄉的一景，五百年後，人們就會認可。文人只要不餓肚子，他們多半都是好事者，想來好笑。

九十年代以來，見到的有關的出版物多起來。據傅振倫說，御射碑於一九三六年，由當時的故宮博物院古物研究館館長徐鴻寶發現（見傅振倫著《七十年所見所聞》一九七頁，一九九七年華東師範大學出版社出版）。一九九九年四月，我同吳占良先生一同去拜訪傅振倫先生，知道傅先生當時是燕下都考古隊的成員，上述書中對易縣文物古跡敘述頗詳。我覺得傅先生的說法最為可信（在此之前，傅先生曾說是於一九三五年發現，見《文物天地》一九八八年。還有中華書局一九八四年出版的《善本碑帖錄》六十一頁，說於民國十年發現的御射碑，不足據。）。近蒙河大教授呂志毅先生贈我一部壽鵬飛編的《易縣誌》。吳占良先生專程來太原送此書。如此隆重，令人感動。

壽鵬飛是魯迅的老師，浙江紹興人。壽鵬飛是方志專家，著有《方志通義》。他主持撰修的《易縣誌》，是民國期間河北省所修百部方志中的上乘佳作之一。他說：「金石古物在易縣特多，足現古代文化，錄其有關考古及足徵掌故者，餘不勝記也。」（見《易縣誌稿•敘例》）該書第八七〇頁至八七六頁，對御射碑有詳細考證。此書《敘例》之末注明時間是民國二十六年三月，正是發現御射碑之後，七七盧溝橋事變之前。沒想到歷史竟是如此緊湊，足以令人驚歎不已。

《水經注》的記載是這樣的：

「徐水出廣昌縣東南大嶺下，世謂之廣昌嶺。嶺高四十餘里，二十里中，委折五回，方得達其嶺上，故嶺有五回之名。下望層山，威若蟻垤，實兼孤山之稱，亦竦峙也。徐水三源齊發，齊瀉一澗。東流北轉，逕東山下，水西有御射碑。徐水又北流西屈，逕南崖下，水陰又一碑。徐水又隨山南轉，逕東崖下，水際又有一碑。凡此三銘，皆翼對層巒，岩障高深，壁立霞峙。石文曰：『皇帝乙太延元年十二月車駕東巡，逕五回之險邃，覽嶺岸之竦峙，乃停駕路側，援弓而射之，飛矢逾於岩山，刊石用贊玄功』。夾碑並有層台二所，即御射處也。碑陰皆列樹碑官名……」（《水經注》第十一卷）

一九八七年天津古籍出版社出版了施蟄存的《水經注碑錄》，我至一九九七年才見到此書。書中附有御射碑拓片圖版，右上有羅振玉的題跋（據傅振倫先生說，是周肇祥的題跋）。碑文十四行，第一行不可辨認，第二行只有四個字可辨。施先生說：「余至今猶未得到此碑拓本，故據羅振玉所錄記之。」書中只有第三行到第九行的釋文。僅以此七行而論，羅振玉釋文比《易縣誌稿》多辨出三個字，少辨出七個字。羅振玉大約只見了拓片而未見碑石，所以不如當時在易縣的壽鵬飛和徐鴻寶等認出的字多。《易縣誌稿》說：「可辨者尚二百四十餘字。」

施書說，碑文十四行，行二十六字。縣誌說，十五行，行二十六字。傅振倫的文章，《隱而復顯的一千五百五十年前的魏碑》（《文物天地》一九八八年第三期）說是十三行，行二十六字。傅振倫先生當時居在易縣，卻沒有去過南管頭，自然未見碑石。姑以縣誌說，十五行，行二十六字，「乃作頌曰」下空六字，則碑文字數當在三百八十字左右。其中有不可辨認者約一百四十字。傅先生說：「這是易縣最古的石刻，在河北亦頗少見。」（見《七十年所見所聞》第一九七頁）傅先生說，御射碑石高六尺，廣二尺三寸餘。書法是魏碑中上乘之作，似嘗龍顏。

現據《易縣誌稿》將當時可辨認之文字列出：

第一行，（不可辨認）

第二行，澤歷定冀……

第三行，恒山北行而歸，十有二月……之……崇……之……峙……

第四行，駕路隅，援弓而射之，矢踰於……山三百餘……於是復令左右將士善

第五行，射者射之，若武衛將軍昌黎西元丘，前軍將軍……陽億阿齊，中堅將

第六行，軍藍田侯代田，精射將軍曲陽侯……射聲校尉安武子麟，元興次

第七行，飛督安熹子李茂等，數百人，皆天下……也，射之，莫有過……者，或至

第八行，峰旁或及岩側，於是群臣內外，始知上命中之……代無……咸嗟

第九行，歎聖藝之神明，雖古有窮蓬蒙之……方之於今……

第十行，遇鎮東將軍定州刺史樂良公乞……及……立錄

第十一行，廣美德，垂之來世，三年丁丑功訖，會樂良公去官……刺史……東……

第十二行，張掖寶周初臨，續讚其事，遂刊……立文，乃作頌曰

第十三行，思皇神武，應期挺生，含弘寬大，下……光明……不……不……肅

第十四行，四海遠至，邇平蕩蕩，聖域……能……下咸寧

第十五行，（立碑年月全蝕）

碑陰全蝕。（見壽鵬飛《易縣誌稿》八七〇至八七六頁）

碑額六字，二行，「皇帝東巡之碑。」這就是《水經注》說的「御射碑」。羅振玉或周肇祥題為，「魏太武帝東巡御射第二碑」。傅振倫先生說：「酈道元《水經注》卷十一載北魏太武帝御射三碑。」（《七十年所見所聞》一九七頁）施蟄存《水經注碑錄》一〇三頁：「六八，後魏御射碑，三石。」還有一些學者，認為御射碑有三石。如果他們的根據只是《水經注》所說：「水陰又一碑……水際又一碑，凡此三銘」，就認定御射碑有三石，這就錯了。根據酈道元這幾句話，不能證明另外兩碑也是御射碑。再者太武帝拓跋燾從易縣只經過一次，他走一路射一路，沒完沒了，像羊拉屎一樣大立其碑，這是不可能的。這在情理之外。我認為，御射碑只此一石，在易縣沒有第二個御射碑。如果他們是根據《水經注》「滱水」條，所

說在靈丘南邊，現在的覺山寺附近，有御射台，「台南有御射碑」，因此定御射碑有三石，似乎有道理，但依然不正確。我沒有見過靈丘的御射碑及其拓本。但據記載，靈丘的御射碑是北魏文成帝和平二年，西元四六一年，南巡時所立。（請參見《太平寰宇記》和施蟄存《水經注碑錄》）算上此碑，御射碑也只有二碑，而沒有三碑。再者，易縣的御射碑，立於太延三年，西元四三七年，比靈丘的御射碑早二十四年，只能稱第一碑，而不能稱第二碑。

廣西師範大學出版社出版的《碑帖鑑定》一四三頁，說：「御射碑現存易縣南管頭村。」它既然在南管頭，我就是南管頭人，我何必在畫貓兒蓋房子？說起來我也是抗日時期出來的老革命了，鎮裡和村裡的幹部支持我，又有我二弟林鴻幫助，於是我就在南管頭北頭村邊蓋了幾間房。原想退休以後可能要清閒的多，誰知也未見得清閒多少。這是真正的「無事忙」，忙的厲害。自然也經常回去，與親友們閒坐時，總要談到一塊古碑。人們說，海底撈針，何處尋訪。我說，它若是一張餄餅，我就不必尋訪了。它究竟不是一張餄餅，沒人吃掉它。我對侄子們說，發現此碑是六十多年前的事，七十歲以下的人不用問，專問七十多八十多的人。我的侄子們很能幹，用了幾年時間，終於打聽到了。說此碑已斷為兩截，較小的一塊，砌在一個井沿裡。此井是個廢棄井，左邊蓋房，右邊蓋房，把這井擠到一個小夾道裡。我二弟林鴻在電話上告訴說，這石頭髮白色，在井口處，眼看得到，手也摸得到……怎麼樣，把它弄出來嗎？我想，地上地下的文物都屬國家，私人怎好動得？再一想，它這個位置十分奇妙！既不在地下，也不在地上。如此一想，高興異常，真是天助我也。我告訴林鴻，把它弄出來。我急忙把御射碑的圖版，在影印機上放大幾份，寄給林鴻，告他看上面有字沒字，如果有字，看是不是這個東西。

經過同主家協商，主家慨然應允。扒開一看，石頭巨大，一、兩個人弄不動，夾道裡又容不得許多人。侄子們焊了一個鐵架，按上滑車，才把它弄出來。抬上三輪摩托車鬥，運到我的院內。他們忙了一整天，晚上打來電話，說上面沒字。我說，對照複印件，仔細查看。我守在電話旁，深夜十二點，侄子打來電話，說：「大伯，有字，沒錯，就是它！」我當時那種激動，無法形容。人若高興了，簡直不知如何是好。我急忙回到南管頭。我的學生閻瑞峰，手拓數紙。我們仔細端詳，這是御射碑的下半部，「乃作頌曰」，清晰可見。家人告訴，碑斷開以後，這較小的一塊，被接到井邊，做了井沿。從前鄉民們打水的桶是鐵桶，腳上穿的是釘鞋。天哪，它竟遭受如此磨難。不過又一想，時間是歷史表現。一九三七年的拓本，還是整石。它斷開必在一九三八年。一九三九年發大水，就把它淤住了。如此說來，它做井沿，只有一年時間，依然還有字跡，真是老天保佑。我相信，高級文物是有神靈佑護的。

晚上，在淡淡的月光下，我一個人站在這御射碑的殘碑前，我覺得我應該向它焚香叩首才對。我怕村民們說我瘋顛。我覺得這御射碑，有說不出的靈異。天下大亂，它能夠及時的藏惹起來。不然，抗日戰爭和解放戰爭的戰火以及階級鬥爭、經濟建設的戰火，會使它粉身碎骨。

若不是及時藏匿起來，恐怕早就打碎，修了水庫了。我在這殘碑前，默默地祈禱著。我的禱詞很長，很亂。第二天我把它寫出來，成了這樣幾句：

太武張狂，羽矢鷹揚。
當年勝跡，貞瑉文章。
郎山腳下，順水之旁。
寶刻有神，戰亂知藏。
殘石重光，太平永康。
賜福吾家，賜福吾鄉。

——御射碑殘石祝詞

我想給它蓋個碑亭。我問文物所所長楊衛東，要在我這後坡上，蓋個古式的八角亭，有三萬元行不行？他說，三個三萬元也不行。我到那裡去弄這麼多錢，想一想也就罷了。我侄子對我說，大伯，那另一塊比較大，字也多，它在哪裡，我已經知道了，也是發大水淤泥蓋住的，不深，你想要，我明天就給你挖出來。我說，地下文物屬於國家，私人無權挖掘，讓它在那地方待著吧，那裡很安全。

我多年來的目的就是找到它。我的目的已經達到了。我的快樂無可比擬。人做事要適可而止。

竇大夫祠觀感

太原北郊上蘭村，有個竇大夫祠，依山傍水，風景絕佳。院內古木齊天，建築樸雅，匾額上寫著四個大字：「仁周三晉。」竇大夫是什麼人，孔子說是晉國的賢大夫。

趙簡子欲召孔子，孔子應召而往。走到黃河邊上，聽說竇大夫被趙簡子殺了，孔子於是回車而返。他仰天歎道：「丘之不濟此，命也夫。」我孔丘不能過黃河，這是命呵。古人提到命的時候，就是認了，那就毅然決然的。子貢問，為什麼？孔子說了那幾句有名的話：「刳胎殺夭則麒麟不到郊，竭澤涸漁則蛟龍不合陰陽，覆巢毀卵則鳳凰不翔，君子諱傷其類也。夫鳥獸之於不義，尚知辟之，何況乎丘哉。」（《史記・孔子世家》）孔子認為趙簡子不義。

竇大夫姓竇名犨字鳴犢，一般都是這麼說的，字以表德，也說得過去。不過，也有人說這是兩個人。《說苑》：「趙簡子曰，晉有澤鳴，犢犨，魯有孔丘，我殺此三人，則天下可王也。」《新序》說：「趙簡子欲專天下，謂其相曰，趙有竇犨，晉有澤鳴，魯有孔丘，我殺此三人，天下可王也。」（佚文）《孔叢子》說：「夫子及河，聞鳴犢與竇犨之見殺也……」《漢書，古今人表》鳴犢和竇犨是兩個人，在中上，趙簡子在下上。《史記・孔子世家》說：

「孔子聞趙簡子殺竇鳴犢、舜華，臨河而歎曰，美哉水，洋洋乎，丘之不濟比，命也夫。」《家語》和《史記》一樣。我們不妨姑且服從《史記》，趙簡子是殺了兩人，另一個叫舜華。當時孔子處境很危險，他只要一上船就完了，趙簡子命令：「中流則殺之。」（《新序》佚文），見《三國志・魏志・劉廣傳》。孔子回車而返，當天住到衛國的陬裡，心情不好，援琴而歌，這就是著名的琴曲《陬操》。（詳見《孔叢子》）

孔子對子貢（一說子路）解釋說：「趙簡子未得志之時，需此兩人而後從政，及其已得志，殺之。」這是《孔子世家》的說法。《說苑》說：「於是乃召澤鳴、犢犨，任之政，已而殺之。」《國語・晉語》中記載著一段竇犨對趙簡子說的話。他說：「臣聞之，君子哀無人，不哀無賄；哀無德，不哀無寵；哀名之不令，不哀年之不登。夫范、中行氏不恤庶難，欲擅晉國，今其子孫將耕於齊，宗廟之犧為畎畝之勤，人之化也，何日之有。」從這一段話裡，可以看出竇犨之為人，堂堂正正，光明磊落。他認為「欲擅晉國」的范氏和中行氏，都是因為有野心，才遭到報應。他沒有想到他面前的趙簡子不僅是欲擅晉國，而是欲專天下了。歷史上像這種對牛彈琴的事很多，也不好深責竇大夫。不過，趙簡子如此野心勃勃，不可能一點蛛絲馬跡沒有吧，如果竇大夫毫無覺察，則是他的不智，如果他有所覺察，因此才針對性的說了上面這段話，則是他的迂腐。蠢牛木馬是勸不過來的，那就是他的本性。仁義道德，誰不知道，只是不肯實行罷了。

一般人以為，只要讓人說話，事情就好辦了。好辦什麼？竇大夫人到是說了，冠冕堂皇，並且已經載入史冊，那又怎麼樣？不久就掉了腦袋。難道趙簡子是壞人嗎？很難說。他的兒子趙襄子滅掉智氏，三家分晉，趙國日益強大，在歷史上活躍了一百多年，至趙武靈王，胡服騎射，山東六國，獨領風騷。

在這裡我不禁想起了孔子的學生子夏，孔子死後，子夏教授河西，也就是晉國。戰國的法家，都產生於三晉，可以說都是子夏的學生，或者他的學生的學生。子夏晚年兒子死了，眼睛瞎了，怨天尤人，痛哭不止，因而受到曾子的嚴厲批評。這都是任人皆知的事情，而這就正是三晉文化的根。秦始皇一起手，先滅了三晉，其中他最恨趙國，曾親到邯鄲，把邯鄲夷為滅地，這都不必細說。

秦國能夠迅速起來，也是靠法家政策，商鞅就是三晉人。所以秦國折騰的很凶，倒台也很快，二世而亡。歷史就是這樣，在精明人的手裡，就這麼糊裡糊塗的發展下來。要說有規律，似乎也沒有；要說沒規律，似乎也有點，就看你怎麼看，怎麼說了。

三晉欲專天下的霸道思想，並不從趙簡子開始，在晉文公時就形成了。晉文公即位第二年就想用兵中原稱霸，子犯說民不知義，於是納周襄王以示義。晉文公又想用兵，子犯說民不知信，於是伐原以示信。晉文公說可乎？子犯說民不知禮，於是大蒐（檢閱），令民知禮，最後一戰而霸。（詳見《晉語》）在這裡，信禮、義等等，不是道德，而只是策略，可見不是真的。因此說法家都產生於三晉，絕不是偶然的。孔子說：「晉文公譎而不正，齊桓公正而不譎。」（《論語・憲問》）譎者，詐也。嗚呼，良有以也。

不過，話又得說回來，孔子知道認命，知道君子諱傷其類，知道擇主而事，所以非常聰明，非常偉大。竇大夫能說直話，擲地作金石聲，不怕殺頭，所以雖然不太聰明，卻也十分偉大。至今還有竇大夫祠留在人間。山西人不簡單，隨你歷史情況如何，他們尊重自己的鄉賢，念念不忘竇大夫。趙簡子的祠堂在哪裡，沒有。鄉民們到現在只知道有個竇大夫，不知道趙簡子是何許人也。

據傳說，日本鬼子打到太原，問竇大夫祠在哪？太原人說不知道。也許他問的那個太原人就是不知道，也許知道不告他……也許就連這打問竇大夫祠的事，也是瞎編的。不過，怎麼不編別的，偏偏編個竇大夫祠呢？

人們記憶就是歷史，稱王稱霸的英雄人物們，轟轟烈烈的不可一世，總歸也都過去了，到現在留在記憶中的，只有一個真的士君子，賢能的竇大夫，他的死，標誌著陰謀家野心家控制了歷史。孔子沒死，真是不幸中之大幸，孔子作《春秋》，亂臣賊子懼。

傅山與交山義軍

不久前，我去交城縣，在山中逗留了兩天。這是我第一次進入交城山。我看到了清澈的流水，茂密的森林，山間的小路和小小的村莊。這一切幽雅的山林景色，使我流連忘返，激動異常，使我想起了許多如今已鮮為人知的歷史故事，這就是三百年前交山農民起義軍的故事。並且，說來也很自然，使我想起了傅山。

《山海經》裡記載著：「懸甕之山，晉水出焉。」懸甕是形容晉水的洶湧之勢，有如把水甕推倒一般。這就是現在的晉祠。傳說周成王桐葉封弟，封唐叔虞於晉水之旁，至今晉祠有唐叔虞祠。晉祠的聖母殿傳說供奉的就是唐叔虞的母親，周武王的妻子邑姜。周王朝在晉國制定了適合當地民情的新政策，叫做：「啟以夏政，彊以戎索。」那時的晉中盆地，南人稱之為太原，北人稱之為大鹵。就在傅山的文章中，依然稱太原為大鹵城。閻爾梅的詩《訪傅青主於松莊》說：「狼孟溝南大鹵平，汾川直掃太原城。」大鹵二字使人想起一種麵食的名字來，它就是大鹵麵。自古以來並州號稱民性強悍，出產名馬、出產名刀，還出產慷慨悲歌之士。而交城山就在懸甕之山的西面百十里路，幾乎是緊密相連，簡直就是一座山。當年交城山農民起義軍所占據的山林，據《交山平寇始末》說，東起太原，西至黃河，南至汾州、交城，北至保德、甯武關和蘆芽山。這一片大山，縱橫千餘里，萬山盤錯，莽莽蒼蒼，森林銜接，鬱鬱蔥蔥。《山海經》稱之為「管涔之山」。

封建統治者對這一片大山厭惡極了，說自古以來這裡就是「盜賊」的「淵藪」。交山農民起義是在明朝崇禎初年，其領袖名叫王才宏，攻州破縣，曾經一度占領臨縣城，遠近震恐，崇禎三年，闖王的起義軍東渡黃河進入山西。在太原以西的這一片大山之中，一時樹起了許多起義的大旗，猶如雨後春筍，真是風起雲湧。如果要寫出他們的山頭和名姓，則需要一大段文字。

崇禎末年，李自成準備進入晉中，派了將領來同交山軍聯絡。交山軍立即同意歸順闖王，接受李自成的指揮。在李自成退出北京向南撤退的時候，交山軍的一部分隨李自成南下了。但是大部分的交山軍沒有南下，留在交城山中堅持鬥爭。這個時間，交山軍裡有人投降清兵，也有人假投降。清兵一來，強令剃髮。於是所有不願意剃髮的農民就逃跑進了山，交山軍反而不斷擴大起來。人越來越多，仗越打越大。大同總兵姜瓖，「部下多驍勇，久蓄異志，及見交山亂，思逞。」（注一）這年冬天，姜瓖起義，打的是明朝的旗號。姜瓖派姜建雄南來與交山軍聯絡。交山軍決定接受姜建雄的指揮。他們四面出擊，占領了交城、文水、清源、徐溝、太谷、汾陽、離石、靜樂、岢嵐等地。當時只有太原和榆次尚未攻占，不過交山軍也已經任命了太原知府和榆次知縣。後來多爾袞親自出戰，消滅了姜瓖。多爾袞派兩位親王，一個是敬謹親王博洛，一個是端重親王尼堪，直驅太原，與正在進軍太原的交山軍作戰。清兵南下，把交山軍看作是姜瓖的殘部，待姜建雄戰死汾陽之後，他們便以為大獲全勝。其實，交山軍又退入了深山。順治十六年，石樓曹青山暴動，投奔了交山軍，交山軍推舉曹青山作了交山軍的領袖。這中間大小戰鬥打了許多，有過許多勝利，也有過許多失敗。這個時候堅持戰鬥的乃是交山軍的第二代了。父親戰死，兒子接班；爺爺犧牲，孫子上陣。到康熙七年趙起士做了交城縣知縣，經過三年的艱苦努力，到康熙十年才把交山軍最後鎮壓下去。從崇禎初年到康熙十年，交山農民軍前仆後繼堅持鬥爭，時間長達四十餘年。其間該有多少可歌可泣的事蹟啊！

傅山雖然沒有參加交山軍，但是，要說他同交山軍沒有關係，卻不對。這證據就是傅山的有名的文章《汾二子傳》。傅山曾經把這篇文章抄寫過許多份，分贈他的朋友。至今山西省博物館還保存著他的《汾二子傳》的手跡。那書法清俊遒勁，大氣凜然。文章也好，讀之令人肅然起敬。鄧散木說傅青主小楷極精。這《汾二子傳》就是傅山小楷的精品。汾二子即汾州（今汾陽）的兩位先生，一位名叫薛宗周，字伯文；一位名叫王如金，字子堅。他們兩位都是傅山在太原三立書院的同學。傅山同薛宗周最要好。崇禎九年他們一起上京，為平反袁繼咸的冤案奔走呼號，同閹黨爪牙做殊死的鬥爭。那次鬥爭終於獲得勝利，可以稱作古代歷史上的一次學生運動。後來馬世奇寫了一篇《山右二義士傳》，歌頌這次運動。二義士就是傅山和薛宗周。薛、王二人在姜瓖起義之後，見交山軍打的是明朝的旗號，他們便立刻參加了。他們帶領交山軍向太原進軍，打到晉祠，遇上了博洛帶的清兵。博洛在赤橋，薛、王在晉祠堡。一個小小的晉祠堡，堂堂的親王率領大軍竟然攻了五天才把它攻下來。戰鬥失利，他們兩位都犧牲在晉祠城頭。傅山在敘完他們的事蹟以後寫道：「二子果能先我赴義。」「往者不悔，來者不豫，何哉？余乃今愧二子。」這篇文章作於何時，也值得一提。文中傅山寫道：「及袁先生三立講堂，二子咸在，至今蓋十五六年矣。」從崇禎九年，數十五年，正是交山軍在晉祠作戰的那一年，即順治六年。晉祠戰鬥發生在順治六年五月間。傅山的文章大概就是這一年的夏秋之間寫成的。當時傳說薛宗周沒有死，傅山寫道：「死耶未也，彼其無論矣。」意思就是：薛子是死是沒死，先不要管，我決心寫《汾二子傳》。可見傅山是急切地要給二子作傳，其心情之激動可以想見。又過了十五年，傅山寫道：「自袁師倡導，太原晉士咸勉勵。文章風節，因時取濟。忽忽三十年，風景不殊，師友云亡。憶昔從遊之盛，邈不可得。余與楓仲，窮愁著書，沉浮人間。電光泡影，後歲知幾何，而謹以詩文自見。吾兩人有愧於袁師。」（注二）這裡「師友云亡」，師是袁繼咸，友裡自然就包括著薛、王二子。三十年後，傅山依然懷念薛、王二子，言語深沉，感人至深。這就是傅山同交山軍的密切關係。我們甚至可以這樣說，三十年後，傅山依然在懷念交山軍的英雄。

當我在交城山裡漫步的時候，我想尋找裴家馬坊，沒有找到。有人告訴我，那可能就是方山縣的馬坊村。從老方山看東北，相距十來里路，本是古代屯田的處所。我想到那裡去尋找「孟樓」的遺址，以便憑弔古代英雄們的遺蹤。據說孟樓高十幾丈，可望數十里。當年起義者戰敗自焚的時候，燒掉了「孟樓」。那為首的起義軍將領，名叫裴奇芬，是個明朝的武舉。當時的舉人秀才，不分文武，莫不踴躍投身革命，他們甚至不計成敗利鈍。傅山的《汾二子傳》裡說，薛宗周見有人猶豫動搖，嚴厲地說：「極知事不無利鈍，但見我明旗號，尚觀望，非夫也！」正是這位「高視迂步，不苟言笑」的薛宗周，在晉祠戰鬥中身先士卒，英勇戰鬥。後來戰鬥失敗，當晉祠南城樓起火時，有人看見他投身烈焰中，壯烈犧牲了。這都是一些平時非常驕傲的文人，這就正是他們的所謂「崖岸」。而跟隨他們一起戰鬥，最後一起犧牲的，都是淳樸憨厚、不識字而有覺悟的山村農民。

我來到一個小小的山村。它簡直就是一座天然的城堡。古人講究風水，所居要求背風，向陽，汲水較近而沒有水患，不過如此而已。這個村子，高高地坐落在一個小山咀上，向陽卻不背風，沒有水患，汲水卻遠。村後沒路，村前惟一進出的路，崎嶇難登。就是毛驢，馱著東西向上爬，也是很困難的。我看見毛驢就想起了「灰毛驢驢上山灰毛驢驢叫」這首民歌，彷彿交城山裡只有毛驢似的。然而古書上寫著，交城山裡出產名馬，其馬高大善走，古代用做戰馬。清兵入關以後，嚴禁山民養馬，實際是害怕。據說元朝統治者害怕菜刀，許多家庭共用一把菜刀。而清朝統治者害怕馬，嚴禁養馬。沒想到這些尚武的民族，一旦成了統治者，心理變化很大，膽子很小，脆弱之極。我腳下的大石塊，細雨過後，渙然一新，呈現著各種奇妙的花紋。我抬頭望著高處的廬舍，想像著古代的戰鬥，也許我面前的大石板上，就曾經灑過交山軍英雄們的鮮血，他們的妻女被屠殺，他們後來也流盡了最後一滴血。當他們倒下去的時候，山石也會震恐，發出金石之聲。他們為了什麼？為了生存，為了自由。他們生活在一個亂世，一個個性正在覺醒的亂世。

明末清初是一個天崩地裂的時代。天天都有謠言，處處都有怪事，人心浮動，天下大亂。正是在這時候，個性開始覺醒。傅山在《學解》一文中說：「學本義覺，而學之鄙者無覺。蓋覺以見而覺，而世儒之學無見……所謂先覺者，乃孟子稱伊尹為先覺。其言曰，予天民之先覺者，將以斯道覺斯民也。樂堯舜之道也，而就湯伐夏以救民，則其覺也。覺桀之當誅，覺湯之可佐。堯舜湯者，殺桀乃所以為堯舜也。是覺者，誰能效之。」（注三）

覺就是覺悟，見就是見識。庸人們沒有任何見識，甚至害怕別人有一點點見識，怎麼能希望他們有覺悟的一天呢？傅山指出，真正的覺悟就是像伊尹那樣的覺悟，覺悟到夏桀當誅，以這種革命的道理喚起民眾，並以此達到殺桀而救民。在古代社會裡，凡識字的人都知道「湯武革命」的典故。傅山這些話，直截了當鼓吹革命，這是再明白易曉也沒有了。正是在那個大動盪的時代，先覺者以個性獨特相標榜。在《汾二子傳》中，傅山說：「余先與薛子遊，畏其卓犖，喜西河有斯人。」卓犖特達，用現代語說就是卓越獨特。傅山對薛宗周的個性，是又敬畏又喜愛，高興在汾陽出了特殊的人才。汾陽的縉紳和士人都喜歡做買賣。薛宗周是當年三立書院的高才生，「薛峻崖岸，肩棱棱如削，不苟言笑，高視迂步，而傭奴汾之人。」而王如金「短小負氣，行多不掩言，而亦傭奴汾之人」；「二子者獨喜交遊豁達，恥瑣碎鹽米計。」傅山有《悼子堅》詩二首：「王子狂而疏，行真不掩言。」「醉眼乜西河，黃茆連青天。」（注四）醉眼二句，狂態可掬。這就是三百年前的革命英雄。人們只知道一定的時代產生了一定的個性，這無疑是對的。但反過來說也一樣是對的：獨特的個性，形成了獨特的時代。傅山的個性也是非常獨特的，正因為這樣，他才能夠充分理解並且熱情歌頌這些具有獨特個性的英雄。

我終於找到了一個當年的戰場。這就是米家莊西面的峽谷地帶。《交山平寇始末》記載著這次戰鬥。順治五年九月底，「右營守備李進忠率兵五百，運糧千石入山。王顯明、王國光、張繼成、齊三夏等聞之，伏眾數千於米家莊西十里野則河山下石鎖關側。進忠兵至，賊斷其前後，集鳥槍乘高夾打，自辰至午，進忠死，五百兵無得脫者。報至，舉軍喪氣。」這是一次大勝利，並且是殲滅戰。

我站在河邊，察看這彎曲狹長的河谷。如今的情形同三百年前大不一樣了。修築了平坦寬闊的汽車路，架起了高壓電線，還有一些水泵房之類。汽路上不時有汽車和拖拉機走過。汽車的喇叭像發脾氣似的叫著，相比之下，拖拉機們溫柔多了。我想像三百年前的那次戰鬥，土槍土炮不停地怒吼，一定激烈之極。交山軍的將士們使用的主要是鳥槍。這一帶大山之中，出煤、出鐵，有的是硝磺和柳木炭，不愁他們造不出鳥槍來。然而我忽然想起一件很不愉快的事情。三百年前的交山軍就已經使用著鳥槍，而直到抗日戰爭初期，民兵所使用的還主要是鳥槍。這三百年，人們幹什麼去了？明末清初這個時間的思想家、文學家、藝術家，那些作品的水平，以及他們的思想境界，比起當時歐洲的名家，毫無遜色。交山軍手中的武器也不比當時歐洲人的武器落後。我們是從什麼時候開始落後的呢？這就是我當時的想法。這個想法使我感到氣悶。

我在這河邊同一位老人談過話。他有六十多歲了，拉著一匹小騾子來河邊飲水。騾子同馬相比，價錢低，能幹活，好餵養。但是說實話，我不喜歡騾子。我希望看到交城山裡的戰馬，棗紅色的，高高的，又踢又咬，總是驕傲地仰著頭。我趕過去同那老人說話，他不住地端詳我，好像他家丟了一把斧子至今還沒有找到似的。談話中間，我問他交山軍的事情，老人顯出茫然的樣子，後來說道：「呵，聽說過。聽老年人們道古時說過，前清時候，出過一個葫蘆王。後來也常鬧土匪。」

他的話使我非常驚奇。轉念一想，這用不著驚奇。我也號稱是個讀書人，卻不能充分理解傅山的文章，總覺得觚棱難近。可見三百年前那些包括傅山在內的思想家們的偉大的思想成果，對我們已經是相當地隔膜了。同樣道理，交山軍英雄們的思想性格，對於我們已經是很難理解了。從現象上看，交山軍的英雄們，僅僅是為了抵制剃髮，竟然走上流血的道路。傅山也一樣，他為了不剃髮，當了道士。清朝皇帝請他出來做官，他拒絕，做官不還是要剃髮嗎？他願意自食其力，過一種清貧的生活。他研究先秦古籍，發掘戰國時代的思想財富。傅山的詩中有這樣的句子：「孔甲抱秦恨，慨然死陳王。」「淡靜陶處士，乃有詠荊卿。」於是我們知道了，交山軍的鬥爭是為了反對暴政。

我在走出交城山的時候，默默地想著，我覺得只有明清之際的人能夠讀懂戰國人的著作。這兩個時代非常相似，人們的思想情緒也非常相似。我指的不是七國紛爭，而是社會的大動盪和士民的大覺醒。所不同的是戰國秦楚之際的士民，經過長期的流血鬥爭終於勝利了；而明清之際覺醒的士民，經過長期的流血鬥爭卻失敗了。暴政勝利了，庸俗勝利了；自由失敗了，個性失敗了。覺醒的士民被暴政壓下去，他們的血肉變成了塵土，他們的錚錚鐵骨變成了灰燼。所以交山軍留給我們的只是一出英雄的悲劇。經過這一場巨大的波濤之後，傅山悲歎道：

明月清風遺恨在，千秋萬祀屬誰知。

當我離開交城山的時候，我忽然產生一些遐想：現在的關帝山或許就是《山海經》裡的少陽山，現在的文峪河或許就是《山海經》裡的酸水。酸水！多麼令人難堪的名字啊！它不停地奔流著，嗚咽著，述說著我們中華民族無盡的辛酸。

注一：見《交山平寇始末》。
注二：見《霜紅龕集》卷十四《敘楓林一枝》。
注三：見《霜紅龕集》卷十四《學解》。
注四：見《霜紅龕集》卷一。

紫塞雁門

今年秋天，我終於有機會來到了雁門關。我們把車停下，下車來看看雁門關的風光。我們不禁大吃一驚，古人起名字，一點都不含糊。這裡是紫塞雁門，這裡的石頭是紫色的，土是紫色的，連草也是紫色的，開的花，深淺濃淡，都是紫色的。我為古人的精細，感到由衷的讚歎。

我們站在嶺頭上向北眺望，同路的朋友們告訴我，遠處那霧氣沼沼的地方，就是大同。再往北，茫茫的一片，就是集寧。過了集寧，就是草地，直到二連浩特，那就是「天蒼蒼野茫茫，風吹草低見牛羊」的地方，那是一派草原風光。他們告訴我，從草地往南走，每走一百公里，情況就好一分。走到集寧就看見有樹木，走到大同就有低低的樹林，有清清的河流，有北魏的石窟；再往南走，就看見遼代的木塔；一進雁門關，就看見參天的喬木；再往南走，就是忻州、太原，情況就好到十分了。這裡有唐朝的廟宇、宋朝的建築，各種雕塑、繪畫、木板經文、石刻碑帖等等，指不勝屈。

於是，這就引起我無限的遐想。自古以來，從大小興安嶺上下來，像滾雪球一樣，在北方草原上迅速生成的名目繁多的遊牧民族們，他們難道不知道南邊有黃河、長江，有許多數不盡的好地方嗎？他們都曾經向南打，打進長城，打過黃河。他們曾經多次得手，他們最終還是向西走，無論是大月氏，無論是匈奴人、突厥人、胡人、韃靼、契丹……等等，他們若不被中國文化所同化，就只有遠遠地走開。這是為什麼？這很自然地就引出一個問題：中國文化是什麼？世界上從來沒有一個人這樣認真地問過，所以我們也從來沒有這樣認真地考慮過。當然，現在要給它一個簡單明瞭的回答，也不是簡單事情。

歐洲人總是把歐洲當做世界，歐洲的歷史就是世界的歷史。自十八世紀以後，情況略有改變。歐洲人開始屈尊談論亞洲，談論中國和中國文化。過去的英國史學家湯因比，著眼於歐亞大陸，然而在談論中國文化時，也只是把它當做人類歷史上廿二個已經死亡並且是埋掉的文明中的一個而已。

直到多卷本的巨著——劍橋中國史出版以後，我們才知道，原來歐洲人對中國以及中國文化，簡直是不甚了了之至。這原因很簡單，外國人到中國來，不是傳教、做買賣，就是打仗，毫無例外地都是以征服者的姿態出現，沒有一個是來學習的。當然，中國文化對他們沒有絲毫實用價值，即使來學，也不可能成就。

近代以來，中國人受盡了外國人堅船利炮的洋氣，喪權辱國、割地賠款，不勝枚舉。一部中國近代史，可以氣破肚皮。於是，中國人發憤圖強，搞工業，幻想著造出堅船利炮，以便立於世界民族之林。從黑格爾的世界主義，到托洛斯基的世界革命，我們都見識過，也都領教過了。怎麼樣？不怎麼樣。

在古代，中國的一些民族，曾經踏上歐洲，例如匈奴人，例如蒙古人。他們不但踏上歐洲的土地，而且大肆殺戮，但是，他們像飄風驟雨一樣，飄風不終朝，驟雨不終日，很快就銷聲匿跡了。

中國人發明了火藥，別人用它造制殺人的利器，中國人卻只會用它製造煙花爆竹。魯迅曾經為此痛心疾首，發出無限感歎。正是在這種特別需要用腦筋的地方，真洋鬼子和假洋鬼子們的頭腦，就像鉛筆刀在玻璃板上劃過一樣，不能深入，不能思索。若說發明火藥的人以及製造煙花爆竹的人，根本就不知道它可以變為殺人的利器，這是說不通的。但是，在好幾個世紀之內，硬是不把它變為殺人的利器，只用它做煙花爆竹，這是為什麼？這是什麼思想？這是什麼文化？一兩句話，是說不清的。就算能說清，一般人未必能明白，更不要說接受了。

有關堅船利炮的強權政治的理論，中國老早就有過。這就是商韓的「當今爭於力氣」的學說。強大的秦朝迅速地滅亡，就標誌著商韓理論的徹底破產。從那時以後，兩千多年來，中國人對商鞅、韓非的理論熟悉得很，也只是備而不用，就像士大夫們書齋裡牆上掛的寶劍一樣。這種小伎倆、小手段，只是不得已時偶爾玩玩而已，一般的情況下是不用的，若用而不當則丟人，則損德。

中國人經常用的、鍥而不捨的、孜孜以求的，是什麼呢？它與商韓的理論正好相反。說出來很寡淡，叫做立德、仁政，內聖外王的功夫。中國人很早就會造船，三寶太監帶領的浩大的船隊，曾經到達遙遠的海域和不知名的國度。他不是去征服別人，也不是去做買賣，純粹是一種友好訪問。認真說來，中國人就是傻氣。大老遠的，千辛萬苦九死一生，給人家送點禮物去，圖個甚？不圖甚。這不是冒傻氣嗎！這是人類歷史上唯一的一件傻事。五百年來，卻沒人談論過這件傻事。如果在這種地方，提到大智若愚這句話，人們一定會覺得平淡無奇。簡直是「道之出口，淡乎其無味。」所以當人們一旦接觸中國文化，接觸到它的邊沿，摸索到它的一星半點實質的時候，心中就感到一片茫然。因為，第一，不可思議，第二，無利可圖。所以，也就望而卻步，只得興一浩歎了。甚至在世界上很有名的東西，在中國卻沒有發生過。例如從托爾斯泰到聖雄甘地，和平主義以及非暴力主義等等，好像中國根本就用不著似的。有人把長城，內長城、外長城，比做是閉關鎖國的象徵，對此反感之極。我也有同樣感覺，也認為長城是一種閉鎖。不過，它所閉鎖的是一個巨大的圖書館，一個漢語漢字的包羅萬象豐富異常的圖書館。外國人從未走進這個圖書館。現代中國人雖然住在這個圖書館裡，卻由於東張西望、見異思遷、急功近利、好大喜功，以至對本土文化知之甚少，隻鱗片爪，數典忘祖，不是妄自尊大，就是妄自菲薄，以致於抱著金碗四處討飯。這事情真是孩子沒娘，說來話長，無限淒涼，無可奈何。

我總算沒有白從雁門關經過。我揀回一塊雁門關上的石頭，一小塊深紫色的粗砂石一類的石頭。這樣的石頭，沒有什麼用處。它既沒有耀眼的光澤，也沒有獨特的形質。如果把它扔在路邊，沒有誰會揀起它來。然而我卻非常珍視它，長城是用它們修的，路是用它們鋪的，房子也是用它們蓋的。最沒用的東西，實際上是最有用的東西。這大概就是古人說的無用之用吧。它正像中國的文化，一種至今鮮為人知的樸實無華的奇異而偉大的文化。

感受陽謀

自一九五七年後，我被人稱作「漏網右派」，蓋有年矣。因而我對所謂陽謀，感覺頻深，並且思忖再三，當此反右五十週年之際，可以談談我的感受了。

新中國成立以後，年年都搞政治運動，只有一九五六年這一年比較太平。年初提出向科學文化大進軍的口號，提出大辦教育，培養人才，並且提出「百花齊放、百家爭鳴」的方針，郭沫若寫了一百首詩，讚美一百種花，象徵百花齊放。這看上去就如同兒戲一般，令人忍俊不禁。不過雖然如此，人們心中想的還是，黨中央或許真的是允許人們說話了。郭沫若怎麼能懂得這些呢？

九月，中共八大召開。這是中共有史以來開得最完滿的一次代表大會，世界多國共產黨都派出了高規格的代表團，趕來北京參加中國黨的盛事。記得西班牙的共產黨領袖，有名的伊巴露麗也來參加了。

大會確定了中國今後將以經濟建設為主的總路線，也就是所謂「主體與兩翼」……同時受年初蘇共二十大的影響，提出反對個人崇拜，並在新黨章中刪除了「毛澤東思想」的字樣，這一切都是符合民心民意的。我想起《尚書》的句子：「天視自我民視，天聽自我民聽，」「民之所欲，天必從之。」我自一九五二年「三反」中以「思想老虎」罪名一擼到底之後，情緒不免低沉，但是看了八大公報，依然感到歡欣鼓舞，心想也許黨會好起來。

毛澤東對八大很不滿意，認為劉、鄧們聽命於赫魯雪夫，主要指黨章中刪掉了「毛澤東思想」，並且提出反對個人崇拜，是搗了他的鬼。他逢人便說：「我這人從來不怕鬼！」文化人們聽見風就是雨，給個針就當棒棰：出版社編輯出版了《不怕鬼的故事》，出版了《打鬼傳》。史家們考證《打鬼傳》的作者究竟是誰，梨園界演起了鬼戲，最著名的是北崑劇院新編了《李慧娘》，並且有人發表文章，讚美鬼戲，提出「有鬼無害論」。要說起來，中國人是很聽話的，真是太聽話了，只是不會聽。

俗話說：會說的，不如會聽的。中國很可憐，沒有會聽的人。有人說八大後毛澤東悶悶不樂三個月，也有人說毛蒙頭大睡三個月。到一九五六年十二月二十六日他的生日這一天，他忽然要去當時正開著的最高國務會議上去講話，中央機關中層以上幹部都去聆聽。根據錄音整理的這次《講話》，迅速向全黨幹部進行了傳達。我聽了傳達，感到十二分的重要，並且照抄一份。我後來反覆看，反覆想，認為這是對八大的瘋狂攻擊。黨的最高權力機關是黨的代表大會，作為一黨之主席，在代表大會之後瘋狂攻擊代表大會，這是真正的反黨。真正的反黨卻沒人敢說……劉白羽曾寫文章，說：「反對黨的小組長就是反黨。」有人公然反對黨的代表大會，他卻視而不見。

這次《講話》中，毛澤東說到中國人，他說：「中國人一是窮二是蠢。」後來正式發表時改為「一窮二白」，簡直不知所云。無奈之下毛澤東又做了一番解釋，說：「窮是窮則思變，白是一張白紙，可以畫出最美麗的圖畫。」白字的涵義甚廣，白癡也是白，白板也是白，白麼兒不懂是白，豈止白紙哉。要說最美麗的什麼，談不到，一張白紙，距離最美麗的圖畫不啻十萬八千里。又說階級鬥爭正在一天天加劇，「殺父之仇，殺子之仇，流沙河，草木篇。」我趕緊找來流沙河的《草木篇》，看了好幾遍，並不見什麼殺父之仇，殺子之仇。我真服了！我服了！毛又說：「個人迷信是不好的，個人崇拜是必要的。達賴喇嘛拉的屎藏民都吃掉，沒有崇拜行嗎？」狐狸尾巴終於露了出來，這證明此番言論完全是針對八大……

毛澤東的這些粗暴的言論，並沒有什麼新東西。在此以前，凡主張建立個人權威的人，都是這麼說話的，不奇怪。它源於希特勒的「一個主義，一個黨，一個領袖」的濫調。二十世紀二十年代和三十年代，列寧、托洛斯基、史達林，都是這種腔調，毛澤東很自然的接受了這些東西，按說也是無可厚非的。但是在二戰勝利十年之後，在蘇共二十大之後，再這麼說話說很不合適了，很讓人感到刺耳了。

毛澤東畢生所導演的最成功的群眾運動，就是持續三年的延安整風運動了。於是在一九五七年春天，他又祭起了「整風」的大旗。他多次在中南海召集黨外知名人士、作家、教授、文藝工作者以及民主黨派的頭面人物座談，誠心誠意地請求大家盡情鳴放，幫助共產黨整風。「知無不言，言無不盡，言者無罪，聞者足戒。」當時嘴邊上的話，就是什麼主觀主義、官僚主義、宗派主義等等，這些是當時社會上一般人士和一般幹部們極為反感的作風問題。例如前兩年的胡風以及他所極力反對的就是他認為的宗派主義這些壞作風。然而在毛澤東的心目中並不是這些群眾反感的東西。只要仔細看了他《在宣傳工作會議上的講話》，就可以發現，他的提法是教條主義和修正主義。看上去他是在說理論工作和宣傳工作上既反「左」也反右，其實不然，他還是在反對聽信赫魯雪夫。赫魯雪夫是修正主義，你聽命於他，你既是教條主義，又是修正主義。毛認為，中共中央以劉、鄧為首的許多人，都是聽命於赫魯雪夫的。就這樣，在一九五七年的春天，一個針對中央的幫助黨整風的「鳴放」運動就轟轟烈烈地發動起來了。毛澤東企圖造成一種群眾運動的巨大壓力，把聽命於赫魯雪夫的劉、鄧們一古腦兒打倒，從而推翻八大的一切決議。但是與此同時，毛在參加一九五七年莫斯科國際共產黨會議前後，表面上還在對劉、鄧等中央領導同志們講：「目前，我們還是要支持赫魯雪夫。」他的話迷惑了很多人。後來有一張畫表現了這種情境，三個進了監獄的人，第一個說，我是因為反對赫魯雪夫。第二個說，我是因為擁護赫魯雪夫。第三個說，我就是赫魯雪夫。想來可笑之極，也就是在中國，能出現這麼多又聽話，又不會聽話的人……

群眾運動一旦發動起來，說長道短，扯東拉西，就沒有準頭了。它未必能夠完全按照毛澤東設定的目標前進……延安整風是黨內整風，比較好掌握；現在的「鳴放」是發動黨外人士和民主黨派批評共產黨，相比之下不好掌握。凡是遇到問題，人們就要問個為什麼，比如官僚主義，為什麼到處都是官僚主義……等等，要尋根究底，這是很自然的。於是就出現了必然現象，民主黨派的頭頭們竟敢放言「要給老和尚提點意見」了，這就犯了毛主席的忌諱，你可以管共產黨，不可以管毛主席……這在毛澤東看來，就是把矛頭對準了他。過去井岡山的「國中之國」的那一幕，絕對不適合延安的邊區政府。同樣道理，延安的小朝廷的那一套也不適合北京的大一統的王朝，也遇到了反抗，不過是比較溫和的抗爭罷了。出了反謂「章羅聯盟」。於是便有《事情正在發生變化》的毛澤東的文稿從中南海傳出，送到人民日報鄧拓那裡。鄧拓曾經多次參加毛親自召集的座談會，毛帶頭「鳴放」，說了許多過頭話……鄧拓真是一介書生啊！他怎麼能想到，除了陰謀一詞外還有一詞叫「陽謀」呢！有人罵毛搞陰謀，毛詭辯說：「我這不是陰謀，我這是陽謀。」反右以後不久有個哲學家站出來解釋什麼叫「陽謀」，他說，發現矛盾，利用矛盾，解決矛盾就是「陽謀」（見龐樸《薊門散思》）。既然有陽謀的實踐也就有陽謀的理論。

運動初期，最感難堪的是總書記鄧小平，他不知道毛澤東的葫蘆裡賣的什麼藥，看上去好像是要將矛頭指向書記處……後來他發現「事情有了變化」。他一下子跳出來，大喊：「這是引蛇出洞！」他大打出手，殺伐知識分子不遺餘力，並且給各地各系統下達指標，不完成指標就唯領導人是問。一個人一生中能有幾回這麼痛快的事情。所以到他死，他都堅信反右是正確的必要的及時的，只是擴大化了。事情終於有了變化，這對他個人來說是及時的，非常必要的，至於正確，談不到。

右派分子改正下來，有人說共一百萬，有人說五十萬，以五十萬而論，只有五個人沒有改正，其正確性只有十萬分之一，這算不得什麼正確。拖了二十年不予平反，最後沒辦法了，只說改正，改正錯誤，改正誰的錯誤？是要改正毛的錯誤，改正他作法自斃的錯誤吧？又不說。許多右派沒有改正前就辭世了，他們的血肉化為泥土，他們的白骨抛向荒山，他們是不會說什麼了。但是，他們不只是一個數字，他們上有老，下有小，他們的子孫生下來就頭頂著「右派崽子」的帽子，受盡了侮辱、壓迫和歧視，就連錢偉長的兒女們都不准上大學……他們就是再沒有記性，他們也不會忘記自己的苦難。一個輕描淡寫的「擴大化了」就能蒙混過去？

我在一九五二年朝鮮前線受處分以後，夾著尾巴做人，自己感到在軍隊待不下去了，曾四次打報告要求轉業，後來被批准，「反右」時我正住在六十五軍招待所等待轉業。「鳴放」的會我從未參加，自以為沒有我的事。

後來有一天晚上，有三個老戰友前後腳到我房間來，說的話是一樣的，很簡單：「明天的會必須參加，必須發言，發言越左越好。」楊樹榮是我在一九四五年的老戰友、好朋友，他跟我急了，用手指輕輕敲著桌子，說：「你林鵬號稱愛學習，愛看書，有理論，你明天把你的馬列主義水平給我拿出來，就是背書你也給他們背幾段，告訴你，明天的會不是鬧著玩的，關鍵時刻到了！」說完也不等我回話，他就走了。我起初有點納悶，後來感覺嚴重，一夜沒睡。我想，我服了嗎？真的服了嗎？如果真的服了那就服服帖帖地服一回給他們看吧。順者昌，逆者亡，我為什麼不學著順一回呢？

第二天我按照通知去參加批判右派的會，大家自由發言，我也發了言，我引經據典滔滔不絕說了半個鐘頭。會議後那個被批判的右派分子說：「只有林鵬的發言，有理論，我心服口服，別人說的不行。」這個反映彙報到政治部會議上了，當時的政治主任陳亞夫說：「看來林鵬是真正的馬列主義者。」楊樹榮有一天興高采烈地告訴我：「陳主任說你是真正的馬列主義者。」我聽後並沒有在意。我曾經做過兼職的中級班的理論教員，講授過哲學和政治經濟學，心想，背幾段書有什麼了不起……以後才知道，我躲過了一劫。

後來「文革」中，到山西支左的六十五軍保衛處長曹沛林（一九五七年在反右辦公室）告訴我說：「林鵬呵，你是咱們六十五軍內定右派名單上的第一名呵。」我問怎麼回事，他說：「陳主任在政治部研究反右問題的會上，說你是真正的馬列主義者，沒有人不同意，我們就把你的名字勾掉了……」我聽了膽戰心驚，非常後怕，什麼時候想起來就一陣驚悸……現在寫到這裡依然是心有餘悸。

這就是我對一九五七年所謂「陽謀」的感受。

龍居回憶

龍居的回憶，是我多年來縈繞胸懷的一個最重要的回憶。這雖是六十多年前的事情，卻是近三十年來，不斷和老同學、老戰友們一再談論的事情。

一九四三年冬天，在龍居村，在邊區師範的課堂上，我提了一個冒失的問題，引起軒然大波……我為我的冒失付出沉重的代價。和我同年歲的相比，他們比我小幾個月，他們都入黨了，我卻晚了一年，一九四四年才入黨。

我原在晉察冀邊區第三革命中學學習，因為精兵簡政，三中取消，轉至二中，後來邊區實行第四次精兵簡政，二中也取消了，年歲大的分配工作，年歲小的轉入邊區師範。這樣一來，有一門課程，「社會發展史」，我們就學了三次。

所謂社會發展史，也就是五種社會形態，原始共產社會、奴隸社會、封建社會、資本主義社會和共產主義社會（它的第一階段叫做社會主義社會），我的問題是，每一種社會形態都是從發生、發展到崩潰，這是規律。怎麼共產主義沒有發生、發展和崩潰的規律呢？這個問題，當堂的老師，他姓劉，聽後震驚不已，他支支吾吾說了一通，就下課了。後來每個老師，包括校長都就這個問題講了大課，一講就是兩個多鐘頭。然後，似乎還不能就此甘休，專署的教育局長，他姓袁，是個有名的演說家，至少他想當演說家，他來給我們學校發表演說，嗚裡哇拉，直講了三個多鐘頭。這還不算完，地委的宣傳部長，這個人我記得清楚，他叫白文志，也就這個題目來給我們作報告。他報告時，地委和專署的機關幹部都來師範學校聽他的報告，在龍居村的一個打穀場上，坐了一大片人。因為他們講的內容，都不外是堅定共產主義信念一類的，早已聽慣了的宣傳鼓動，所以我有點精神不集中，同身邊的同學說話來著。後來在小組會上，我受到我的同學王清信的嚴厲批評。王清信是我最好的同學，那天跟我急了，他說：

「這幾天，停止別的課，專聽大報告，你知道是為什麼嗎？就是因為你在課堂上提的那個草蛋問題。你說你提這種問題幹什麼，這不是沒事找事嗎？你提的草蛋問題，做大報告你倒不聽。這是給你做的報告，你不聽，精神不集中，還跟人說話，你是怎麼搞的，你太不自覺了……」

他發這麼大的火，我感到非常意外。可是，我很快就清醒了，壞了！我惹了禍了。其實，當時在打穀場聽報告時說話的人很多，不光我，可我是禍端哪，我只好檢討，我極力表白，我提那個問題，也是偶然想到，沒有什麼想法，更不是什麼對共產主義沒有信心等等。極力表白……

這件事情過後，我極力裝傻，裝作有口無心的樣子，彷彿沒事人兒似的。我給人們的印象就是有點傻，也就是有口無心。雖然，晚了一年，我入黨還是很順利的。我受了制，我怎麼能忘了呢？我後來也惹過一些禍，禍從口出，挨了許多整……批判我的時候，同志們總是說，黨組織對你是關懷備至的，是恨鐵不成鋼。我承認他們說的都是實話……老實說，我後來認真鑽研馬列主義，正是真心想成為他們說的精鋼。我體會到，我越是努力，我距離他們說的越遠，我所達到的根本不是我的目的。我在他們看來是一個失敗者，我認了。

後來我才發現，我們在革命中學裡學習的是蘇聯教授，叫列昂節夫的編著的一個小冊子，《社會發展簡史》。這個小冊子後來編在延安解放社的「幹部必讀」中。這一套「幹部必讀」到解放初期（五十年代）還在不停的出版發行。這個小冊子完全是按《聯共黨史》第四章第二節編著的。《聯共黨史》是三十年代中期出版的，莫斯科外文書籍出版局出版的中文本，《聯共（布）黨史教程》是一九三八年出版的。此後不久列昂節夫的《社會發展簡史》的中文本也就出版了。

我們在根據地革命中學的學生，看不到正式的出版物，看到的只是油印的講義而已。多年以後，我在舊書攤上看到這套「幹部必讀」，以及其中的《社會發展簡史》，我真是激動不已，彷彿他鄉遇故知一般。這是激發我認真讀書的起點，我的惹禍根由呀。我後來對歷史有說不出的強烈興趣，也是從這裡開始的。

我一見到諸如歷史學、歷史哲學、中國史、世界史、文學史、政治史、思想史、學術史，不管是什麼史，見了就買，買了就看。人家說我是饑不擇食，我承認，是這樣。但是我接受教訓，決不再檢討。你只要是檢討，沒完沒了……再後來，挨整三十年，讀書三十年。老實說能夠堅持下來的，真正持之以恆的，不多。我堅持下來了。這是因為我雖然挨整，並沒有整到判刑勞改的程度，雖然正連級入伍副連級轉業，總還有個副連級別在，掙錢少吧也沒餓死。我還有堅持下去的物質條件。在這種情況下我不堅持，誰堅持？舍我其誰。挨整的人多了，能看書的人極少。我完全是自覺的讀書。人家說我是書呆子，我也認了。

在中國的古典學說中，例如公羊學的「張三世」、「繼三統」的一套說法中，也能引出一種社會發展史觀來。比如南海聖人康有為就是服膺這一類陳舊的學說，並由此產生了他的變法理論。只是在變法失敗以後，他去日本，轉而到歐洲，周遊列國，接受了基督教的教義，以及傅立葉等包括馬克思在內的一些所謂理念，最終形成了他的《大同書》。這就是中國的烏托邦。這就是後來號稱「毛澤東思想」的一代人的共同的思想基礎。這無庸諱言。

這五種社會形態的社會發展史，比公羊學衍生出來的社會發展觀科學多了。這正像希特勒「一個主義，一個政黨，一個領袖」的一套，比帝王思想的「金口玉言」的一套更好掌握。所謂科學性不過就是實用性罷了。所以馬列主義在中國占了上風，在當時，也就是二戰前後，中國的馬列主義者比歐洲的馬列主義者多多了。

所謂五種社會形態，再加上社會達爾文主義，這就是完整的馬列主義的社會學和歷史學。這中間，原始共產社會雖不是什麼黃金時代，卻被稱作黃金時代，被說成公有制，而將來的，所鼓吹的所幻想的偉大共產主義社會，自然是真正的黃金時代。在這兩個黃金時代之間，也就是私有制的階級社會，據恩格斯說：「這只是人類歷史的一剎那。」所以人們普遍接受了這種觀點，成為一種普遍的不可抗拒的社會理念，並且是戰無不勝的社會潮流，人們便真情的高唱著：「這是最後的鬥爭……」既然是最後一次了，再大的犧牲，都是值得的，餓死幾千萬人算什麼，就是把自己整死，就是無緣無故要殺自己的頭，也是值得的，也是心甘情願的……這就是我的，以及比我年紀大一些的這一代，或說兩代人的共同理想。不容置疑，這是一種偉大的理想。所以一九五八年赫魯雪夫說，再過幾年蘇聯就可以宣佈進入共產主義了。於是毛澤東就搶先來個跑步進入共產主義，「吃飯不要錢」。在那個年代，沒有一個人認為這是不正常的，就是彭德懷也只是認為過快、過熱、過了頭等等，沒有人說這是幻想。這根本就是幻想啊！難道不是嗎？就算是偉大的幻想，依然是幻想，廣大人民的幻想，也是幻想。人民公社等三面紅旗的失敗，不僅是一種政策的失敗，而且是一種幻想的破滅。我終於看清了，所謂共產主義，雖然只是一種理想，它也有發生、發展和崩潰的過程。它發生於一八四八年，於一九一七年發展壯大起來，並於一九九一年徹底崩潰。我這個年齡的革命者，無一不是深深的體驗了幻想破滅的痛苦呵。

正像中國古代的典籍《十三經》中，包涵著許多社會主義的偉大思想一樣，西方的古典學術中，例如基督教的教義中，也同樣包涵著許多社會主義的思想內容。所謂歷史哲學包括馬列主義歷史哲學，不過就是基督教教義的世俗化而已。這就是關於人、愛人、尊重人、政治平等、財富平均、關注下層人、救援老弱孤獨者等等的思想……而這些社會主義的內容都是在私有制的前提下展開的。

在古代典籍中沒有公有制的內容，也從來沒有人把古代的例子，如「世界大同」、「天下為公」等等東西理解為公有制，理解為消滅私有財產。有關公有制的談論，多半只是存在於文人的想像之中，也就是存在於師友漫談和後世的咖啡館的辯論中。這就是「烏托邦」。把這種教義極度複雜化，或叫做科學化的是真正的天才，這就是馬克思和恩格斯，他們都是黑格爾的學生，並且是達爾文和尼采的同學。

假若你看一個人，總是看不準他，你就轉而觀察他的朋友或同學，於是你就會覺得簡直就是一目了然。你發現的東西，總是令你驚異不已，這就是十分齷齪而且非常黑暗的靈魂。我指的是黑格爾、達爾文和尼采。所以我一向就堅持所謂學術歸根結底是心術而已，把一種觀點和方法極度複雜化的是天才，同樣把一種觀點和方法極度簡單化的也是天才，這就是列寧和史達林。

看看史達林執筆的《聯共黨史》第四章第二節，標題是《辯證唯物主義和歷史唯物主義》吧，它是當時世界上最普及最流行的小冊子。多麼簡單明瞭，真是擲地有聲，沒有任何論述，都是不容置疑的結論，沒有任何論證，也用不著論證，鏗鏗鏘鏘，忽雷閃電，猶如十丈洪峰迎面而來，你躲閃不及，一下子就把你吞沒了，你永遠無法逃脫。所以說簡單化也是一種天才，而且是一種大才。再往下去，就用不著什麼天才，甚至也用不著什麼才能了，任何一種凡庸鼠輩都可以完成這些東西的通俗化，也就是庸俗化的工作，這就是列昂節夫一類了。

我是一個笨人，我化了幾十年的功夫，才把別人一眼就看穿的事情看透。我歎道：「天下大道多歧路，迷途知返時已暮。白首一言公無渡，公無渡，公無渡，枯魚過河泣誰訴。」我的這首短詩，前幾年就發表了，至於此中真實的內容，我卻一直沒有透露過。

我不但是個笨人，而且是個傻子，客氣點說，充滿了傻氣。別人不敢說的我敢說，別人不敢想的我敢想。於是我惹的禍最多，我受的罪也不少。人生在世，平平安安的多好，可是後悔已經來不及了。

枯魚就是死魚，死魚是不會哭的，會哭的是人。人在事後不禁不由地落下淚來，在旁人看來簡直莫明其妙。我抱頭痛哭的事，也有過，深夜哭醒的事也有過，那已經是許多年以前的事了。

現在老了，看見什麼都不再驚奇了。

常平回憶

一九六一年春節後，運城縣常平公社開始死人，縣委著急，要派我去，我拒絕。常平這個地方是關羽的故鄉。

先是，春節前，我到各公社去推廣一種代食品，（當時挨餓提倡「爪菜代」）棉花杆尖部，鍘碎上鍋炒，碾爛過籮，摻上點白麵蒸饅頭，可以吃，雖然難吃。春節前我剛回到住縣的省委工作團。我是工作團的秘書，負責寫材料。我也聽說，河南開始餓死人了，據傳此風一起，極難剎住，一片一片的死，不計其數，非常可怕。

當時縣委書記姓劉，縣長姓郝，工作團長姓張，副團長姓杜（他原是省委組織部的處長，我在省人事局，比較熟）在常委會上，他們都顯出心急火燎的樣子。我在場，我不是常委，只是個作記錄的人。劉書記提出希望工作團立即派人，就派林鵬同志去吧。情況緊急，要派得力幹部……等等，說了許多情況嚴重的話……我拒絕。張杜二人就極力勸我，我說人是餓死的，我有什麼辦法？除非准許我動用倉庫的糧食。我知道，各隊倉庫糧食滿滿的。劉書記一拍桌子，說，准許你動用倉庫的糧食！張杜二人說，就這麼定啦，你去吧，午飯後就出發，那裡的工作隊長（姓李）改任副隊長，你任隊長……劉書記立即給常平公社（原是管理區）打電話，說新工作隊長叫林鵬，馬上就去，今天晚上就開生產隊長以上幹部大會，一切聽林隊長的……等等。

會後郝縣長搭著我的肩頭，走在向食堂的路上，對我說：「林鵬同志，倉庫裡的糧食都是國庫的數字，叫做戰備糧，一顆都不能動呀。」我說：「那准許我動什麼？」他說主要是小麥和玉米，不能動。我說：「好吧。」他又說你可別給社員增加口糧，現在是一人八兩，你要增加一兩，別的公社都來要，我可沒糧給他們呀！我說好吧。我想，常委會上給了我任務，縣長散會後再給我劃條條框框……叫你手腳動彈不得。

電話上我已經瞭解到，常平一帶，尤其曲村，天天出殯的不止，村子哭聲不斷，已經死了幾十人了。那時候，不要說汽車，連個自行車也沒有。吃過午飯，我收拾行裝，背在身上，二十多里，天黑了，我才趕到常平。

幹部大會在關帝家廟中召開，我扛著行李，直接走進會場，台前黑乎乎坐了一大片人。當時常平剛由管理區改為公社，公社書記姓龔，還沒到任，公社主任姓雷，原是省民政廳的幹部，同我認識，工作隊長姓李，太原來的，也認識，他們當著全公社幹部給我介紹情況……

我走在路上的時候，我就想，我相信，八兩糧餓不死人。抗日時期最困難的時候，我們家四口人，每人每天平均不到八兩，沒有餓死。關鍵是食堂化，社員吃不到八兩。一個公社，十多個大隊，好幾十個食堂，急需整頓，可誰有力量整頓，怎麼整頓，都把人換掉，新上任的司務長炊事員，還是人人偷，能有什麼好辦法……我要想出個好辦法來……

有一次，我從一個村子的街上走過，看見一個小院裡站著小倆口，正在擦眼抹淚，我就進去了，我問你們哭什麼，夫婦兩人說，老娘不行了，這種病躺下就起不來了……我說食堂打飯不給你們的老娘吃？他們說，每頓打回一碗稀湯，兩個棗子大的窩頭，我娘把窩頭往衣襟下一藏，只喝一碗稀湯……有個小孫子，跑著玩兒，一會兒，奶奶我餓了，老娘就把藏著的窩頭給小孫子吃，天長日久，老娘頂不住了……我的辦法就由此產生了。

最後讓我講話，我問台下，村裡不斷死人，是怎麼死的？誰也不敢說是餓死的，都說是病死的。我說什麼病，都說，是浮腫病。我說，我是省委派來的工作團的幹部。我帶來了治浮腫的方子。我宣佈兩條：第一，八歲以下，六十歲以上，和這中間的病人，從明天開始，每人每天八兩，領回家去自己做著吃。第二，浮腫丸由各小隊做。方子是甘草、黃芪、百合（當地產百合）麥麩、黃豆、黑豆也行、紅棗、花生（此地盛產），碾碎，做成一兩一個的丸子，經公社雷主任批條子，從倉庫裡領，今晚就做，凡有浮腫病的人，每人每天一丸。聽清楚了沒有，聽清了，散會。

會後，同公社和各大隊的幹部又談了一會，主要是說社會治安。吃了我的晚飯，我累了，趕緊睡下。第二天早上，我還沒起床，就有人敲我的窗戶，林隊長，林隊長，浮腫丸做出來了，你看看是不是這個樣子。我看見有一個社員，端著一個大碗，裡面放著幾個所謂浮腫丸。我心想，我也沒見過什麼浮腫丸。我拿了一個嚐了嚐，不錯，甜絲絲的。我說，不錯，就是這樣，並說，我也有浮腫，我吃一個，工作隊的人們每人一個。

這天上午，我召開了工作隊的會議，說了一些訪貧問苦，紮根串連，發動群眾，開展階級鬥爭，當時不叫奪權，叫奪印，把印把子奪過來，真正交給貧下中農……都是報紙上的話……

晚上，縣委辦公室來電話，你是林隊長嗎？我說是，今天死人來沒有？我說沒有，他就把電話放下了。此後每天晚上八、九點鐘，準來電話，問，死人了沒有，我說沒有，他就放了電話。

十天後縣裡不放心，郝縣長帶著四個糧食局的幹部，來查我在的公社的各糧庫的帳。見我沒有動麥子和玉米，一粒未動。郝縣長雙手握著我的手，說林隊長，好隊長啊！好隊長啊。他查了三天，高高興興回了縣委。

我雖然受到縣委和工作團的表揚，但是我的辦法卻一概不透露，我只說報紙上有的。

三年困難時期，我在鄉下。我從來不相信災荒的說法，那幾年風調雨順，沒有災荒，根本就不應該餓死人。但是，就這一類的話誰也不敢說。報紙上怎麼說，人們就怎麼說，不犯錯。關於「大食堂」，關於「吃飯不要錢」，我是個笨人，我查遍了馬恩列斯的著作，沒有。我不知毛澤東怎麼一下就想起「吃飯不要錢」和「大食堂」的主意？難道是他靈機一動嗎？後來我查到了，只有在康有為的《大同書》中有此主張，所謂：「無遮大會。」我知道了，我都知道了，但是不敢說。

童蒙憶零

（一）

南管頭村北頭我們張家的老宅，現在還在。我父親弟兄三人，父親是老大。老宅前後兩個小院，分給了二叔和三叔了。我們分了一個場院。在這個場院裡，我們家極不順利，我的一個小弟弟和我母親在這裡相繼去世。有人說這宅子不吉利，我父親一怒之下就把它賣了。賣給了同姓的一個叔叔，張海子叔叔。

前幾年，有一次，我和我弟弟林鴻到老宅子去看了看。我們兄弟二人就出生在那小南房裡，現在已經拆了。我弟弟林鴻沒說什麼，我也沒說什麼，心中卻有許多感觸。

正房是西屋，破破爛爛，因為被日本鬼子燒過，後來幾次翻蓋，型制甚至尺寸，早已經不是原來的樣子了，但是屋前那個台階還在。從前是一個五級的台階，我很小的時候，大約兩三歲吧，我在這台階上玩，玩著玩著就滾下去了，一直滾到院裡。我坐在地上向上一看，看見正在燒火做飯的母親，正在望著我笑。我想哭，可是看見母親的親切的笑容，我就不哭了。這是我平生的第一個記憶。這記憶是如此牢固，致使我長大後每次看見這個台階總是想起我一滾到底和母親的笑容。這個笑容是如此難忘，可以說銘記心中。

一九五二年七月，在朝鮮開城前線，平白無故忽然給了我一個處分，一擼到底，成了新戰士。三反運動中說我是「思想老虎」，這本身就非常荒唐，周圍同志們都非常驚訝。後來處分下來，同志們更是驚訝無限了。明擺著這是欺侮人。這是一個老紅軍在欺侮一個抗日時期參加革命的人，這很典型。我想去上級告他去。于謙是我的好朋友，他再三勸我，我打消了告狀的念頭。

一天夜裡，我忽然夢見了我母親的笑容，這一下子就把我驚醒了。我的母親去世已經十個年頭，這熟悉的笑容出現在夢中，給我震動不小。這是天命嗎？是天意嗎？是母親的在天之靈正在召示著我什麼嗎？或者這僅僅是我的靈感嗎？我不迷信，但是，這是事實。我想，看來于謙是對的，老老實實忍受吧。我們鄉間有句俗話：「只有享不了的福，沒有受不了的罪。」我想我能熬過去。

也就是在這個時間，我接到了一封沒有署名的信，信中安慰我，希望我沈住氣，度過難關，眼光放遠點等等。話說的非常好，我很感動。這是一個姑娘，某師的宣傳隊員寫給我的。她知道我會猜到，所以她不署名。後來我給她回了信，也沒有署名。我不署名，是因為我背著一個處分，再來個「非法戀愛」，那可受不了。如此這般，這就是我後來的妻子，她叫李忠葆。她是合肥李氏，論起來是李鴻章的侄孫女。

在通信以前，我們曾經見過面。老耿領著她和謝江來看我，老耿說：「老林，把你的糖拿出來招待客人吧。」那天吃的糖叫「小人酥」。我們後來結婚後，李忠葆給我生了二兒一女共三個孩子。我有一次開玩笑說：「你還記得在開城前線，你和謝江來看我，吃我的『小人酥』，你吃了幾個？」她說：「不記得。」我說：「你吃了三個，所以後來給我生了三個孩子。」她驚奇的說：「是嗎？這是真的嗎？」我極力說明這是真的。她認為這大概就是天命吧。其實這所謂天命是我瞎編的。我拿出糖來請人吃，同坐的好幾個人，我不可能數著某人吃了幾塊，這是不可能的。但是，我的妻子終於相信了，「這是天命啊！」

因為收到她第一封信，和我夢見母親的笑容，差不多在一個時間裡。這個地點，我記得清楚，開城北邊一個名叫馬蹄洞的小山溝裡。有一天，心緒煩亂，不能入睡，我就起來，站在防空洞前，望著東方魚肚白的天空中，漸漸地泛起朝霞的火紅的顏色。不知為什麼，我看到那非常好看的朝霞顏色的時候，我突然落下淚來。也許我忽然想起了老宅子房前的那個我曾滾落下來的台階吧，難忘的那個台階喲，還有母親的笑容……

（二）

難忘的事情，還有很多。

我的曾祖父名張旭，號張老化。我沒有見過他的面。我小時候，我的曾祖母，我們叫老太太，還在世。她是一個滿臉皺紋滿頭白髮亂蓬蓬的老太太，我有點怕見她。她晚年就住在上房（西屋）的北里間。到了晚上，她要吃一個柿子，我奶奶就叫著我的小名，給老太太端一個柿子去。我就用一個小瓷碟子，裡面放一個柿子，給老太太端進去。天黑了，奶奶就讓我去給老太太點燈。我就用一根蔴稈在灶堂裡就火點著，再進去把老太太窗台上的油燈點著。當時的我大概也就是五歲吧，記不清了。我想，老太太的油燈就放在窗台上，我見窗戶上有破的地方，心想，我從外面順窗戶的破洞，把點著的蔴稈伸進去，就可以點燃裡面的油燈，誰知油燈沒點著，我把窗戶點著了，火苗忽的升上房頂……

這時候，我奶奶，我娘，我二嬸子正在外間靠南邊的大炕上說閒話，看見起火了，她們三個一齊撲過來，急忙從水甕裡面舀水潑滅了窗戶上的火。火被撲滅以後，我奶奶嚇壞了，渾身在打哆嗦，我娘要打我，我奶奶不讓，說：「還小呢！」

這是我平生第二個記憶，這件事情，差點沒有把房子燒掉了，對我的印象太深了。令我畢生難忘。這是我平生幹的第一件蠢事，後來長大以後，也經常幹些蠢事，每次都是讓我想起這件隔窗點燈的事情。它成了我心中的一個典故，一個我自己的典故。

（三）

我小時候，不知為什麼，總是愛頭痛。有一天，我奶奶備好我家的小毛驢，她騎在驢背上，讓我騎在驢屁股上，得得得，往北走，過了北管頭，就是畫貓兒，然後就到了河水拐彎處的只有一家人的一個小莊子。這地方叫姑嬤峪。姑嬤峪這家人家姓石，老漢叫石老英，是遠近聞名的廚師。十里八鄉誰家有紅白喜事，就請他去，大勺碰小勺，叮噹一響，這就成了個席面。

我們去這天，石老漢不在家，家中只有他老伴兒。他老伴兒彷彿跟我奶奶很是熟識，她們說道了一陣子。那老婆婆就領著我們順著那西溝往山上爬，爬了好一陣子，我都累了。在山坡的右手，看見一個小山洞。那老婆婆就蹲下身去往裡面爬，我奶奶和我也就跟著她往裡爬。這就爬進了一個小山洞。那老婆婆劃根火柴，點著了一個小油燈。這時我看見這山洞幾乎就像一個小團標房子一樣，一旁有一個石台，上面放著那小小的油燈，燈旁邊有一個小香爐，香爐後面什麼也沒有。既沒有神像，也沒有什麼牌位之類。這時我看見那老婆婆點著三柱香，恭恭敬敬把香插在那小香爐裡。她口中念念有詞，聽不清說的什麼，然後她磕頭，我奶奶和我也跟著磕頭。磕完頭，又跪著聽她禱告。過了一陣，那老婆婆把一點點香灰什麼的，用一小塊黃表紙包起來，鄭重地交給我奶奶，然後又磕頭，磕完頭就退出那小山洞。然後下山，然後騎上毛驢回家。回到家我奶奶用一碗涼水，把那香灰一沖，讓我喝下肚裡。不知為什麼，我的頭痛就真的好了。

沒想到從山洞裡討來的仙藥竟然會這麼靈。我問我奶奶：「那是什麼洞？」

「狐仙洞。」她毫不經意的說著。

後來，每次提起這件事，我極力回想，那年我可能是十歲，或者說十歲左右。我仔細的推算過，一九三九年陰曆五月發大水，這年的秋天我們家分家。這事情是在發大水後，在分家之前。這麼算下來，我那年是十一歲。虛歲十二歲。過了兩年，一九四〇年大掃蕩，我生了一場病。一九四一年夏天，病好後，我去高小上學。易縣全縣有兩個公費生，我是一個。因為邊區精兵簡政，公費生取消了。我因為交不起伙食費，高小不能上了，我哭了。那時的高小校長姓劉，對我說：「不要哭，有辦法，你到三中去吧。」我說：「行。」當時的高小在裴莊，而晉察冀邊區第三革命中學在嶺東。相距三里路。劉校長親自領我去三中。好像劉校長跟三中的教師們很熟，也經過一個簡單的考試，我就進了三中的第三大隊，年齡最小的一個隊員。

第二年，一九四二年秋天，我奶奶去世。又一年，一九四三年，我母親去世，不久我祖父去世。這正是邊區最困難的時候，我家有三個老人相繼去世，我們家就算敗落了。

後來就是艱難的抗日戰爭和殘酷的解放戰爭……新中國成立的第二年立即又開始了朝鮮戰爭，可以說戰爭不斷。

一九五二年七月，在朝鮮前線無緣無故給了我一個處分，我開始頭疼，這回是偏頭疼，疼的很厲害。那時候前線連個止痛片也沒有，就這麼忍著。我想，這是在異國他鄉，若是在老家，說不定我就要到那個狐仙洞去求藥去了。這種想法非常強烈，所以忘不了。後來，大約在上世紀八十年代，我回到老家，同我父親，我二弟和侄子們閒談時，說到這個狐仙洞，他們都說，那地方沒有洞……

「沒聽說過……不可能。」他們都這麼說。

我極力辯解著，我去過……他們只是笑。

確實有個狐仙洞，無奈他們硬不信。我要求我的侄子們陪著我去那山上拜訪小小的狐仙洞，他們笑著說：

「甭去。我們從小在那一帶山上割柴禾，從來沒聽說有什麼狐仙洞……哈哈……」

我沒有辦法了。我散步時，常常去羊欄山的路口，有一次，我決心上去，到羊欄山後的叫做老車溝的東山去，我的狐仙洞就在那一帶，我能找到它。爬了一陣，山很陡峭，沒有路，我一個人有點害怕，就返回來了。我堅信那個狐仙洞是真實存在的。至於所謂狐仙，有人說有，有人說沒有，我倒希望它有。

如果真有狐仙這東西，它應該還記得從前那個愛頭疼的小男孩吧？

我所經歷的戰爭

（一）

河北省的徐水縣，只一個四七年，我們打過三次徐水。第一次打徐水出了點問題。選擇的衝鋒路線不好，部隊在大水渠後面堆集著。前面是一片開闊地，毫無遮擋，敵人的機槍像潑水一樣掃射過來，我們已經發起兩次衝鋒，死傷無數。這時候指揮員就應該到前面再觀察一下地形，可以改變衝鋒路線，組織火力壓制住敵人的火力，甚至還可以請求炮兵支援。不，什麼也不管，只是一個字「衝」，或者「給我衝」，「再衝不上去，提頭來見！」

團指揮所的通信員，順著水渠爬到二營營長跟前說：「團首長命令你們再次發起衝鋒，再衝不上去，要你提頭來見！」

二營長低著頭，後來對那通訊員說：「回去報告團首長，就說我犧牲了。」

說完他站起身來，也就是一秒鐘，他就被敵人的機槍打倒了。

這時，二營的教導員爬到那通訊員身邊說：「回去報告團首長，就說我也犧牲了。」

教導員說罷，也站起身來，立即也就中彈身亡。

這個通訊員嚇壞了，擠在水渠後面的戰士們都嚇壞了。

這件卑鄙的事情發生時，我不在場，但是，很快我就知道了。這件事太卑鄙了，太可怕了，太惡劣了。以至人們都羞於談論它。一提起它，嗓子眼裡就噎住了，說不成話，不能說，沒法說。團長、政委都是老紅軍，營長、教導員都是抗戰初期的幹部，這就更沒法說了。誰是英雄？功勞屬於誰？怎麼說，不能說。

（二）

到了最後一次打徐水，是第三次打徐水，這只是圍點打援。圍是圍保定，打增援保定的敵人。羅歷戎帶領他的暫編第三軍，從石家莊出來去增援保定，走到定縣清風店，被我們包圍了。

我們從徐水城下出發，二百五十里趕到清風店，主戰場在西南合。我們到達西南合西面二里路的一個小村，忘記它的名字了。當時已經傍晚，前頭槍聲大作，傳下來：「往後傳，上刺刀！」二百五十里路，一天一夜趕到，中間不休息，就像小跑一樣。到達前沿，連撒泡尿的功夫都不給，更不要說吃飯、喝水，稍事休息了。古來沒有這麼用兵的。

常言說，府到府，三百五。保定府到正定府，至少三百五十里。清風店在兩個府的正中間。當時傳達說，敵人正在構築工事，所以要盡快突擊。他構築工事正說明他走不了了，你著什麼急。石家莊幾乎已經是一座空城，無兵可派，保定的敵軍不敢出來，難道是怕有人會增援清風店嗎？莫名其妙。戰後才知道羅歷戎原本是我們的高級首長在黃埔軍校的同學。既然是老同學，為什麼不身入重圍去見他一面？動之以情，曉之以理，難道是怕死嗎？羅歷戎當時已身陷重圍，叫天不應叫地不靈的時候，還不敢同他見面嗎？三歲小孩都知道，我們有能力消滅他。然而，戰而勝之離著不戰而勝差遠了，簡直不可同日而語。死人太多了，遍地都是烈士的遺體，一眼望去，就像過去割麥子時的麥捆一樣，散落在平原上，那都是人民的子弟啊。

我們團，投入戰鬥前有兩千多人，一個參謀告訴我是兩千三百。兩天戰鬥後撤下來，一個很小的場院都沒有站滿，不足五百人。出發以後，連長在前面走，後面緊跟著就是油挑子，即炊事班。那是一次勝仗，而且是大勝仗，消滅敵人一個軍。勝利以後的部隊應該是歡聲笑語，情緒高漲才對呀。那次勝利以後，當我們離開戰場的時候，人人都是低著頭，不吭氣，沒人說話，一句話也沒有呀！

多年以後，有一次，在北京，幾個參加過清風店戰鬥的老戰友，說起那情景，整個部隊都低著頭走路的情景，幾個人都落了淚。從來人們都只描寫戰鬥的輕鬆，勝利的喜悅，誰提到過勝利以後的深深的悲傷。我現在把它寫下來，這是因為我要不寫下來，以後就沒人知道了。這篇文章，《我所經歷的戰爭》，許多年前我就想寫，這麼一篇短文，我已經起草過五遍了，今天決心把它定稿，拋出去。我已經八十多了……我是參戰人員，我是勝利者，但是我不佩服。

（三）

一九四九年四月，我參加了解放太原的戰鬥。後來轉業我又被分配到太原工作，然而，歷次紀念太原解放的集會，我從來都不參加，說起來是不喜歡拋頭露面，實際上是內心裡隱藏著一個深深的歷史觀點，我認為太原城就用不著打。歷史上的英雄們總是鼓吹他們的英勇事蹟，其實都是一些「以暴易暴」的骯髒勾當。這一類的話，早就想說，是不敢說，怕犯了眾怒。現在老了，說也無妨。

攻打太原前，師部駐小店。我們團駐太原南面汾河邊上的大村。四月二十四日，黎明前，我隨當時的五七九團一營指揮所前進到太原城下，我們的任務是攻打太原的大南門。太原的大南門，城門樓非常高大雄偉，城門洞子都填實了，炸不開。沒辦法，天明後才命令小店方向的榴彈炮團集中打大南門東邊的一處殘牆。城牆被打開一個缺口，我們就從這個缺口處，爬上太原城牆。

我們團的一營一連是尖刀連，連長的名字我忘了，指導員叫劉子威。我帶著幾個宣傳員作戰場鼓動，緊隨在一連之後。我的一個宣傳員叫馬維的，是從缺口往上爬時，被炮彈的氣浪掀翻，滾到城下的。我懷疑是自己人的炮彈，大炮沒停就命令尖刀連衝鋒。當時，馬維已經不醒人事，他被救護隊抬上擔架，到了綁紮所，他醒過來，一檢查，渾身上下沒有一點傷。戰後我們團的政治主任姬長馥，堅持給了馬維處分，開除黨籍，從排級降為戰士。被氣浪轟暈，這樣的事情並非罕見。當時的人們都看過西蒙諾夫的《日日夜夜》。《日日夜夜》裡面就有這樣的事例。《日日夜夜》裡面沒有給那個戰士處分，我們的馬維卻不能饒恕。馬維後來分配在包頭當工人。許多年後，在火車上我遇見了他。他是我的宣傳員，見了我滿肚子的怨屈，說起來沒完。我說：「處分你我也有責任，我不是沒爭，我爭了，沒爭過。姬長馥是個貌似精明的蠢人，我有什麼辦法？」我什麼時候想起馬維來，總覺得對不住他。

我登上太原城牆之後，才發現太原城牆非常厚，堅固之極。城牆上可以開汽車，此時已經挖了許多交通溝。我跳進交通溝後就伸著脖子往城裡看，當時城裡的槍聲非常密集，就像炒豆子一樣。有人拍我的肩膀，說：「姿勢低點！」我回頭一看是一營副營長王金月。他向西邊交通溝跳過去，他勸我姿勢低點，他卻沒有做到。他後來就犧牲在太原城頭上。

進了城裡，從柴市巷、帽兒巷往北推進。姬長馥喊我：「林鵬，你負責接收俘虜。」這時我注意到有大群大群的俘虜從北邊街道裡押送過來。我就找一個大院，把俘虜們趕進去，我對他們說：「不要亂跑，先在這兒待一下，一會兒後面的部隊把你們押送俘虜營……」這時候，有一個敵軍的青年軍官，擠過來向我敬禮。俘虜兵們穿的都是黃色的破破爛爛的軍裝，這軍官穿著深綠色呢子軍裝，十分整潔，人也很有精神。他對我說：

「長官，我不是俘虜，不應該把我當俘虜。」

「那你是什麼？」我笑了。

「長官，我是信使。」

「什麼信使？」

「我是太原守軍司令部的參謀人員，司令部長官派我出城去見徐向前司令。我帶著有正式公文，給徐司令的信。」

「你為什麼還在城裡？」

「昨天晚上把信交給我，城門不能出。我要求守門的營長將我縋城，他說不敢，他要請示，等他請示完，你們的總攻已經開始了，我沒法出城。」

他把一封信交給我，我見是一封表示決心無條件投降的信。司令官的名字我忘了，副司令是孫楚。因為古代有個孫楚，這名字好記。正在這時候，我們的團長楊森和政委劉國輔走過來了。我就把信交他們看，他們看了大聲說：

「晚了！！」哈哈一笑就走過去了。我把這封信又交還給那個軍官，我說：

「這封信已經不起作用了，但是，它對你很重要。你帶著這封信，到俘虜營說明情況，它可以證明你的身分。」

楊森說「晚了！」這話沒錯，是晚了，晚了幾個鐘頭。不過將來的歷史家們會怎樣說呢。你說晚了，歷史家有可能說，不是他晚了，而是你總攻太早了。總是著急，心急火燎，急不可待，大概是怕太原城一夜之間會跑掉吧。也不能說，歷史都是一筆糊塗帳，不能吧。難道人世間就再沒有一個清醒的人嗎。

我們團的任務是攻打到省政府門口，當時掛的牌子是「綏靖公署」。門前有兩個大地堡，正面還堆放了許多沙袋。我到達大門口時，大院裡面還有槍聲。我說要到院裡看看，姬長馥這時也到了沙袋前，他說：「不要進去。裡面是六十四軍的任務，不要發生誤會。」他不讓進，我自然就不敢進了。後來在那堆沙袋前趴了好一陣子，大院裡的槍聲漸漸稀落，最後停止了。姬長馥對我說：

「林鵬，我年輕時在太原上學，我領你逛逛太原吧。」

說著他就領著我，東拐西拐到了一條街，他說：

「林鵬，這就是有名的太原柳巷。」

柳巷滿街都是雜物，一隊一隊的面黃肌瘦的俘虜從大街上快步走過。我看見一個磚木結構的小樓起火了，我們通過時，烤得我的臉生痛。地上有一個被踩扁的刺刀鞘，這東西對我印象很深，一定是許多人從這裡跑過來跑過去，才把它踩扁的，這是當然的。

下午三點，也許多點，我跟隨姬長馥又從城牆缺口下來出城，到了楊家堡。路上姬長馥充滿了勝利的喜悅，他對這次勝利評價甚高，他說：「全華北徹底解放了。」話倒也沒錯。我說：「將來歷史家怎麼寫，還不知道。」他說：「管歷史幹什麼，咱們只管打仗。」他說的話又對了。他總是對，所以他後來當軍政委。我總是錯，所以我永遠上不去。當時我的真實想法很簡單，如果晚一天總攻，這仗就可以不打，王月金也就可以不死了。不戰而屈人之兵，才是上上策呀！諸如此類的話，他們不知道。

而面對著姬長馥這樣的人，我有什麼可說。

（四）

究竟仗是怎麼打的，誰知道。就以一九四八年年底為例，先打八達嶺，同傅作義的主力頂牛，毫無結果，退下來，朝北退。到了雕鶚一帶，忽然一個命令，四天六百里，直奔靈壽，說是「保衛石家莊」，可並沒有人進攻石家莊，就說保衛西柏坡也行，可也沒有人進攻西柏坡。後來知道，只是鄂友三的騎兵團，從北京向南突進到保定南，當天就回北京了，有人卻以為要進攻西柏坡。

我們在靈壽自然沒事幹，不幾天又急行軍，差不多原路返回來。在新保安包圍了傅作義的三十五軍。十二月底消滅了三十五軍。此時四野已經入關，該打北京了吧，不，一個命令，四百多裡，不休息，刮著大風下著大雪，急行軍去打大同。大同又跑不了，著什麼急？

懷安縣境內有一段紅土路。下了雪，這種土路成了粘土，戰士的鞋底上結成一個大疙瘩，走不動路。不時有戰士坐在路邊，脫了鞋，用刺刀砍自己的鞋底。唰唰之聲不絕於耳，因為從未有這種事，所以罵著，笑著，打趣著。到了聚樂堡，還沒有睡一覺，又來了電報，原路返回，打北京。

一九四九年元月二日黎明時，我們到了昌平，我們團駐在馬池口中。這能叫指揮嗎？這不是折騰人嗎？部隊裡幹部戰士講怪話，罵大街……到了昌平，部隊裡至少有一半是病號。當時連個阿司匹林片也沒有，硬著命挺著。說什麼戰略戰術，英明偉大，我不佩服。我當時不佩服，過後我也不佩服。各種各樣的宣傳品，由你瞎編，我知道，我不佩服。

一九四八年，這一年，我們沿著長城，從西向東，然後圍繞著北京轉圈兒。到了秋後十月間，打八達嶺，叫做八達嶺戰役。那是一系列的戰鬥，主力碰主力，不分勝負。新華社記者張帆寫的報告文學，標題是《萬里征戰長城線》。其實，一九四八年，這一年，我們部隊行軍一萬三千里。劉紹先政委對我說，他有日記，他逐日加過行程裡數，是一萬三千里。

一九四九年一月二日，在南口下車時，天已大亮。我看見我們部隊的人們都沒有正經顏色，都和土塊一樣。我想，這樣的部隊怎麼打仗。我們團的駐地是昌平縣馬地口村。在這裡所有的人都病了，我也病了，發燒，頭疼，沒有藥。衛生員只有外科藥，沒有內科藥。我的戰友們對我說：「林鵬，你已經在炕上翻過來倒過去，哼哼了三天三夜啦，快起來吃點東西吧。」

我那年虛歲二十二歲。我沒有結婚，沒有子女拖累，我不怕死。其實，死倒比較簡單，這行軍的艱苦比死難多了。羅瑞卿、楊得志都到昌平來了，給我們師的指戰員做戰鬥動員報告，他們慷慨激昂，部隊的情況，他們也許知道，也許不知道，或不甚清楚。戰鬥力低到不可想像了。一個連隊至少有一半是重病號。

不過，我沒有失望，總算有了一個和平解放的地方——北京。二月末，東北野戰軍政治部招待我們團的營以上幹部參觀北京。北京是個有文化的地方，給我的印象極好。人們有禮貌，商鋪講信譽，飯館裡的飯菜，又好吃，又不貴……

我有意把打太原的事，放在打北京之前，這是故意的。不是記憶有誤，大概就是為了這個比較快樂的結尾吧。就此打住。謹以此文紀念無數的我的光榮犧牲的戰友們，安息吧。

戰壕裡的民謠

說起大躍進中，糧食大大減產，民歌民謠卻大大豐收，也算歷史上的一個奇景。

每次說到那些民歌民謠，大家一笑了之，一首也沒有流傳下來。我曾經從戰爭中走過來，所以總是忘不了戰爭中的情景。當然我也從兒時走過，自然也忘不了兒時的情景，包括早年鄉間的民歌民謠。

現錄一首民謠如下：

格格答兒，雞鳴起，
添上鍋，下上米，
東莊兒，借笊籬。
一去杏兒青，回來杏兒黃，
想摘一個嚐一嚐，家裡又挺忙。

這是一個山莊上的小媳婦兒，早晨起來所做的事情。猛一聽很可笑：「杏兒青時去的，杏兒黃了才回來，她去了總有半個月吧。」又說：「想摘一個嚐一嚐，家裡又挺忙，有這麼忙的嗎？」著實可笑。

有人解釋道，她是往東走，「東莊兒，借笊籬」，當時太陽將出未出，往上一看，杏子都是青色的。待她回來時是往西走，朝霞映的，杏子彷彿黃了。這樣一說，人人都可以明白了，明白了民歌民謠的優美和真實，以及它的逗人和含蓄。

我很喜歡這首民謠，沒有想到它居然能流傳到了我們的戰壕裡。那個連隊，大部分是我的老鄉，狼牙山下，易滿徐一帶的人。

這個連隊出了一個有名的戰鬥英雄，是個排長，他叫夏明清。他的英雄事蹟很多，有好幾個宣傳幹事和記者都報導過他的事蹟。後來在一次防禦戰中，他被炮彈擊中了。一個戰友叫李滿斗的，把他揹下來，進入一個防空洞，把他放在一個草袋子上靠著。李滿斗喊著：「排長，排長，你要挺住，擔架馬上就到。」夏明清低聲對李滿斗說：「一去杏兒青，回來杏兒黃。黃了，滿斗，都黃了。」他說完，不一會兒就停止了呼吸。

後來有一次，我到這個連隊，見了李滿斗，很自然的也就說到夏明清死的時候的情形。他說：「有一個新華社的記者，他問我，夏明清犧牲前的情形，我對他說了，『一去杏兒青，回來杏兒黃』，『黃了，都黃了』的話我沒說，那記者也都記在他的筆記本上了。可後來見到他的報導，說夏明清臨犧牲時說：『毛主席萬歲！』。林幹事，你說這對嗎？不對吧？不真實呀！夏明清是個有思想的人，是個有遠大理想的人，就這麼寫他，那是他嗎？這是為什麼？只是為了宣傳鼓動嗎？」

我說：「也許吧，大概是吧。」我又說：「我不知道。」

荷花的品格

（一）

老年人們在一起總是談論過去，特別是學有所長的老者，因為他們有一個「過去」，一個豐富多彩的令人回味不盡的「過去」。

老畫家李炳璜先生家裡保存著一塊調色板，這塊調色板跟隨他已經五十多年了。當年日軍轟炸南寧，炳璜先生奔波於戰火之中的時候，懷中一無所有，只有這麼一塊德國造的油畫調色板。我認為這是李家最珍貴的文物，它凝聚著五十年前一個青年人對藝術的偉大理想。我甚至認為，將來的人們未必知道作為財務處長的李炳璜，卻肯定會以極其珍重的態度研究和評論作為國畫家的炳璜先生。

炳璜先生早年畢業於鐵道學院，一生都在鐵路工作，離休後依然住在鐵路宿舍。他是一個業餘的國畫家。我主張業餘，這不僅是因為我是一個業餘的文藝愛好者。從前恩格斯在曼徹斯特的時候，白天因為業務關係和商人們周旋，夜晚寫作他的異常高深的革命理論。這證明業餘是可能的，並且對於文藝來說，我以為業餘是應該的。

文革後期我插隊回來，我們幾個人形成一個小圈子。炳璜先生和張頷先生是我們這個小圈子的首領。無庸諱言，那時人們的情緒非常低沉，感到說不出的壓抑。只有在這個小圈子裡，我們才具有真實的自我。說得誇張一點，我們像燕市狗屠，歌哭無常，旁若無人。只是絕口不談眼前的政治。

炳璜先生的外文非常好，他喜歡談論印象派前期的畫家們。我在這個小圈子裡，聆聽到許多高深的哲理，就中炳璜先生關於藝術的談論，使我受到深深的啟迪。在他的影響下，我也學了一點世界史和歐洲美術史。以後我才知道，早期印象派的大師們都非常的窮困潦倒，終生處在饑寒交迫之中，其中一些人一輩子沒有一個知己。他們在世時社會不承認他們，不關心他們，只有在他們死後他們才紅起來。相比之下，我們感到幸福多了。我們的物質生活雖然低下，卻有保障，工作之餘還可以鑽研業餘愛好的各種課題。在書畫創作上我們主張：二、三好友，茶餘飯後，高談闊論，乘興揮毫。

炳璜先生善長畫各種花卉。他的花卉功力深厚，格調高雅，有筆、有墨、有情、有致。我經常有幸觀看先生作畫。他的畫法完全是傳統的畫法，但是畫出來的東西卻絲毫沒有模仿他人的痕跡。他是獨特的，絕不肯依傍任何人。這使我想起兩句古詩：「北方有佳人，絕世而獨立。」炳璜先生常說的一句箴言是：「走自己的路。」先生曾命我書寫傅山的一句話：「幽獨始有美人，淡泊乃見豪傑，熱鬧人畢竟俗氣。」

炳璜先生喜歡畫荷花，然而，他卻沒有「留得殘荷聽雨聲」的閒情逸致。我曾經反覆思考過，先生從來不畫頹唐的殘荷敗柳，也不畫嬌媚的出水芙蓉。他的荷花筆力雄強，色彩濃重，彷彿正在狂風暴雨中掙扎，簡直是一種即將粉身碎骨的樣子。不過，她們終於挺過來了。她們遭受了數不盡的磨難，然而出乎意料的在磨難中得到了鍛煉和成長。我曾經擔心這種風格將來的人們也許很不容易理解，因為那種不可言喻的苦惱萬狀的時代，已經一去不復返了。再一想，寧肯讓他們感到「不容易理解」，卻不能沒有這種風格。我認為這正是業餘畫家的優越之處：他們沒有宣教的責任，卻在無意中表現了真正的時代風格，一種頑強的進取的不折不撓的品格。

張頷先生說荷花是君子之花。他給炳璜先生的荷花的題詞是：「君子風度」。我想，這種出污泥而不染的清高之士，確實是存在的。只有他們，才是中華民族傳統文化的骨幹，所謂中流砥柱。炳璜先生從舊社會過來，同反動的政治沒有任何瓜葛，後來生活在極左的政治氣氛中，卻從來不肯稍事遷就。先生受到書畫界的普遍敬仰，被尊為師長，引為摯友，這是理所當然的。

《美術耕耘》決定介紹炳璜先生的作品，主編趙荊同志讓我寫幾句話，我很高興借這個機會向炳璜先生致以崇高的敬意，並祝願先生健康長壽！

（二）

以上是上世紀八十年代初，應趙荊先生之命，寫的一篇介紹李炳璜先生的短文，登在趙荊所主編的《美術耕耘》雜誌上。

關於李炳璜先生，我有許多有意義的回憶。說起來，簡直是言不勝道，如果寫起來，那將是一大篇文字。其中有些令我終生難忘的事情，我當然有責任把它們記載下來。四十年前，有一次，李先生對我說：

「你是子路未見夫子，大有行行之慨呀！」

這不能算是很高的評價，但是，我認為這卻是一個好評。我曾經反覆考慮李先生對我這一評語，我認為他是真誠的。從來鳳莊到石家莊（注一），我曾經受到許多次大會批判，我認為沒有一個發言者的發言是真誠的。

人和人的關係是很複雜的，而政治形勢風起雲湧，又是非常多變的。如此這般，人的言行，就很難說清了。其中不能說絕對沒有真誠，即使有一星半點真誠，卻也沒有什麼實際價值。李先生的話，不僅是真誠的，而且是有意義的，有實用價值的。我完全相信，他之所以這麼說，是經過深思熟慮的。在這種大關大節上，我怎麼能馬馬虎虎的對待呢。

我作為一個現實生活中的一個具體的人，我不能期望著出現一個當今的孔子。這是空想，即使孔子真的再生在當世，人們也不會承認。我應該怎麼辦，我再三考慮的結果，我只能降而求其次，只求得到一位當世的並且是我周圍的我能巴結得上的近似聖人的人。我找到了張頷先生，就把張頷當聖人，這想法若告訴人，任何人都可能對我嗤之以鼻。所以我只能說是「近似」。其實在我心目中，張頷是一位不折不扣的聖人，這有許多事例，這裡可以不必細說。我的這種態度和看法，決定了我在張頷先生面前的虛心，並且決定了我後來的受益匪淺。四十年來，在張先生指導下，我認真讀了幾本書，並且自以為尚有些許心得。這一切都是張先生之所賜也，然而溯本求源，則在於李炳璜先生這句話。

古語說，君子贈人以言。李先生者，真君子也。他愛畫荷花，張頷先生說，荷花者，君子之花也。這就算是兩位先生的夫子自況，亦無不可也。

（三）

若把李炳璜的嘉言善行都記錄下來，那是不可能的。他的一些驚世駭俗的話，令人久久不忘。直到三十年後，在李炳璜先生去世之後，朋輩之間閒話時還常常提起，還在不停的讚歎著。這一切，都表明了一個出污泥而不染的士君子的高尚品德，表現著中國傳統的士君子文化的高貴品格。我十分讚美這些品德，我想學，但是我覺得不容易學得來。這些偉大的士君子們，是在廣泛的師友們中間長期薰陶出來的，我這樣魯鈍的人，一時半會兒怎麼能學得來呢。

有一件事情，我覺得必須記下來，從中可以窺見中國士君子文化的特質，並且也可以鮮明的看出李炳璜先生的特立獨行的品格。

一九七九年春天，正在審判四人幫的過程中，有一天夜裡，李炳璜讓他女婿攙扶著來到了寒舍，坐下就說：

「你看看黃永勝，真是沒水平。」

我忙問：「怎麼回事？」

他說：「說他謀殺毛主席，他堅決不承認。」

我說：「他不承認，可能是根本就沒這事兒。」

他說：「沒這事兒，也要承認下來。」

我說：「為什麼？」

他大聲喊到：「證明中國有人！」

我當時真是驚呆了。沉默一陣，他說：

「若大一個中國，難道真的無人！」

我附和著：「大概是無人吧。」

「好吧。」他站起來說：「就這句話，來告訴您，說完了，走了。」

說完，說走就走了。

他走了以後，我依然在驚魂未定之中。過了一陣，我想，「一個怪老頭！」我又一想，「不對，中國有人，不是還有這麼一個怪老頭兒嗎！」

注一：來鳳莊位於朝鮮開城松壽山下，一九五一年七月，朝鮮停戰談判的會址，一九五一年十月以後，談判地址改在板門店。來鳳莊為六十五軍軍部駐地。對林鵬的第一次批判大會，一九五二年二月末在此地召開，由六十五軍政治部主任陳宜貴親自主持。石家莊即現在的河北省省會，一九七〇年山西省機關幹部學習班在此舉辦。某日第一連全體大會批判林鵬，因為林鵬罵了人。

艱難與獨特

——回憶王螢

王螢去世了，朋友們都很難過。

我認識他是在一九五八年。那時，他剛從大同勞改隊調回來。穿著一件破棉襖，長著一個蒜頭鼻子，那形象是很可觀的。然而他一下筆就令人驚歎不已。他的素描、油畫、國畫、書法、篆刻都非常好。

我請教他畫法，他說：「似與不似之間。」這是一句現成話。那時候人們都敬仰齊白石，自然也包括他的這句話。不過，既然「似」不好，「不似」也不好，那麼它們「之間」的是什麼呢？後來我問王螢，王螢說：「似就是真實，不似就是不真實；它們之間的應該是既真實又不真實，其實還是不真實。」王螢是一個深藏不露的人。他的外表顯得很笨，其實內秀，而且說話非常幽默。他的這句話，我後來幾次回想起來都覺得好笑。其實也沒什麼好笑的。五十年代，社會主義現實主義的口號下，報刊雜誌關於「真實」、「典型性」、「人民性」等等討論了許多年，讀者不勝其糊塗。後來《神聖家族》出版，才知道藝術是人對客觀世界的一種認識，只有正確與否、深刻與否，無所謂真實不真實。音樂上的真實是什麼？繪畫如果只要真實，那就不如攝影了。所以我很欣賞王螢說的話。

那幾年，王螢的情緒很低沉。有一次，在我家喝酒，沒想到他是個沾酒就醉的人。他說：「在政治上是勝者王侯敗者賊，在藝術上是庸俗吃掉高雅。這就是歷史，這就是文化史……」我說：「學習庸俗吧。其實，倒也容易學。」他說：「只是不肯罷了，雅人絕不肯和庸人為伍，道不同不相為謀。這沒有辦法。」

我有一塊石頭，好像是艾葉綠，硬得很，我刻不動。我請王螢給我刻兩方印，一方印文是「庸俗無聊」，另一方印文是「雞毛蒜皮」。私心願以此為戒。王螢去世後，我把這兩方印章找出來，端詳了很久。回想起在那些非常嚴酷的歲月裡，到處是庸俗無聊的觀念和雞毛蒜皮的方法，至今依然令人不寒而慄。如果想抵制這些東西的侵蝕，實在是太難了。那時候對待知識分子，即使說的沒說的了，還有「清高」、「驕傲」一類可供批判之用，這什麼時候都是現成。其實，即以清高而論，學都學不來，何用批判為。如果靠流氓無產者們來保持民族的自尊自信，這恐怕是妄想。現在這些東西已經微乎其微，仔細想來也該其來有漸。

那一年，王螢戴著帽子被遣送回原籍監督勞動。他是很悲觀的，我極力勸慰，說了許多不著邊際的淡話，都是報紙上的，其實無聊之極。現在回想起來，同道之間交往，依然不得不使用報紙上的語言，這是很可悲的，簡直不可思議。離別，王螢送我一本夏炎德編著洪琛序的《法蘭西文學史》。我讀書有些窮毛病，喜歡在書上胡批亂注。文革中批判我的「文藝思想」，並且追查我和王螢的關係。我就把這本書上王螢的圖章和我的批語都塗掉，想以此掩蓋「罪證」。我本來可以把它燒掉，或者當爛紙賣掉。做了這些手腳，是因為想把它保存下來。因為我珍視它。現在這本帶有污跡的書擺在我面前，我覺得它就像一面鏡子，反映著我在精神上曾經有過的殘疾。這本書現在顯得更珍貴了，它曾經跟隨我去農村插隊落戶。

我在農村插隊時，消息傳來，說王螢死了。我想，他一定是自殺了。後來又傳來消息，說不是王螢，是李玉滋死了。我著實難過了幾天。寫信詢問詳情，朋友們告訴說，都沒死，還活著。我想，也許不會草草死去，該受的罪還沒受完呢。

聽說在鄉下時，王螢的兩個小兒子偷跑出去一次。他們聽說鄰村有個右派分子，大會宣佈摘了帽子，他們不憚跋涉去打聽這事是真是假。王螢是個「階級敵人」。他本人不在乎，他的剛懂事的兒子們卻已經有點承受不住了。我一向堅信，天才就像寶石一樣，不僅最美，而且最硬，它能承受難以想像的壓力。王螢居然沒有死在那種重壓之下，這使我堅信，他就是天才。他是一個被踐踏的天才，就像一棵被大車軋過或者被驢啃過的樹，雖然艱難，它終於長大了。

大約是一九六〇年，我在太原古籍書店買到一部劉刻本的《霜紅龕集》。王螢借去看過。我們在一起時也常常談論傅山，只是缺乏理解。當時我們能夠欣賞的，只是傅山謾罵「奴儒」

的那些話，諸如「死狗扶不上牆，啃人腳後跟的貨」之類。這是因為那時「守定一半句注腳」的所謂專家學者到處都是，至於連「一半句注腳」都不懂的所謂批判者，更是多如牛毛。

八十年代初，王螢落實政策回來，一見面就談論傅山。他說：「我堅持寧醜毋媚的原則。」我很感動，賴有傅山，還沒有被庸俗吃掉。一九八三年冬，我在山西書協一次學術討論會上讀了一篇論文《傅山論趙雜談》。王螢在座。提到傅山的寧醜毋媚，我認為，寧這樣毋那樣的說法，是從兩個極端說起，在這兩極之間的就是美，猶如中庸一樣。孔子說：「不得中行而與之，必也狂狷乎。狂者進取，狷者有所不為也。」（《論語・子路第十三》）王螢不同意。他對我說：「醜和媚都是說的藝術美。這是兩種互相對立的審美追求或說美學思想。它們屬於兩個時代，或說兩個階級……」他後來寫了一篇文章，題目是《寧醜毋媚在書法上的時代性和美學意義》。這篇文章寫的非常好，我看了以後非常同意。這兩篇文章同時登在《書法通訊》第四期裡，細心的讀者一看便知，他是反駁我的，但是反駁的好。王螢寫道：「寧醜毋媚是書法藝術形式美從低格到高格的審美追求……是明末清初學風中進步傾向的組成部分。」它是「粗疏狂野的硬拙的不合諧美」。它非常獨特，「不隨人俯仰」。它必將「超越藝術門類的界限，成為普遍意義的規律和法則」。這些話寫得非常精闢，非常有力。因為我們經常在戰戰兢兢，如臨深淵如履薄冰，所以我們的言談頗多忌諱。其實，統治者們並不諱言他們是壓迫人民的。壓迫引出了反抗，這也不奇怪。寧醜毋媚的美學原則，實際上是無權無勢的退隱山林的天才藝術家們對有權有勢的宮廷裡和官場上的庸俗藝術家們的反抗。他們居然敢於反抗，就是說大唱反調，所以，遭到仇視甚至屠殺，這也是勢所必然的，雖然都在一個行當裡。

我經常有一些脫口而出的荒唐論點，反正說過就忘，從來也不想起堅持它們。有一次，我說明清之際是中國的文藝復興時期。出乎我的意料，王螢非常贊成。八十年代以來，他寫過好幾篇論述明清之際的美學思想的文章。

有一次，我問他：「傅山的詩，相如頌布獲老腕一獲麐。一獲麐是什麼？」他笑一笑說：「不知道。」我說：「我猜想可能是忽勒，俗話，忽勒幾下，用在書法上就是盡情揮灑的意思。」他說：「很有可能，引俗語入詩文，這也是常有的事。不過，傅山的詩文吊詭特多，非常難懂。你看，柔毫點主，點主當什麼講，翻遍詞書，不得其解。」我說：「其實這是一個好題目，可以寫篇文章。」他說：「那你就寫吧。寫好先讓我看看。」過了幾天他就來取我的文章，我根本就沒動筆。後來在他的督促下，寫了一篇《點南釋稿》。沒想到，這種互相切磋的美好時光很快就成為過去了。

我在《點南釋稿》中只是想探索永字八法以前的古典筆法，不敢更多涉及。有一次，王螢對《點南釋稿》表示讚賞，然後他說：「所謂筆法、筆墨，都是形式。著眼於形式，永遠解決不了形式問題。形式是內容決定的。真正的內容是個性。我們需要的是鮮明的個性，獨特的個性，豪邁不羈的個性……」他的話對我很有啟發，我想寫一篇文章，論述傅山的性格。我發現傅山是非常獨特的，聯想到王螢，他也是非常獨特的。一則因為敘述傅山的性格非常困難，再則也因為沒有人督促我，這篇文章至今也沒有寫出來。一個朋友，平時也未必怎麼看重，但他去世之後，我們一次再次的想起他，這才真正感覺到他在我們心中的重要地位。

王螢的國畫、書法和篆刻，頗有成就，這是大家有目共睹的。他在學術上的貢獻尤為重要，其中有關《金瓶梅》的研究尤為突出。他是山東省臨清人，他堅信《金瓶梅》的作者是臨清人。他對語言、風俗、地名等等加以考證，證明《金瓶梅》的作者是明朝中葉臨清的一位相當有名的才子。五十年代，我研究過《金瓶梅》，後來放棄了。我聽說他正在研究《金瓶梅》，便將我的香港版的張竹坡評刻本《金瓶梅》送給他。他高興的不得了。然而，未等這些有關《金瓶梅》的文章正式發表，他就與世長辭了。他的心臟病以前發作過一次，山大二院王家璣主任親自晝夜守護，終於得到挽救。這一次他太大意了，夜晚加班校改一篇文章的大樣，累了，早晨他要去拿牛奶，一轉身倒在牆根，猝然死去，一顆明亮的小星隕落了。雖然是一顆小星，依然在天邊劃出了一道鮮明耀眼的線。將來的藝術史家們和藝術收藏家們，總有一天會想起他，研究他，並且考查他的淒涼的身世和艱難的歷程，從而認識他的質樸的為人和獨特的個性。

注：王螢同志（一九二七～一九八七），山東臨清人，於中央美院畢業後，一直在山西省文聯工作，曾先後擔任編輯、文藝研究室副主任等職。近年從事美術理論以至文學研究工作，著述頗勤。他的文章曾在《美術史論》、《晉陽學刊》、《書法》及《火花》等處發表，頗多創見。他同時又是書法家、國畫家，兼精篆刻。一九八七年年底，因突患心臟病去世。

回憶李玉滋

昨天（二〇〇七年二月十二日）在一個團拜會上，華而實告訴我說，李玉滋作古了。我心中一驚，怎麼回事？他說，心臟病突發，死在深圳。我一時難過之極。李玉滋前不久給我打電話，說畫了不少畫，自己很滿意，頗有心得，他說：「我要在北京美術館搞個展覽，並且有一整套的創作經驗給大家介紹。」我一聽，大不以為然，在電話上就同他爭論起來。藝術創作哪裡有什麼經驗可言，完全是憑靈感，憑才氣，完全是偶然，偶然中的偶然，莊子所謂循斯須而已……什麼理論，都是胡說八道；什麼經驗，都是瞎吹。我不客氣的說：「你給我老老實實畫畫，少胡吹！道可道非常道，可道者非道也。」

前幾年李玉滋懶得要命，一提畫畫他的反抗性就來了，後來我想盡辦法勸他畫畫，現在居然畫了好多張，卻要介紹什麼創作經驗。我大喊道：「你過了頭了！展覽可以搞，預祝你成功，但絕對不能介紹什麼創作經驗，千萬千萬，沉默是金。」如今，他還沒有辦展覽，就突然物故了，哀哉！

十幾年前，王螢去世後，我寫了一篇《回憶王螢》，發表出來朋友們看了都說好。李玉滋對我說：「我死了也給我寫一篇，說定了，記住了！」我說這種事還能預約，一笑置之。這種往事，如今想來心中一片悵然。

一九五八年，我轉業到山西，結識了三個右派分子，孫功炎、王螢、李玉滋，過往甚密。一九五九年廬山會議後，山西省人事局就揪住了我，說我是漏網右派……全局大會批判我十二次。剛轉業就遇上這，真過癮啊。我真急了。我氣急敗壞，在大會上我突然冒出一句十分反動的話來，我說：「希特勒說，即使世界上沒有猶太人，我也會把他製造出來。」我的意思是廬山會議後，憑空捏造了一個右傾……這話是非常惡毒的。說過我就後悔了。就是退一步說，我在當時，至少還不認為毛就是希特勒。但是一言既出駟馬難追，聽天由命吧。誰知人事局的老左們竟然沒有發現我這話的意思。我每次挨整，我愛人都非常清楚，只有這次反右傾，整了半年，她不知道。人生在世，有時候當個兩面派，看來也是必要的。此類被批鬥之事，對三位右派，我也從未提起過，提它做甚，無聊。現在，事情已經過了四十八年，當年的左的右的也都死得差不多了，說說也無妨了。

我比李玉滋馬齒稍長。我是一事無成，李玉滋卻是一流的大畫家。一個終生以繪畫為職業的大畫家，忽然厭惡繪畫，十幾年後又重回人間，就像迴光返照一樣，在生命的盡頭，畫了很多好畫，自己非常滿意的精品，這肯定是一個超級的藝術大師，這是不言而喻的。他是東北魯藝畢業的，畢業後分配山西，不久就打成了右派。把他打成右派，起了關鍵作用的，是我的老戰友王某，在李玉滋下放期間，我的印象上，王某對他是很關心的，等到一九七九年給李玉滋平反時，王某卻一反常態，說不行，王某倆口子，異口同聲說，別人可以平反，李玉滋不能平反，李玉滋是真正的右派。我聽說後就找王某談這事，我說：「你怎麼突然把老布爾什維克的勁頭拿出來了？中國的布爾什維克們能承認你是布爾什維克嗎？恐怕不一定吧。說著說著你就來勁兒了！」我這人愛著急，我同他猛烈的爭論了一頓。我大喊道：「你才是真正的右派！」說過我又覺得不合適，我怕傷害了老戰友。等情緒緩和下來，我說：「你好好想想吧，五七年的反右派鬥爭是錯誤的，並且是非法的，純粹是陰謀，大陰謀，政治陰謀。」後來王某思想轉變過來，同意給李玉滋平反，並且出具了證明材料。一個李玉滋，鬧得我和幾十年的老戰友不和……回想起來，怨我，是我不會說話。

李玉滋擅長臨摹古代壁畫，尤其臨摹永樂宮壁畫，可以說是一絕。他發明了一種新技術，先在冰雪宣上塗蠟，然後畫，然後刮，再畫，再刮，滿紙斑剝，古色古香，實在是妙絕。他送我一幅畫，就是臨摹永樂宮的「猴神」，美極了！古典藝術的美是典雅的美，那才是真正的美。其實在藝術上用不著刻意求新，求新創新，新而又新，維新是從……狗熊掰棒子，隨得隨失，最後是兩手空空……我這種話不合時宜，它永遠不合時宜。

保守主義是文化的根，卻是革命的死敵。從前，我認為山西特別左，文藝方面尤甚。改革開放以後，我任中國書協評委多年，有機會各地走走，才知道山西和全國一樣，並沒有什麼特別的。左是時代造成的，是一種時代病，或者乾脆說那就是一個病態的時代。我們生在這樣的一個時代中，能說什麼。有人說「生不逢時」，也有人說「生正逢時」，都一樣，沒法說，不能說。李玉滋介紹我認識了袁毓明，袁毓明對我說：「孔子曰，不能說。」孔子是曰，不能說孔子說。他著了急就是這句話：「孔子曰，不能說。」袁毓明後來也成了我的好朋友，他原是大公報主編，打成右派下放山西，摘帽後安排在省文聯任副秘書長，三十年前就去世了。眾人給他的評價是一輩子沒說過硬話，一輩子沒做過軟事。李玉滋也是這樣，沒說過硬話，沒幹過軟事。李玉滋是巴黎沙龍美展的金獎得主……又能怎麼？沒法說，不能說。他到了也未能去巴黎領這個獎。

李玉滋後來厭惡繪畫，一提畫畫，心中反感。他女兒在深圳，老倆口常去深圳住。有一次李玉滋回到太原，到了我家，一坐就是八個多鐘頭，吃了兩頓飯還不想走，說呀說呀，一會哭一會笑……後來我體會到，他在深圳沒有談心的人。他說到張一非對他怎麼好，說著說著就落下淚了。他說到一個叫陳志銘（大概是這麼個名字，我不認識）的右派，他們一塊燒鍋爐，在掏爐坑裡的灰時，灰煙嗆鼻子。陳志銘說：「李玉滋你上來，我下去……這不是人待的地方。」他說到這裡嚎啕大哭。又說到一個右派，老婆和他離了婚，後來領導和他談話說：「全家下放，明天走。」他說：「明天走，就我一個。我已經離婚了。」到一九七九年這個右派落實政策回到機關，他老婆帶著孩子來跟他重婚。有人說，這老婆不好……這個右派老婆大聲說道：「我才是真正的受害者！」眾人啞口無言……說到這裡李玉滋眼淚汪汪的笑著。

那次閒談，令我終生難忘。李玉滋說，有個右派，下放農村，生活苦，農活重，都不用說，受不盡的侮辱，實在活不下去了，決心自殺。晚上來了一位貧下中農，看上他的被子了，撫摸著他的被子說：「活著沒意思，實在沒意思啊……」這右派聽清他的意思了，決定不自殺了，活下去，忍著，看著！李玉滋說：「作家們編造各種故事，其實用不著編，誰能把這些真事寫出來，我就佩服。」我想道，我們生活在這樣的時代，有一肚子的話，能跟誰說。喬羽的歌詞，「你像一隻蝴蝶飛進我的窗口……」主持人反覆問，他是誰？喬羽就是不說，給人印象，彷彿那是喬羽的情人，其實這就是一個下放幹部。突然整隊走了，不知去向，兩年後一個人突然回來，三言兩語又匆匆離去。詩人寫出優雅的詩句，音樂家譜成委婉的曲調，歌唱家唱出動人的歌聲……在一片荒涼的廢墟上，開出來一朵藍色的小花。我們這個時代太偉大了，所以沒法理解，不好理解，它超出我們的理解力之外。

我今年虛歲八十了，我現在淚流滿面的為比我年輕的人寫悼念文章，我的心情之沉重，自不待言。李玉滋就像一棵小樹，他們都是稚嫩的小樹，迎風招展的可愛的小樹，一棒打下去，打彎了他們的腰，他們一直彎到地上，多年以後他們才抬起頭來，高高的揚著頭，開出了他們所能開出的花，並且結出來豐碩果實。我由衷的為他們感到慶幸。

我老家的後山上有一個矮小的柿子樹，秋天，在他的瘦小殘缺的肢體上結滿金黃色的柿子，我一見高興極了，我歡呼著，後來我卻落了淚。

在昨天的團拜會上，我看見了李銳，看見了胡績偉，看到了許多老年人，他們都講了話，很好，我很高興。我在內心中祈禱著，好好活著吧，活著，看著，有看頭。

紀念王朝瑞

王朝瑞是美術界的一頭牛，一頭老黃牛，任勞任怨，孜孜不倦的老黃牛。我曾給他作過一首小詩：「漫荒野地一頭牛，清泉野草不用愁，風風雨雨隨他去，自由自在度春秋。」可惜他只有七十歲就去世了，正是他藝術創作的高峰期。我正等待他創作出光輝業績的時候，他飄然仙逝了，這令我無限哀傷，無限思念，心中說不出的一片茫然。

王朝瑞是我最知心的朋友。不論什麼時間，也不管什麼時候事情，說出來的想法是一個樣的，甚至於語言也幾乎是一樣的。有時好長時間沒見面，有的人有問題去請教王朝瑞，然後又再訪問我，他們發現我們說得一樣，一點不錯。他們說，這就是英雄所見略同吧，我說，這不奇怪，人同此心，心同此理，不期而遇，不約而同。此之謂略同。有一次，我甚至揚言，此之謂世界大同。

我進入晚年，喜歡胡說八道：「命中註定三不死，胡說八道老來風。」不管我怎麼說，至少有一個人同意，他就是王朝瑞。

王朝瑞喜歡鼓吹「二三友好，茶餘飯後，高談闊論，乘興揮毫」，他以為這是產生書畫藝術精品的條件。有人就跑來問我，王朝瑞說，這是你說的，是嗎？我說這是我和王朝瑞共同的認識，共同的說法。另外，我喜歡冷鍋裡冒熱氣，說一些熱烈的涼話。我說過先結果後開花的話，是希望年輕人先做出一點成果，先入選，最好能得獎。然後再看書深入……王朝瑞認為對，見人就吹，彷彿我們都是反自然規律的胡鬧人。回想起來，非常可笑。

王朝瑞說：「時代變了，變得誰都不認識了。寫字的人，寫出來的不是字，但是仍然叫書法作品，莫名其妙。畫國畫的人可以不講筆墨，甚至不要形象，說是意象，你怎麼想像都行，想到哪兒去都行，實際上都是胡思亂想。把幾件農具，鋤頭之類，隨便扔到地上，這就是一張畫兒，一張美術作品。今後的繪畫也就不用畫了。不但消滅了美術，同時也消滅了美術家。這就是現代化。突飛猛進到了這種程度，真的不好理解了。」我也有此同感，我只是沒有王朝瑞那樣深的體會罷了。

說到進入老年，王朝瑞有一次問我，什麼叫衰年變法，為什麼要衰年變法？這是在一次筆會上，我們坐在一起閒聊時，他說的。我說，這問題太大，三言兩語說不清。你現在已經進入老年，我告訴你一點，衰年必須變法，不然沒有前途。現在我到是八十多了，至於什麼叫衰年變法，它的內容，它的方法，它的目標，其實我也不知道，我只是瞎嚷嚷。我瞎嚷嚷，別人不聽，只有王朝瑞好忽悠，所以我非常想念他。有一次，深夜想起他來，難過之極……沒有辦法，我只好起來看電視，一直到天明。

王朝瑞喜歡笑。他從來不大笑，只是低聲的深情的嘿嘿笑著。一個人，在一邊嘿嘿地樂。他的這種樂法，特別具有感染力，有時候能引得人們重新掀起一場大笑。王朝瑞還有一項特長，學牛叫，一種低沉的深情的，老牛的叫聲。他的學牛叫，有時能引得小牛兒跑過來，追他，頂他。引得在場的人們驚奇的笑著。我再也聽不到王朝瑞那低沉的深情的牛叫聲了。他永遠的離開我們了，那老黃牛，那孜孜不倦的偉大的藝術家，安息吧。

憶梁寒冰

——閒話儒法鬥爭史

梁寒冰長我十多歲，我以長輩待之。文革後期他被解放出來，安排在中科院歷史所任書記。他對我說，林鵬，你到歷史所來工作吧。我說，我一沒學歷，二沒職稱，我到歷史所能幹什麼？相顧一笑而罷。

上世紀八十年代，梁寒冰、聶元素老倆口每次來太原，必到寒舍，可以說無話不談。梁寒冰要編一部中國古代史，叫階級鬥爭史，我取笑說，你編一部階級鬥爭史，我編一部儒法鬥爭史，說笑而已。後來有一次他問道，林鵬，你的儒法鬥爭史編的怎麼樣？我一下楞住了，老半天才醒悟過來，想起開過這麼一個玩笑。七十年代的批林批孔對人們的影響太深了，抹不掉秦始皇的陰影。我說，我開玩笑。他說，儒法鬥爭是值得一寫的等等，漫談一起。

儒法鬥爭是值得一談的。春秋五霸開創了霸業時代，甚至後來的吳越也是以霸業為政治目標。他們打的旗號或說口號，依然是對當時天子的周王朝的輔佐。到春秋末期，王道和霸道就分道揚鑣了。士君子堅持王道，而當權的諸侯們為了自己的的生存和發展，認為只有霸道才是出路。春秋諸侯競相變法，只有變法才能稱霸。而戰國諸侯競相稱王，只有稱王才能實行霸道。他們占住王道之名，而行霸道之實。可見此時王霸之間已經是水火不相容了。君子儒堅持王道，小人儒堅持霸道。商鞅變法使落後的秦國驟然強大起來，令人刮目相看。此時的秦國同秦穆公時的秦國相比，已經是一個全新的秦國了。此時的秦國已經堅決的走上了霸道之路。荀子說：「秦無儒。」秦國非常純粹，它純粹是法家的一套了。此時的山東六國已經是秦國的盤中之餐，俎上之肉了。不過，六國的士人也已經看清，秦國只是走上了死亡之路而已。所以山東六國的士人，都變成了堅決的反秦的戰士。這就是戰國末期儒法鬥爭的形勢。儒家失勢，法家得勢，一時強弱，一目了然矣。

土地制度是一切經濟制度的根本。在上古，也就是遠古的原始社會，地廣人稀，土地屬於天有。誰種歸誰，可以說是真正的私有制。這正是儒家所主張的「耕者有其田」，自然而然的耕者有其田。後來是家天下，才有了公田，公田就是公侯們的私田。「夏後氏五十而貢，殷人七十而助，周人百畝而徹。」（《孟子》）雖然後世解釋紛紜特甚，但是，貢是一定數量的田租，助是在公田中勞動，公田收穫歸公，私田不再收稅，這是各家都認同的。春秋變法就是取消公田，改八夫一井為九夫一井。沒有公田了，只在私田中收稅，這實際上是變私田為公田，也就是都成了公侯們的私田了。這個帳非常好算，誰知學者們只是在文本裡打轉轉，一輩子也說不清，道不明，無可奈何。

從春秋後期到戰國中期，也就是到孟子的時代，人們還在貢與助上打不定主意，朝令夕改，各行其是。孟子是主張助，也就是提成，叫做什一之稅，他甚至說：「雖周亦助也。」實際上是拿周壓人。雖然有孟子的堅決反對，田稅制度卻是堅決的走向固定數量的田租了，《呂氏春秋》也是主張固定數量的田租，並且主張年初就應該定下來，不再更改。「先定準值，民乃不惑。」（見《呂氏春秋・孟春紀第一》）而秦國上下根本不能接受這一套。秦從商鞅變法之後，採取的是一種變相的或說五花八門的徹法。「周人百畝而徹」，完全是為了戰爭。公劉「徹田為糧」，注家說行道為糧，可見是戰爭的軍糧。「徹者徹也」，全部拿走，連鍋端。秦人接受了周的地盤，實行徹就有歷史的淵源，再加上一切為了戰爭，也就有了現實的意義，誰能有什麼可說。什麼貢，什麼助，什麼十分之一，什麼十分之二等等這些問題，這些爭論在秦國從來就沒有發生過。在秦國，文化是非常落後的，而政治（統治之法）卻是非常先進，秦孝公率先實行了郡縣制，原因很簡單，郡縣也是為了戰爭。一切為了戰爭，「上古競於道德，當今爭於力氣。」（《韓非子》）秦國只管強盛，六國只管衰弱，歷史有什麼話說。但是歷史也不客氣，死亡之路就是死亡之路，任你挑選任你走，往下走吧，這就是歷史。最後歷史證明，仁者無敵；仁者無敵就證明，不仁者有敵，有敵就必有一敗。其奈歷史何。

中國古代文化是士人的文化。大舜就是一個典型的士人，並且是一個自耕農。正是他開創了中國古代的禮樂文明。後來的伊尹、傅說、周公、呂尚、孔丘、孟軻、管仲、樂毅以及呂不韋，無非士也。

士們主張耕者有其田，天下者非一人之天下也，天下之天下也。他們主張人人平等，維護個人尊嚴，「雖負販亦有尊也」。在政治上，他們主張繼承古老的政治傳統，明堂議政，辟雍選賢。他們主張尊重血緣關係，順應人的善良本性，主張大道之行天下為公……這一切同後世的所謂社會福利（社會主義）的政治主張是完全相通的，主張在私有制下建立道德社會。凡此種種都同非常自私的王侯們的利益相衝突。自從有了皇帝以後，一家一姓的皇權高於一切，而士人們的思想意識是仁，帝王是不仁，針鋒相對，水火不容。沒有一個帝王不好大喜功，實際是勞民傷財。法家只知為帝王服務，為王先驅，先意承旨。沒有一個儒者不反對勞民傷財，這就成了帝王的眼中釘。儒家講究遇到問題，反諸身求諸已，而法家是帝王的代表，絕不敢反諸身求諸已。

史云，孔子卒儒分八派，加上墨家、道家，雜七厤八，十家不止，號稱百家。這不僅是儒家的陣容，這是整個士人群體的陣容。士人是四民之首。四民是士農工商，因為工商食官，可以除外。士和農界線不清，農人中的優秀青年人年年都有推薦為士者，當然士也有退而耕諸野的，也就是變為農人的，此即隱士。這樣就可以看出，士人這個龐大的群體，是整個古代社會的政治的基礎，是統治者重要的依靠對象。

戰國各國王侯及其重臣、貴胄都有養士的風氣，比如四公子，養士多至三千。後來的合縱連橫，都是為了統一中國。這正是士人們大顯身手的好時光，李斯說，此乃布衣之秋也。這樣我們就可以看清廣大的士的陣容如下：

一、隱士，山林岩穴之士。「孔子死原憲亡在草澤」，他們不事王侯，高尚其事，不臣天子，不友諸侯；

二、處士，不為官，不主事，卻敢於橫議（橫者逆也）；

三、為了養家糊口。出為小吏，即使提拔起來，隨時都準備掛冠而去；

四、平生抱負非凡，想有所建樹，這些人都是想以自己的理想影響朝庭，使社會生活走上正道，也就是實行仁政，以仁為已任，就是王道，實現天下太平；

五、最後是法家之徒，追求個人前途，統治者好什麼，他就來什麼，多半是急功近利，好大喜功，嚴刑峻法，立竿見影之類。

這第五類是士人中的極少數，但是卻是極容易得勢的一類。歷史上的所謂儒法鬥爭，就發生在這第四類士人和第五類士人之間。儒法鬥爭就是君子儒與小人儒的鬥爭。

學者們一向把儒家算作百家之一，其實錯了。孔子有刪定六經之功，六經是儒家的經典。戰國時期諸子峰起，百家爭鳴，各家各派都同六經有著淵源的關係。雖然如此，六經只屬於傳授六經的儒家，而不屬於其他任何一家。也有學者把隱士算做道家，其實，原憲亡在草澤，那就是隱士，原憲卻不是道家。前述的士人的一、二、三類，算做哪家都行，但在儒法鬥爭中，他們都是站在儒者一邊的，這是不可否認的。從商鞅到王安石，變法都是以「復古」為托詞的，只是舊瓶裝新酒，換湯不換藥，或說只是《莊子》所說狙公賦芧的「朝三暮四」「朝四暮三」而已，目的只是急功近利罷了。

歷史上所有的變法都是因為遇到了危機，都是治標不治本，都是一步一步加深矛盾，形同飲鴆止渴而已。歷史上所有的變法，總括起來，都是將土地收歸國有，把農民變為農奴，此所謂：「普天之下莫非王土，率土之濱莫非王臣。」這一詩句，出自《詩經》，但不是後世所理解的意思。《孟子》早有解釋，可是人們不予正視，王土、王臣居然成了天經地義，誰也莫可如何。

土地收歸王有，號稱國有。稅收制度變為徹法，全部拿走，連鍋端。秦是「口賦箕斂」，最徹底的徹了。秦始皇只管戰爭，老百姓餓死他不管。要按社會形態說，只能算最殘酷的奴隸制。這是殺雞取蛋，竭澤而漁。在短期效用看起來，這對統治者是有利的，三年五年，小災荒，十年八年，大災荒，就貽害無窮了。所以統治者只要尚未亡國，他們最終都要把法家犧牲掉，就像曹操借糧官之頭一樣。然後請有儒家傾向的士人，或者乾脆就請山中的高士出來收拾殘局，說來話長，一言難盡。

雖然法家大多以身首異處告終，統治者卻深深知道，只有法家才是真正的忠臣，是有用之才，而儒家的仁者無敵的仁政王道一類的說詞，只是空泛的教條，迂遠而闊於事情，不頂用，指不上，遠水不解近渴。而法家這種甘願做鷹犬的人，什麼時候都用得上。自從有了皇帝以後，無一不是迷信暴力的，所以隨時都離不開法家，隨時都離不開酷吏，一時一刻也少不了的。有統治階級存在，有帝王存在，嚴刑峻法是不可或缺的。這就造成一種政治態勢，法家永遠站在帝王一邊，他們是帝王思想帝王文化的實施者，他們的學說就是法、術、勢，最後就只剩勢而已，勢者權勢也。暴力是權勢的標幟，沒有暴力就沒有權勢。權勢在暴力中生，在暴力中亡。殺人如麻，血流成河，至死不悟。同帝王思想、帝王文化相對立的，有能力有膽量敢於同帝王思想帝王文化對立的，對著幹的只有儒家。他們的學說就是仁，仁慈，仁政，以仁為己任，仁者無敵。

後世的帝王，居安思危的也常有，聲言同士人共治天下的也有，於是就把儒家的學說拿過來，拚命的裝飾自己，尤其是三綱五常，所謂禮教，包括那些老掉牙的繁文縟節都拿來，用以維持帝王的威嚴，帝王的天命，帝王的事業。他們說起話來，仁義道德，振振有詞，天理良心，頭頭是道，老百姓自然也得聽。越是盛世，越是黑暗，隱士也就越多。雖然，朝中也有不少真正的儒者，也不都是擺設，也常常起草一些冠冕堂皇的文告，煞有介事，粉飾太平，不可否認這就是太平嘛……然而儒法之間的鬥爭，卻是隨時隨地都在鬥爭著，如有關重賦和輕賦，如嚴刑和寬刑，如大赦與否，如濫用暴力和反對濫用暴力……內容多得很。只要帝王存在一天，帝王之術就存在一天，統治階級存在一天，統治之術就存在一天，血是不會少流的。主張不惜一切的流血和反對流血，盡力減少流血，防微杜漸，避免民族犧牲……等等，儒法之間的鬥爭是長期的。歷史就是在各種矛盾中，曲折的，一溜歪斜的，出乎想像的，不盡如人意的……這麼發展下來，恐怕它只能這麼發展下去了。

前幾年，梁寒冰、聶元素夫婦相繼去世了。回想往日歡欣聚首，暢談時事，令人難忘。謹以此文表達對他們的懷念。

記袁毓明

——東花園雜記之一

今年（二〇〇三年）是袁毓明同志去世三十週年，他是一九七三年去世的。後人對他的評價是，一輩子沒有說過一句硬話，沒有幹過一件軟事。這個評價非常中肯。當我聽到這個評語的時候，我很感動，久久不能平靜。我想，人活一輩子，得到這麼一個評價，對於一個真正的士人來說，也就足矣了。不過我一向對他的評價卻較為具體，我認為他的知識非常淵博，談吐非常風趣，而且他的文章更是流暢優美……在當時，無人可比。他對我說：「孔子曰，不能說。」意思是孔子是曰，不能說孔子說。閒談中他常常引用這句話，我感到好笑，又覺得意蘊深沉。中國語言文字之豐富優美，不在其邏輯性如何，而在其蘊藉。話到其間，一笑了之。

袁毓明一九六二年在《火花》上發表了一篇文章，《洪洞風土志》。我看了覺得非常好，就打聽作者其人。後來在文革中認識了他。一旦結識就常常見面，常常敘談，非常投契。袁毓明是個老黨員，卻不帶一點布爾什維克氣。他原是《大公報》的主編，因為對陸某有意見，陸某趁反右之極，打擊報復，給他戴了個右派帽子。他不是老左，但也不右，只是一個誠篤君子而已，是個標準的士君子。當然，戴了右派帽子以後，他確實有點右了。然而他依然是一個誠篤君子。一位真正的士君子。我是一向右傾，所以我們頗有共同語言。我贊同成湯綱祝的思想。說來可歎，我國古代思想如此豐富，而現代知識分子卻把古代看成一片荒蕪。

說到陸某，他說，我只是對他的工作作風有意見。我以為，工作作風，方式方法，實際上也不是個人的事情。黨風以及社會風氣，決定了這一切。在五十年代，陸某在《人民日報》頭版，發了署名文章《保衛列寧主義》。當時我就覺得，列寧的文章沒有一篇是用中文寫的，我們的圖書館和檔案館中，沒有一篇列寧的手稿，我們怎麼保衛他的主義？這要鬧笑話呢！袁毓明到這時候就說：「孔子曰，不能說。」

袁毓明被打成右派，下放山西，後來摘了帽子，安排省文聯副秘書長。摘帽右派，不是右派，還是右派，只是摘帽右派。他的日子也不好過。我藏有一些破爛書籍，例如在舊書攤上買的叢書集成的零本。袁毓明經常借去看。然後我們就高談闊論起來。

有一次談到朱熹，解放後沿襲清末民初的餘風，把宋明理學說的一錢不值，尤其把古人分成唯心和唯物，殊屬無謂。袁毓明便說：「孔子曰，不能說。」

叢書集成裡面有一個小薄本的《朱子語類輯要》，他看了說好。我對他說，我所看重此書，只有一點，就是朱熹在談到秦始皇時說，雖然秦始皇很壞，可是自茲以後誰也不肯放棄皇帝的稱號。他點出了中國歷史的一個要害問題。袁毓明對我說：「你是個有思想的人。」當時一般人的口頭禪，胸懷祖國，放眼世界。他補充說：「你是心懷現實，放眼歷史。不過，有些事，孔子曰，不能說。」我們相視一笑。他喜歡這麼說，不過我也學著這麼說，不過，仔細想來這確實是中國問題的癥結，使中國歷史淪入了一個不能自拔的大泥坑。他說，孔子曰，難矣哉。當然，許多時候說著說著就說到偉大領袖名下了，袁毓明也以一句話了之：「孔子曰，不能說。」我也就付以哈哈一笑。同他閒談，有一種樂趣。這種樂趣是什麼，我說不清，我只知道，它令人久久不能忘懷。

中國革命之所以成功，就因為廣大的有覺悟的知識分子們，也就是舊社會中遺留下來的士君子們參加了革命，才使革命走上勝利的道路。湯因比總是念念不忘「無產者。」彷彿歷史上一切偉大的運動、重大的轉折，都是「無產者」們造成的。他受十九世紀末和二十世紀初的所謂思潮的影響過深，使他不能客觀的對待歷史，尤其不能看清中國的古代史。不能看清中國的古代史，也就不能看清中國的現代史。這是緊密相連的事情。只有中國擁有士人這個階級，西方是沒有的。士人這個群體，不僅是中國文化的載體，而且他們就是中國古代文明的創造者。袁毓明沒有留下什麼文集或選集，我覺得很惋惜。後來我想其實用不著。太上立德，其次立功，其次立言。伯夷、叔齊、顏回、原憲有什麼文集和選集呢？

立德也就是立人。做一個真正的士人，一個真正的有覺悟的士君子，這就是一切。我又想，那些出了好幾卷文集和選集的人又怎麼樣？他們敢說，一輩子沒說過一句硬話（這倒也不難），一輩子沒幹過一件軟事嗎？（這太難了）然而我又想，當初知識分子踴躍參加革命，不是為了什麼人或什麼階級的專政，而是為了建立「自由、民主、獨立、富強」的新中國。結果是事與願違，墮入魔障，袁毓明長歎一聲，說：「孔子曰，不能說。」

他發病是因為來看我，累著了。李東為同志同他說，去看看林鵬吧，他說，走。李東為身體好，走得快。到我家，我不在，鎖著門。兩人緊接著往回走，這一下累著了。當天夜裡犯了冠心病。那時候正是曾山、陳正人剛剛去世不久的時候，他們都是犯了冠心病去世的。周總理指示，加緊對冠心病的防治進行研究。我問醫生，這種病就沒有特效病嗎？他說，有，蘇合香丸。人們急忙去找這種藥，省城居然沒有。當時省藥材公司的經理是我的朋友，我請他想辦法。他立刻派人坐飛機去上海買到了這種藥。等藥送來，袁毓明已經去世了。

袁毓明去世了。我非常難過。一則我失去了一位最好的談友，一位同志，一位老師。再則，好人總是不能長壽，這是我最感到悲憤的事情。

那一年，那一天

一九七六年是一個在中國歷史上具有重大歷史意義的重要年份。

這一年九月九日，我記得很清楚，上午九點多，來了兩個老戰友。他們都是曾在山西支左的解放軍，這時已經撤出支左。一個姓韓，一個姓畢。姓畢的支左時任山西省公安局副局長。他們來我家，是有點什麼鳥事情同我商量。正面談間，另一個解放軍同志，也曾任省公安局副局長的劉旭進來，高舉雙手，萬分激動的樣子，大喊道：「特大好消息呀！老傢伙死啦！」他接著就喊我的夫人：「忠葆，拿酒來，咱們慶祝吧！」

我一向認為，一九七六年是一部天然的長篇小說，一部天然的史詩。從上一年說起吧，一九七五年河南發大水，死人無算……十一月謝富治死，十二月康生死……一般老百姓不知為什麼，有一種說不出的愜意。緊接著，突然一九七六年一月八日，周恩來總理去世，全國人民痛哭失聲，如喪考妣，眼淚流成了河。北京的人民群眾自發地戴著白花，舉著花圈，到天安門廣場的英雄紀念碑前，沉痛悼念周總理。一七，二七，三七，中國人的老習慣，按七祭祀。到了清明節，四月五日，天安門廣場，人山人海，熱鬧非凡，發表演說的，朗誦詩歌的，最後來了一次棍棒鎮壓，大打出手，死傷無數。這就是震驚世界的「四五事件」。李一夫對我說：「這個事件把老人家嚇壞了！」

到了五月間，朱德總司令去世，驚恐萬狀的黨中央，發了一個四家聯合（中共中央、中央軍委、中央文革、國務院）的紅頭文件。明令全國對朱德的死，不准集會，不准遊行，不准設靈堂，不准戴白花等等。

他們不知道，原華北野戰軍的指戰員們對朱老總有特殊的感情。一九四六年，晉察冀一直光打敗仗，到年底丟了張家口。一九四七年春，朱老總到了晉察冀，批評了晉察冀，他親自參與指揮。這一年晉察冀光打勝仗，到年底解放了石家莊。一九四八年春，報紙上登出來，朱老總在山東省開班長會議，講解怎樣當班長……人們知道朱老總到華東去了，於是我們就開始打被動仗。說起來是「萬里征戰長城線」，其實都是跑冤枉路。一年之間十八次急行軍，跑了一萬三千里圍著北平轉圈兒。到年底，四野進關，才打了一個漂亮仗，在新保安消滅了三十五軍。所以原華北野戰軍的人們，看到那個四家聯合的紅頭文件，無不憤恨之極，他們喊著：「等老傢伙死了，咱們喝酒慶祝！」

這個時間，傳說新的省委領導說了，不准林鵬做人事工作，任命我為山西省輕工業廳新成立的科技處當副處長。當然我只得到任，我沒有理由不到任，不然的話我沒有個吃飯處。

這年六月初，我帶領十幾個工程師，去北京參觀全國輕工業自動化展覽，展覽會在北京展覽館舉行。參觀了三天，工程師們就回了太原，我一個人留下來，想借此機會看望一下老首長和老戰友們。我轉遊了幾天，瞭解了如下一些情況：首先是請了一個奧地利的醫療專家小組來北京，卻不准見病人，只給所需的影像資料。這肯定是給毛主席看病。我問這位老首長，這個專家小組是什麼專業，說是腦外科。其次，另一位老首長說，從全國選拔了十名專家，進中南海給毛主席看病。我問都是什麼專業，說都是心血管專家。我知道了，腦出了問題，心也出了問題。這都是絕密，不到十分嚴重是絕不肯暴露的。後來又一位老戰友神秘兮兮地告訴我，老人家長了褥瘡，兩塊，有小孩拳頭大。說完他無可奈何地哀歎道：「我們中國人，到了現在是什麼辦法都沒有了，只好依靠自然規律了！」他的意思是只好依靠自然死亡來更新換代了。

我從他家裡出來，就進了我一個親戚家。他是我夫人的表叔，姓魏，是一個非常有名的老中醫。閒談中我說，一個老人病體沉重，又生了褥瘡。他問誰的老人，你的老人？我說是。他問多大年紀，我說八十多了。他又問褥瘡多大，我用手比畫了一下，說兩處。他說：「趕快準備後事吧，不出三個月。」

我的老首長們和老戰友們，各人都瞭解一點點情況，也就是一點點而已，我予以綜合。他們都是瞎子摸象，我卻看到了全體。我回到太原，王運良問我，老人家身體如何？我說，不出三個月。王運良非常驚歎我的口氣之肯定，後來不幸而言中。九月九日，毛就與世長辭了。王運良曾多次對人說：「你說林鵬是怎麼知道的。」

緊接著，七月二十八日唐山大地震，數十萬人頃刻之間死於非命，當時餘震不斷，北京天津之外，就連太原，人們也在院子裡搭起了防震棚，晚上在院子裡睡。

當劉旭喊叫「拿酒來」以後，不一會兒，我夫人就真的把酒菜擺上了。這時，畢俊林說：「林鵬是地方幹部，這又是一個大雜院，什麼觀點的都有。咱們在這裡喝酒，對林鵬有影響。」劉旭說：「對，換個地方，到李政委家去！」軍區政委李西恒住地離我家不遠，於是一行人就到了李西恒家，說明來意之後，李政委說：「你們來的正好，昨天我燉了一隻雞，我一筷子也沒動。」接著招呼他夫人，「老齊，端上來吧。」

當人們端起酒杯的時候，說什麼的都有，「他媽的，我們總算熬到這一天了！」「老王八旦終於……」言辭頗不雅訓。李政委說：「林鵬，你說兩句。」我知道這是一個歷史的關鍵時刻，面對著一個重大的歷史事件，我不敢推辭，不過這種情緒，這種場合，過於嚴肅是不合適的，我說：「李政委，像毛這樣的人，太偉大了，太非同凡響了，歷史上從來沒有過，今後也不會有了。毛的功業是空前絕後的，古今中外無人可比。只是有一樣兒，他不會死。他要是死在五十年代，他就是中國的列寧；要是死在六十年代，他就是中國的史達林；他拖到了七十年代才死，有個現成的名號，現代秦始皇。」李政委急忙說：「同意，同意，非常同意。」別人也一致附合著。這就是一九七六年九月九日，吃中午飯時的一番談話。

因為人們非常同意我的話，所以傳的很廣。後來開始追查，就有人揭發，說是我說的。為此給我辦了隔離審查的所謂「學習班」。機關騰出了一間房子，派了兩個工人日夜看守，長達兩年之久。我反覆回想，當時在座的人，絕不會揭發我，我就狠狠頂住。退一步說，就是當時在座的某一位，揭發了我，我也得頂住，腦袋不能白丟。後來才知道（輕工業廳的朋友私下告訴我的），揭發人根本不認識我，他又不肯說出從哪兒聽到的，最後無可奈何，只好作罷。

十年後的某一天，在北京的李西恒家，也是飯桌前，我向李政委說了這件事，以及我為此被清查兩年的種種情形，李政委說：「我那時候同意，我現在還同意。」後來在唐德剛的書裡寫著差不多同樣地話，只是沒有「現代秦始皇」的字樣。由此可見，人同此心，心同此理，不得了也，可不慎諸。

中國人長時間搞派性鬥爭，搞昏了頭，習慣成自然，除了派性什麼也不會搞了。我準知道，中央打倒什麼人，下邊必然要開展運動，窮追猛打一大片，這是毋庸置疑的。毛九月九日去世，十月七日就抓了「四人幫」。全國人民一片歡騰，大街上慶祝遊行的鑼鼓聲響成一片的時候，我卻自己抄我自己的家，片紙隻字不留，該燒的立即燒掉。太原市的慶祝遊行共舉行了三次，說沒有彩車不行，後來又說沒有華主席像不行，中央台不予報導，只好一次再次的重來。我也就趁此機會，抄我自己的家，抄了三次。把不忍燒掉的筆記、文稿等包了兩個包袱，一個藏在老戰友畢俊林家，一個藏在好朋友田際康家，半夜送去，無人知曉。三中全會以後才取回來。

結果不出我所料，十一月開始清查四人幫，英明領袖華主席說：「要打一場人民戰爭！」心裡沒主意的人，見勢頭不對，就急忙檢討，想表現好一些。這些寫了檢討的人，無一例外都被抓進監獄了。十一月二十三日的半夜零時，統一行動，僅省委組織部從副部長到處長共抓了四人。當時可以說是一片白色恐怖。那幾天我一直等著來抓我，沒有來。我夫人對我說：「你完全是神經過敏，他們憑什麼抓你？」我說：「就憑派性。」

後來有一天，省輕工業廳的一把手楊達，在大會上宣佈：「林鵬是清查對象。」同時有朋友悄悄地告訴我：「給你定了二類。」（一類是死黨，二類是骨幹，三類是嚴重錯誤，四類是一般錯誤）我說：「好吧。」不過這已是後話，已經出了一九七六年，是一九七七年的事了，表過不提。

我的罪孽

（原名：苦菜窪）

苦菜窪在少陽山深處，是個極小的山莊。風景倒是很好，有山有水，懸崖峭壁，山高林茂，令人陶醉。

梁誠的孫子們上中學的時候，他的女兒、女婿勸他出去旅遊一回，說是不到城市去，城市不禁看，都是一個樣子，車如流水，人如潮湧……沒意思。這回到一個山溝溝裡看去，那裡有個狐仙洞，說是挺靈驗的。咱們不討藥，看看山景，散散心……梁誠老了，不想動，既然這麼說，也就同意了。這一去出乎意料，勾起他許多往事……梁誠真是老了，傷心落淚，偶感風寒，回來就病倒了。

梁誠的父親梁頓，有個遠親至交叫譚默堂，論著是表兄弟。譚默堂有個妹妹叫譚桂花，是個女丈夫，人稱大腳婆娘譚桂花。這桂花姑娘在娘家的時候，老老實實，靦靦腆腆，文靜的很。嫁給姚屯的姚永善家做兒媳婦，不到十年，公婆去世，丈夫也一命嗚呼，膝下有一兒，名叫姚剛，還年幼，不到十歲，譚桂花就支撐起姚家的門戶。她只怕有人會欺侮她兒子。她不是男子漢，一下子變成了一個男子漢。說起話來高聲大氣，走起路來足下生風。家裡家外她一個人擔當起來。她下地幹活，耕耬鋤耪，樣樣精通。農忙時她跟人變工，她做一雙鞋，換人家十個工（管飯）。沒明沒夜硬挺著，讓兒子念完中學。這姚剛念完中學就跑了，說是參加了革命。

譚桂花一點都是不著急。心想：「同這王八崽子，我早就防著他這一手呢！前年我硬捺著他頭皮，結了婚。這如花似玉的小媳婦就在我家。那王八羔子再沒良心，忘了他老娘，也忘不了這小媳婦。」她看一眼兒媳婦，心想：「這是我的拴驢的橛子。」

譚桂花丈夫的姐姐，她的大姑子，嫁到袁莊，不幸夫妻早亡，留下一個兒子，在村裡受當家子們的欺侮，聽說是為了房產打起架來了。譚桂花聽說立刻動身，她左手提個火繩，右手拿個鐮刀，三十里路，連夜趕到袁莊。袁莊的當家子們聽說舅舅家來人了，有人喊道，舅舅家沒人了，又有人喊著，不，有人，大腳婆娘譚桂花來了。十來個當家子，一聽說譚桂花來了就跑了一半。還剩下三五個人不服譚桂花，有一個楞小子上來推搡譚桂花，譚桂花一拳打在他鼻樑上，先來個滿面開花，緊跟著下邊飛起一腳，踢中那人的蛋根。那人滾在地上，直著嗓子媽呀媽呀的叫……然後譚桂花三言兩語，說的當家子們啞口無言。人們後來說：「譚桂花一拳一腳擺平了袁家莊。」

一九三七年七月七日蘆溝橋事變以後，大軍南撤，人心惶惶。一天，譚桂花騎個小毛驢，得得得的，來到了梁莊梁頓的家。這是熟路，毛驢一直走到梁家屋門台階前才停住。屋裡屋外梁家的人喊著：「桂花表姑來了！」全家都迎出屋門來。這時候只見譚桂花翻身下驢，對著她表兄表嫂一抱拳，「大表兄大表嫂，一向可好！」人們哈哈大笑著。梁頓老伴兒說：「認識你的知道你是譚桂花，不認識的準當你是能仁寺的十三妹。」譚桂花笑道：「大表嫂你就說吧，你一說，我這二百五勁兒就上來了。」梁頓老伴兒說：「你就是沾了腳大的光了。」譚桂花說：「少說便宜話兒吧，走起路來，人前眼下，兩隻大腳一伸一伸的，你們不知道那個寒磣勁兒。」

梁頓連聲說著：「大妹子，屋裡坐。」進了屋，問寒問暖，寒暄一陣。梁頓老伴兒和梁誠媳婦忙著去準備飯食。這時譚桂花對梁頓說：「大表兄，今天來電有要事相商。」梁頓以為出了什麼事兒，忙問：「什麼事兒？」譚桂花說：「大事兒。」「大事兒？什麼大事兒？」譚桂花說：「就問大表兄一句話，你說國民黨、共產黨，哪裡個好，哪個賴？」梁頓哈哈一笑，「好大的題目呀！還沒有人給我出過這麼大的題目。」譚桂花說：「你大妹子給你出下了這個題目，你得給我一句明白話兒。」

梁頓袖著手，縐著眉，說：「大妹子，你這題目出的好，好，要緊題目。大妹子，你坐好，聽我慢慢道來。」梁頓深思片刻說道：「國民黨共產黨，國共兩黨鬥過來，鬥過去，鬥了十幾二十年了，各有長短，不分勝負。眼前中國人的最大的事兒就是抗日。日本鬼子太壞了！

侵略中國，從東北打到華北，一直往南打……國民黨不抵抗，南京都淪陷了，堂堂的國民政府還不對日宣戰。這太不對了。八路軍共產黨縱然有多少壞處，他堅決抗日。當此民族存亡，生死關頭，誰抗日，我擁護誰，誰抗日，我就說誰好。」

「好！」譚桂花一拍膝蓋喊道：「大妹子聽明白啦！今天就要你這一句話。你是大妹子的主心骨，你是大妹子的定盤星。聽說你那大表侄，我那小王八崽子姚剛子，也是偷跑去抗日去了。我贊成。再告你一件小事兒。八路軍來了，村裡實行民主選舉，選了你大妹子一個抗日村長，你說這抗日村長當不當？」梁頓說：「當然！」譚桂花說：「就等你一句話，你說當，咱就當！」

這是一次具有特別重要的歷史意義的會談。從梁莊回來，譚桂花就欣然地答應了村民的要求，當了這個抗日村長。不久，八路軍在馮家莊子打了一仗，消滅日本鬼子一百多人。村裡派出擔架隊，去抬傷員。譚桂花親自帶隊上了前線。她親自抬擔架，爬山過嶺，頂一個小夥子。攝影記者給她拍了照，照片登在邊區的畫報上。後來一個木刻家，刻了她的抬擔架的形象，也登在報上。還有一個作家，編了一齣小戲，非常生動，四處演出。這一下，譚桂花出了名，受到軍區的表彰，送她的光榮稱號是「模範抗日女村長」。她的英名遠揚，邊區無人不知，無人不曉。她參加了邊區勞模大會，回來時騎著高頭大馬，胸前戴著大紅花。

她兒子姚剛入伍後，當班長，當副連長，當管理員，不幾年當了第六支隊的後勤處長。他經常回家看望母親，看望妻子。他妻子也很爭氣，給譚桂花生了一個白白胖胖的小孫子，起名叫姚小剛。譚桂花樂的成天合不上嘴。她對兒媳婦說：「你白天勞累一天……夜裡睡的實……萬一把你的胳膊壓在我的孫子身上，壓死他可怎麼辦？」兒媳婦笑著說：「不至於吧。」「推至於吧！把他給我，讓孫子跟我睡。」兒媳婦笑一笑，也就答應了。擦屎擦尿都是譚桂花，她高興。

那一年，譚桂花四十五歲。抗日村長已經當了三年。說什麼也不幹了。她是說不幹就不幹了。村裡有了共產黨的支部，讓她入黨，她不入。現在她答應入黨，只當「婦救會」（婦女抗日救國聯合會）的主任，別的不當了。決心在家抱孫子。村裡選擇了一個青年黨員當村長。但是，邊區要開勞模大會，還是讓譚桂花去，她是著名的老勞模。

梁誠在邊區革命中學當教員的時候，革命中學的駐地距離姚屯只有三、五里路。梁誠比姚剛大幾歲，一方面是遠親至交，另一方面又是城裡一個中學前後腳出來的，可以說是老同學。以前梁誠穿著軍裝，在政治部工作的時候，也經常見到姚剛，也算老戰友。有這幾層關係，每次聽說姚剛回家，他就跑去看姚剛。一會兒叫老同學，一會兒叫老戰友，一會兒叫大表弟。梁誠去了就要抱抱姚小剛，著實喜歡。他抱著姚小剛對譚桂花說：「大表姑，你這孫子真好，你看你那表侄媳婦……」譚桂花插嘴說道：「你媳婦怎麼啦，好媳婦，心靈手巧，識文斷字，長的又著實好人兒喲！」梁誠說：「就是不會生。我想要一個兒子，可哥的生了個閨女。」譚桂花大嚷大叫的說：「能生閨女，就能生兒子。這跟種地一樣，你下什麼籽種，就長什麼莊稼。」說的大家哈哈大笑。梁誠對姚剛說：「咱倆做個親家吧。你有兒子，我有閨女，這不挺好的一對嗎。」姚剛一拍手說：「好！這這麼定啦！」他大喊著，「娘！給我們炒個菜！我們要喝定親酒啦。」又對梁誠說：「棗兒酒，好酒！」譚桂花一邊忙著，問了梁誠女兒的屬相，連聲說好，「好，好，今天是個大喜的日子。」

姚剛為人木訥，不善言談，也不愛說話。人家說他一轆軸壓不出個屁來。可今天三杯下肚，耳熱嗚嗚，他說：「梁誠，聽說介紹你入黨，你硬是不入？有這事嗎？」梁誠放下筷子，鄭重其事地傻笑一陣，說：「你聽誰說的？是金昌嗎？不是金昌就是崔光門。跑不了他們倆人。」姚剛說：「你刨根問底幹嗎？甭管誰說的，有這事沒有？」梁誠又傻笑一陣，然後慢慢說：「有是有，不過，不是我不想入黨，是我不夠條件。」姚剛說：「什麼條件？」梁誠說：「史達林說，布林塞維克是稅後特殊材料製成的。你看我像個特殊材料嗎？」他又繼續傻笑著。沉默了一陣，姚剛說：「你也甭說什麼特殊材料，你的文化高，讀的書多，比我們知道的多。我估計，你還是老腦筋。」梁誠點點頭，也就是承認了。「老腦筋」當什麼講，就是政治落後的意思。一般人是不肯承認這個的，他居然承認了，別人還有什麼說的。

戰爭年代，朋友們見一面是很難的，見了面就非常愉快，令人難忘。後來的仗是越打越大，軍隊是越走越遠。革命形勢是越來越好，我們的革命熱情是十分高漲，戰爭情況則是艱苦異常。見不著面就寫信，常常是前三個月去的信，後三個月才收到回信，這就覺得非常滿意，簡直是欣喜若狂了。

忽然梁誠收到姚剛一封信，上寫著「親家」二字，說：「孩子們一天天長大了，婚姻大事，不可馬虎。但不知您和大表嫂商量過沒有？」梁誠看罷傻笑一陣，他還沒有跟他老伴兒商量過。轉念一想，現在商量也不遲。老伴兒一聽，笑了。她說：「好是好。就是這新社會不興家庭主婚了。父母提個建議還可以，不敢決定，也無權決定。看孩子們大了，他們認識了，他們自己做主。只能是這麼告訴剛子。」梁誠認為他老伴兒說的這話是通情達理，四四方方，他完全同意。於是，他寫了一封回信，說：「早就商量過了，完全同意……」等等。這封費盡周折，到了朝鮮前線，才到姚剛手中，姚剛立即寫了回信，信上說：「大表嫂早已同意，我實在高興。」下邊就說到朝鮮前線的戰事。「我們打過臨津江，打過了漢潭江，拿下了議政府，一直打到漢江邊上。忽然美軍增加了二十個師（就是這麼傳達的），我們頂不住了，就往後退，傷亡慘重，一言難盡。怪了，這二十個師難道是從天上掉下來的嗎？打的這叫什麼仗……」

這是一封非常珍貴的信，梁誠一直保存著。這封信的珍貴，還在於這是姚剛的最後一封信。此後再也沒有接到過他的任何信件，也打聽不到任何資訊。第二年，「三反」運動（反貪污、反對浪費、反對官僚主義），搞的梁誠焦頭爛額，他從來不沾錢財的邊兒，硬讓他檢討貪污，檢舉揭發以及他的交代，總共是十二張稿紙和兩個筆記本。這點貪污夠嚴重的了，加上態度不好，只是傻笑，軟磨硬泡，避重就輕，嘻嘻哈哈，抗拒運動。支部建議判刑三年，後來縣委批下來，從輕發落，改為行政降三級。原來他是十四級，現在降為十七級。縣委一個十八級的副書記跟梁誠談話說：「十七級也夠高的啦！」

第二年朝鮮和談，七月簽字，年底姚剛這個部隊回國。第二年春天，姚剛的媳婦，懷裡抱著四五歲的小強，手裡拉著十四五歲的小剛，來到部隊看望她的丈夫。這才知道，姚剛犧牲了。

姚剛媳婦性情溫和。好像她早就知道會有這個下場一樣。她不哭不鬧，默默地承受著這一切。她婆婆可支撐不住。堂堂的譚桂花，當年的英雄，不敢當著媳婦的面哭兒子，幾次跑到山后去，跪在地上，瘋了一樣大聲喊叫著：「老天爺喲！你對的起我嗎！我譚桂花，一輩子要強好勝，一輩子剛強，一輩子苦巴苦業。我祖上也沒有做過缺德事情啊……你讓我早年喪父，中年喪偶，晚年喪子……我怎麼這麼命苦啊！我的狠心的老天爺喲！」她的高亢的淒厲的哭喊，震撼著山野，以至放羊的打柴的無不為之掩泣。

姚剛媳婦支持不住了，第二年去世。臨死前，她對婆婆說：「娘，對不住你呀，把兩個孩子留給你了。」

柔弱的倒下了，留下剛強的挺立著。譚桂花真不愧是譚桂花，她晚年，一如既往，剛強無比。她像一棵長在懸崖上的松柏，老樹椏杈，在寒風中堅持著。村裡人們到這時候，才真正佩服了。年輕的人們叫她「桂花奶奶」。村裡的大事小事，「桂花奶奶」說了算。村裡的人們守舊，或者說念舊。他們念念不忘抗日的英雄，念念不忘抗日的模範女村長。

然而，說來可憐，真正關心譚桂花的卻是一個右派分子梁誠。梁誠幾次到姚屯去看望大表姑和她的孫子姚小剛，她的孫女姚小強。在他被打成右派的前一年，他去市委見了市委書記處書記金昌。說起姚剛，又談起譚桂花，梁誠說：「姚剛有個兒子，姚小剛，十九歲了。你給想個辦法，安排個工作吧。他爸爸是烈士，他奶奶是咱們的抗日女村長，老勞模了。」金昌說：「知道，你讓他來吧。」梁誠急忙把情況告訴譚桂花。不幾天，譚桂花就把孫女姚小強交給叔叔、伯伯、嬸子、大娘們照看，自己領上孫子進了城，來見金昌書記。一見之下，金昌熱情招待，問小剛：「幾歲了？」「十九。」「上過什麼學？」「高中二年。」金昌說：「算啦，這學咱不上了，到實踐中學習吧。」

當天，姚小剛把奶奶送回姚屯，第二天就返回城裡，從人事局領一封介紹信，到商業局的一個辦公室裡上了班。

一個年輕人的新生活就這麼開始了。這說來也很簡單，其實也不尋常。祖一輩父一輩的「包袱」，他都扛著。脆弱的身心支撐著一切。從大山裡走出來，進了繁華的都市，他自然有許多的憧憬，有許多的幻想……他和他父親一樣，不善言談，卻有許多幼稚的看法。這事情追究起來，到底應該怨誰？若按理說，那就怨馬克思和列寧。姚小剛是個愛好文學的青年。在文學方面，馬克思吹捧巴爾扎克，列寧吹捧托爾斯泰。由這巴、托兩位入手，這就進入了繁華似錦的十九世紀的法國文學和俄國文學。

姚小剛上中學時就拚了命的跑圖書館，上了班以後的業餘時間，依然是手不釋卷。這本身就是麻煩事。不要說商業局裡沒有手不釋卷的人，就是文化局裡，也是極少見的。鶴立立在雞群裡，鶴不覺得，雞群們氣壞了。再加上一些完全不合時宜的東西，比如自由、平等、民主、博愛，人道主義、英雄主義等等……一個烈士的子弟，起初受人愛護，後來受人鄙視。這就一言難盡了。

有些事情，醒來是雞毛蒜皮，稀鬆平常。別人看來，熟視無睹，不當回事。在一個青年人看來就非常敏感，非常刺眼。比如說等級森嚴這一點。處長坐的是皮轉椅，科長坐的是彈簧椅，大幹事坐的是有靠背的硬板椅子，小幹事坐的就是小木凳了。任何社會裡都有上下之等，尊卑之分，只是沒有這麼森嚴，這麼可惡罷了。再有，如下級見了上級，那種畢恭畢敬的樣子……就是副職見了正職，簡直像老鼠見了貓一樣，張口結舌，腿都直打哆嗦。這一切，姚小剛看在眼裡，痛在心中。起初是不以為然，後來就有一種說不出的憤怒。

在姚小剛看了斯文湯達爾的《紅與黑》以後，就像火上澆油一樣的，這時候，他認識了一個人。就說《紅與黑》，姚小剛根本就沒有看懂。其實中國人有幾個能看懂的。只是蘇聯的文藝批評家們瞎吹一氣，中國的文藝批評家們就像應聲蟲一樣，鸚鵡學舌，跟著起哄。其實誰也不是真正的懂得斯湯達爾。然而，姚小剛認識的這個人，卻比斯湯達爾重要的多了。他突然對姚小剛說：「同志，你的長相，模樣兒，說話的聲調，口音，很像我們的老部長。」姚小剛忙問道：「你們的老部長叫什麼？」那人說：「叫姚剛。」小剛問：「是××部隊的的後勤部長嗎？」那人說：「是。」姚小剛興奮起來，喊道：「那是我爸爸。我叫姚小剛。」

突然之間，那人不說話了，接著就落下淚來。他慢慢地說道：「老部長死的慘哪！」姚小剛抓住那人的胳膊，問道：「他不是死在戰場上嗎？」那人說：「不，死在三反運動中。」當天晚上，姚小剛到了這人的家中。他聽到下面的一番談話：

「一九四九正月，北京和平解放以後，我就跟著姚部長當警衛。我叫張三成。姚部長為人寬厚，生活簡樸。他的下級，幹部戰士，無論有什麼缺點錯誤，他從來不著急，不生氣，從來不罵人。朝鮮冷，他給師首長每人買了一件狐皮大衣，連副參謀長，副主任都有，他不要。他穿的是發下來的老羊皮襖。三反運動開始了，說他有貪污，說他是大老虎（貪污犯叫老虎），他笑一笑不吭氣。後來檢舉揭發。雪片飛來。老部長聽說了，還是不著急，不說話，笑一笑完事。後來說他貪污了幾百億、幾千億，報告打上去，算是戰果累累。聽說毛主席批下來了，『見了大老虎，要像武松一樣，堅決打，決不心慈手軟！』大意如此。誰知道是不是毛主席批的，更不知道是不是說的老部長。打虎隊組織起來，都是真正的打手。既然有了毛主席的批示，這還有什麼說的，打吧！各種各樣的嚴刑拷打，打的老部長皮開肉綻。老部長還是不吭氣。後來打的實在禁不住了，老部長大喊著：『你們說有毛主席的批示，拿來我看！我看毛主席不會這麼昧良心！』於是乎說他謾罵毛主席，不叫他大老虎，叫他是反革命。白天打一天，晚上打宵。老部長不住的罵，罵呀，罵呀。

我是老部長的警衛，我每天三頓給他送飯。他們把他吊在房樑上，開始送了飯來，還解下來，讓他吃飯。後來就不讓解了。他反剪雙手吊著，我沒辦法，只好一口一口餵他，我哭了。打虎隊的人們說我同情反革命，我不服。他們就打我。穿著捷克皮鞋，踢我的腿樑子。打我耳光，左右開弓，打的我鼻子嘴裡血流滿面。他們的個子小，力氣也不如我大。要真打架，我一個能打他們三個。可是我不敢，我只是哭。我既然打也挨了，我就說，老部長沒有貪污，就是有貪污也不可能有幾千億。你們動手打人是不對的，誰給你們的權力？他們的齊聲說喊道，毛主席給我們的權力！我說不過他們。不過，我堅持送飯，後來不讓我送飯了。說我的工作調動了，不准我進那個院。我的工作當時是警衛排長。三反運動前已經跟我談了話，說調我去當連長。我在運動中是這個表現，看來我的連長是當不上了。不讓我送飯，後來是誰送飯，是不是送飯，我就不知道了。我住的房子距離打虎隊的院子不遠。老部長的罵聲，在夜間我能聽見。隔了幾天，聽不見老部長的罵聲了。我想，壞了，老部長活不成了。我不顧阻攔，衝進去一看，老部長早死了。身體都涼了，硬了。棉襖上的白蝨子直往下滾。我哭了。打虎隊的人們也不吭氣了。老部長是我親手掩埋的，就用他的老羊皮襖裡著……」說到這裡，張三成泣不成聲，姚小剛也成了一個淚人。

「我的連長自然是當不成了。因為運動中敵我不分，喪失立場，同打虎隊公然對抗，支部決定開除我的黨籍。回國後決定復員處理，又告訴不開除了，改為留黨察看。隔了幾天又告訴，改為警告處分。臨走時又告訴，警告處分也不給了，回鄉以後，好好幹，別背包袱。到了地方，還不錯，組織上照顧，分配在本市電廠當員警，經濟員警，屬廠保衛科管。保衛科長是個轉業的連長，對我還不錯。我去年結了婚，愛人是本廠的工人。今年她給我生了一個女兒。我很知足，我革命算到頭兒了……你要瞭解你父親的詳細情況，現在市機械安裝公司辦公室有個副主任，叫徐志清，他當時是我們的組織幹事。你可以去問問他，他瞭解的情況比我多。」

很快姚小剛就找到了這位徐主任。問他姚剛部長的情況。徐志清說話比較謹慎，斯斯文文，吞吞吐吐，說的比較簡略，不過情況同張三成說的完全一致，姚剛確實是三反運動中毆打致死……

一個年輕幼稚的小夥子，剛剛二十歲，還是個孩子，他怎麼能經得起如此嚴重的打擊。這就像晴天霹靂打在頭頂上。姚小剛倒下了，他只感到頭痛，偏頭痛。一檢查高血壓，高壓一百五，低壓一百。他周圍沒有親戚朋友，沒有說心裡話的地方。這種事，對誰說？能對誰說？敢對誰說？誰肯聽？他患了失眠症。三天、五天、十天半個月不睡覺，他的面色不對了。他進了醫院。醫院能治他的病嗎？白天愁眉苦臉，夜裡痛哭失聲，看上去簡直就是神經失常了。他想，這事能對奶奶說嗎？不敢哪，氣死老奶奶怎麼辦？還有誰，誰肯聽我說。他於是想到梁誠，表大伯，他是個好人。他現在是右派分子，是階級敵人……好人都被打倒了！白天，他看見一個人，就想，就不定他就是拷打我爸爸的打虎隊員吧！他看誰都是不順眼，進而對這個社會，對這個世道……感到說不出的憎恨……

一九五七年冬天，黨中央開過一個三中全會，決定幹部下放，上山下鄉，勞動鍛煉。說這是主要是針對「三門幹部」，即從家門進學校門，出學校門進機關門的幹部。說他們是四體不勤，五穀不分。其實下放的不僅是三門幹部，鬧的人們人人自危。姚小剛當然是三門幹部，加上他愛看書，這是最不可饒恕的缺點，而且很驕傲，並且思想情緒很不正常……下放名單中首先列上了他的大名。不久，「勞動光榮」、「下放光榮」、「爭取做一個馬克思說的全面發展的人」、「到最貧窮最艱苦的地方去鍛煉自己」、「造就一代毛澤東時代的新人」等等大標語貼滿了機關大院。姚小剛從醫院回來，一見這嶄新的新形勢嚇了一跳。他不知道這是要幹什麼，這是為什麼……什麼是「下放」？上放是什麼？為什麼下放？簡直不知如何是好。他還沒定下神兒來，領導就跟他談話，說已經決定了，你已經被光榮的批准了，第一批光榮下放……少陽山區。這次打擊十分嚴重。這就好像他已經被打倒了，又把他拉起來，再猛擊一拳，重新把他打倒在地一樣。他感到這就是他的命運，——時也運也命也！

到少陽山林區去的下放幹部很多，有好幾百人，編成若干小隊。姚小剛這個小隊共有三十三人，有商業局的，有財政局的，還有民政局的，多半是這些局下屬單位的幹部，都是年輕人，二十多歲。超過三十歲的人只有四人，一個是給他們派來的隊長，姓胡。一個也是派來的，是炊事員，姓劉。另外兩個三十多歲的幹部也值得提一下。他們兩位是財貿學校的教師，一個姓靳，一個姓馮，都是反右時犯有嚴重錯誤，險些劃為右派，定名為「中右」的。還有一點也應該提到，別的小隊裡都有女幹部，唯有這個小隊，一個女的沒有。人們當時就發現這一大特點，有人取笑道，咱們這是光棍隊呀！十幾個小隊，很快都各奔指定地點走了。最後才是姚小剛所在的這個小隊，有人喊道，光棍隊，苦菜窪。這個名字不招人喜歡，聽上去好像是一出苦不堪言的戲曲。

苦菜窪是一個只有五戶人家的小山莊，幾間小瓦房，還有就是小小的茅屋。總人口二十三人。這苦菜窪前面是小河，後面是高山，風景這邊獨好，就是窄得很，沒地方蓋房子。於是林區的幹部就在拐過山腳的一個地方，一指，就在那兒蓋房吧。那地方倒是寬敞，就是不向陽。下放幹部們就在指定地方忙碌起來。平整地基，運來石頭和木料，活泥，砌牆，編笆，上樑……不幾天十來間房子就蓋起來了。牆還濕著，人們就住了進去。這是真正的白手起家。年輕人們唱著歌，情緒高漲。

他們的工作就是伐木和運木。伐木有危險，起初有林區的工人指導，兩三個月後，就不用指導了。伐木雖然危險，只要注意就不要緊。運木可不是說著玩的。溝裡有個小河，潺潺流水，卻是不能運木料。山間有個崎嶇的小路，卻無法進車。又沒牲口，全靠人力。大木料四個人抬，抬一截就得歇一歇，喘喘氣。要運二里多路，才到了汽車可以走的地方。起初，人們鼓足幹勁力爭上游，唱著歌，互相打氣，互相比賽，比較細的木材，一人一根，跑步下山。後來不知為什麼，飲食不行了。四個人抬一根細的小木料都抬不動了。漸漸地沒有了歌聲，漸漸地有了怨言。

當時的下放幹部，各單位都比較重視。隔上幾個月，單位就派人支集中下放的地方慰問，問他們有什麼困難，有什麼要求。唯有苦菜窪這個小隊，沒有人來慰問。這是一個許多單位雜湊起來的下放小隊，一個單位只有一兩個人。單位只到比較集中的點兒上去慰問，卻忘了這個不集中的雜湊的小隊。他們就像被遺忘了的沒娘的孩子。人們不住的叫苦連天。這時候，姚小剛才發現，來苦菜窪的，商業局機關的只有他一個人。

姓胡的隊長，因為運木料時砸傷了腿，說是骨折，一直住在城裡的醫院裡。後來又聽說有了胃病，要做胃切除的手術，總之，回不來了。林區說派人來，一直沒派人來。後來就指定一個「中右」，姓靳的，當隊長。姓靳的堅決不幹。不僅如此，幾天後他就吐了血，說是肺結核，也回城住了醫院。後來讓那姓馮的「中右」當代理隊長。這姓馮的，不愛說話，卻愛罵人。他罵了一個民政廳下屬福利院的一具小幹事。這小幹事一氣之下，開小差不辭而別了，聽說是四川人，到哪兒去找他。

原說是下放一年，就回去工作。有的說，說過。有的說，沒明確說過……現在都一年半了，快兩年了，也不知道將來是回原單位，還是另行分配。說什麼的都有，也都是猜測。又聽說，××小隊的下放幹部已經回去一半多了，咱們這兒信也沒有。咱們是死人的襪子——脫不下來了。開始出現悲觀絕望的情緒。有個姓許的下放幹部，夜裡突然大哭起來，說這麼下去，不是累死，就是餓死……還不如早點死掉，一死了之，一了百了了。大家應該勸勸他，可是誰也沒勸，誰也不出幾句令人寬心的話來。靜靜的深山老林中的夜晚，風聲是如此可怖，水聲是如此淒涼……

姚小剛同別人不一樣。他幹完活就拿本書看。當時看的多是高爾基和魯迅的書。他說到有人說，死吧，死了乾淨。什麼回原單位，我那個原單位，就知道整人，欺侮人，回去幹什麼？姚小剛聽後，笑一笑。他覺得這些人沒出息。然而，想到父親的死，他的怨憤之情難以言表，他把自己的無名的怒火都記在他的日記中。記日記減輕了他的痛苦……

忽然，他接到妹妹姚小強一封信，說奶奶病了，想你，希望你請個假，回來看看奶奶，奶奶老了……她說的挺可憐。

說起大躍進來，那簡直就是瘋了。說什麼集體無意識……無意識也有意識，有意識也無意識。五十年代，有人說過：「美國被瘋狗咬了！」美國被瘋狗咬了是什麼樣兒，咱們沒見過，咱們只見過大躍進。當時的總路線是「鼓足幹勁，力爭上游，多快好省地建設社會主義！」後來是「跑步進入共產主義！」總路線，加上大躍進和人民公社，這就是「三面紅旗」，又叫做「三大萬歲」。這「三大萬歲」可把譚桂花折騰苦了。縣委號召老勞模們要保持晚節，要再立新功。要求譚桂花帶領農民上山去找礦石，盤起小高爐煉鋼。不久又讓她帶領「大兵團作戰」深翻土地，後來又讓她帶領民工去修水庫……稱她是「佘太君」百歲掛帥。小報上天天有「佘太君」的消息，叫做「榜樣的力量是無窮的」。姚屯的人們在水庫上幹活，男男女女很多，他們實在看不下去了。男人們不敢說什麼，女人們切切私語著：「快七十的人了！這麼折騰她，人她的老命呢！」

有一天，譚桂花從一個一人高的土坡上絆倒，滾下去。姚屯的幾個青年婦女衝上去，不容分說，抬上譚桂花離開了工地，她們綁了一副擔架，硬是從水庫上把她抬回了姚屯。縣委的領導同志趕到姚屯來看望「老勞模譚桂花同志」。婦女們私下罵著：「什麼慰問，是來看看老奶奶是真有病，還是假裝的。」其實是真病了。這個無比剛強的老人真的是病倒了。

那代理隊長的馮中右看了姚小強的來信，沒有說什麼，就准了姚小剛的假。說一周，最多十天，按時回來。姚小剛晝夜兼程，回到姚屯，看見奶奶骨瘦如柴躺在炕上，就哭了。從前奶奶送他上學，奶奶哭，他不哭。現在奶奶哭，他也哭。奶奶哭是想他，他哭是想起父親的死……

該出事兒的時候就出事兒，你越怕出事兒，它是非出事兒不可。苦菜窪下放小隊，那天吃兩頓，後半晌這一頓是紅面加白麵，做的湯麵。下午三點多就做好了。炊事員老劉把湯麵盛到兩個大盆裡晾著，自己裝袋菸在台階上抽菸。不到四點鐘，幹活的人們就下工了。下了工的人們就奔廚房。看見湯麵，一陣猛打猛衝……那姓許的，盛了一碗湯麵，坐在炊事員老劉身旁吃著，他說：「老劉，你怎麼不吃，一起吃吧。」老劉說：「你先吃，我不著急。」又笑著說一句：「你今天沒出工，吃飯倒挺積極。」忽然，他看見這姓許的，手裡的碗掉在地上，身子伏在台階上，不吭氣了。老劉上前扶他，見他已經死了，沒氣了。這時候，所有的人們都開始哭喊，簡直就是慘叫。苦菜窪莊子上的人們聽見喊叫，跑來看，橫躺豎臥，死了一院子人。他們跑到前村大隊部裡，打電話報告了上級。公安局立刻來了人。炊事員一見公安局的人，哭了，說：「不知道為什麼都死了，就剩下我一個。」他伸出雙手來，「逮捕我吧！」公安局的沒給他戴手銬，把他帶走了。

第一個報告寫的是「悲觀失望，集體自殺」。市委領導一見，大為惱火。現在形勢一片大好，怎麼能發生這種事情，這麼定性不行，再報。公安局的人對苦菜窪下放小隊的死者遺物進行了徹底清理，同時對剩下的食物起先了化驗。在食物裡發現了大量的砒霜。離此五里地的大隊部村上，有個供銷社。苦菜窪的下放幹部同這供銷社的人都很熟。下放幹部就是買盒煙，買盒火柴，以及日用品等等，都是來這個供銷社購買。這個供銷社裡買砒霜。公安局的人在供銷社調查，他們說前天有一個下放幹部買了半斤砒霜，說是藥老鼠。公安局的人問：「認識這個人嗎？」供銷社的人們說：「認識，他姓許。」再到姓許的衣袋裡一翻，衣袋裡還殘留著許多砒霜末子。於是定性為「反革命投毒案件」。市委的一個領導，在一次小會上說：「苦菜窪事件告訴我們，階級鬥爭的形勢是多麼嚴峻……」

在清理死者遺物的時候，公安局的人發現了姚小剛的三年來的幾個日記本和學習筆記本。當時他們的還不知道該人並沒有死，他們的認為該人思想極端反動，而且是令人髮指。後來才知道該人沒死，還活著。他們摘抄了姚小剛的日記，打印數份，分送，市委常委。這裡需要說明的是，一九五九年下半年，廬山會議過後，黨內批右，金昌被定為右傾機會主義分子。雖然他不認識彭德懷，卻有同彭德懷一樣的思想，因而受到嚴厲批判，停職檢查。所以對姚小剛的事情概不知情。市委常委們看到姚小剛的日記摘抄，剛剛反過右傾，誰敢右傾，全體都批了立刻逮捕，判刑。

「苦菜窪事件」發生前五天，姚小剛就回姚屯了。他回去給奶奶到食堂打飯，給奶奶去挖野菜做菜團子……幫助小強給奶奶洗頭、洗腳、擦身子……奶奶精神兒明顯的好轉了。但是一說走，奶奶就哭，奶奶哭，小剛也哭，一直走不了。後來他怕挨批評，對奶奶說，每週給奶奶寫封信，每三個月回來看一次奶奶，奶奶這才讓他走。

他是「苦菜窪事件」前五天離開的苦菜窪地，「苦菜窪事件」後半個月，他才回到苦菜窪。他什麼情況都是不知道。溝口上蹲著一個商業局的機關幹部。姚小剛走到他跟前，他慢慢站起來，說：「姚小剛，公安局來人了，說讓你去一下。」這時，從小樹薄子後面跳出五六個人，不由分說，就給他戴上了手銬。

審訊炊事員老劉，非常簡單，他說了那天姓許的沒出工，很可能是他幹的。事實證明是他幹的。真相大白，可以定案了。但是審訊姚小剛卻是越來越嚴肅，越來越複雜。開始是讓他承認是他投的毒藥，不承認就打，仍不承認，就轉而追查他的反動思想的根源。於是知道了姚剛慘死的情形。定姚小剛為「殺父之仇，殺子之仇……流沙河，草木篇……」所以對「殺父之仇」看得特別重，認為有殺父之仇的都應該徹底消滅。「苦菜窪事件」認真說來，同姚小剛沒有任何關係，但是審過來審過去，姚小剛成了主犯。他應該對苦菜窪下放小隊普遍存在的悲觀絕望負主要責任，彷彿是他散佈了這種有害的思想情緒。

在審訊中，姚小剛說了如下的話：「我父親的死，激起我無比的仇恨。我憎恨這個社會。我既不能打倒它，我又不願意與它和平共處，我只有一死了之。一死了之，一了百了這樣的話，苦菜窪的下放幹部都說過，我也說過。當時是有點偏激。現在我反覆考慮了，你們槍斃我吧，我不想活在這個世界上……」無論什麼事情，都是有原因的，就是偏激情緒，包括各種過激的言論，也都是有原因的。但是，人們不去注意原因，只是想辦法消滅結果。最後判決：炊事員老劉和反動學生姚小剛死刑，立即執行。

這事情過後好長時間，譚桂花以及姚屯的人們都是不知道。譚桂花的病好了，身體硬朗多了。想起孫子就罵：「這王八崽子，說七天一封信，三個月回來看一次，都是半年多了，快一年了，一封信也不來，不見影兒。」罵著罵著心就軟了，莫非是出了什麼事兒？肯定，肯定是出了事了。我的孫子很懂事，決不會這樣。她讓姚小強給哥哥寫信，寫了好幾封，有一封退回來了，上面批著「查無此人」。譚桂花急了，讓姚小強給商業局局長寫信，追問姚小剛出了什麼事……商業局請求市委，市委領導說，他們家有兩口人，兩代人被我們所殺，自然是個標準的反動家庭。這樣家庭的太太，自然是個兇惡的反動公子。不必憐惜，派人去當面告訴她。告訴她，只准老老實實，不准亂說亂動。於是商業局派出一個副科長同縣公安局的一個幹部，來到了姚屯。先同姚屯的村幹部談，村幹部們堅決反對這麼做。來人說，如果不告訴她，她要向毛主席寫信怎麼辦？村裡幹部說，如果告訴她，她肯定要向毛主席上書，那怎麼辦？來人說，我們不管，我們必須完成我們的任務，我們的任務就是當面告訴她。他們帶著村幹部，來到姚小剛的家，向譚桂花簡單的宣佈了姚小剛的死刑判決書，說完就急忙走掉了。

譚桂花站住，楞著，人走了才問姚小強：「怎麼，小剛死啦？」姚小強哭喊著：「我哥哥讓他們槍斃了！」譚桂花聽著，突然大喊道：「我的罪孽啊！」仰面朝天，直挺挺的，噗通一聲倒在了當地，她像一棵大樹，一棵空了心的大樹，轟然倒下來，它的巨大的響聲，使全村人大驚失色。

人們七手八腳的把老太太抬到炕上去。姚小強一直奶奶、奶奶地叫著。譚桂花睜開眼睛，已經不會說話了。天黑了，屋裡擠滿了人，院子裡黑壓壓站了一片。姚小強抱著奶奶的胳膊，哭著，喊著，叫著。天明，譚桂花斷了氣。

村裡人們找來木材，給譚桂花做棺材。滿院子，滿屋子都是人，卻沒人說話。人們只有眼淚，流不完的眼淚，卻沒有語言。在街上坐著一個老漢，擦擦淚，對他身邊的人說：「這家人，多好的人家，絕了！」

要說絕，也不算絕。姚永善還有一個曾孫女，姚則還有一個女兒，姚小強。姚小強這年十六歲，長的就像一棵嬌嫩的小樹苗兒一樣。村裡人什麼人都有。有的人也是表示關心，就勸姚小強出嫁。他們說，他們負責介紹個對象，管保給她找個好人家。「孤孤伶伶一個人，這日子怎麼過？」抱同情的人還是不少，都來勸她。誰也沒想到，一個少女，忽然間就長大了。她一下子就變成一個成年婦女，說起話來比成年婦女還潑辣。她突然間對眾人破口大罵：

「你們聽著！一個人來勸我出嫁，是關心我。大家都是來，一大幫人勸我出嫁，你們這是要攆我出門兒。你們想把姚家的人，掃地出門。你們是想侵吞我們的房產吧，不是嗎？王八蛋們，你們都是地痞流氓，都是黑心賊！我日你們八輩姥姥！你們再逼我，我就死給你們看！」她拿起一把菜刀，放在自己脖子上，接著又喊：「我死也不能白死！我先砍死你們幾個再說……混蛋王八蛋們，今天我跟你們拚了！」

人們紛紛退到院裡，姚小強追到院裡，這時候她才知道院裡站著一院子人。姚小強揮舞菜刀，追逐幾個婦女。有幾個男人，撲上去，奪下她的刀。他們喊道：「小強，小強，消消氣，消消氣。你這麼大脾氣，你比你奶奶的脾氣還大。」

這時候有一個老漢，小強叫四叔的站出來大聲說道：「小強，你罵的好。該罵！就是該罵。四叔給你出個主意，咱們不出嫁，咱們招個上門女婿。大家多幫忙，十里八鄉，找個好小夥子。上門來，改姓姚。你就像你奶奶一樣，還是這個家，還是這個門兒，你給頂起來……」

姚小強這時候不發火了，低聲問道：「四叔，四叔你過來，我問你，這麼辦行嗎？當家子們和四鄰五舍的不會說什麼嗎？」

那老漢大喊道：「就這麼辦！你四叔給你做主，誰敢放個屁！」

村裡人們，包括婦女們，都是想開了，「就這麼辦。」

梁誠他們一行旅遊的人，走到苦菜窪，那領路的人喊著：「快到了！還有幾步路，從這兒拐上去，爬一段山崖，就是狐仙洞。」

梁誠看見路邊坐著一個老漢，一邊抽煙，一邊放著三、五隻羊。梁誠問道：「這小莊子叫什麼？」那老漢說：「叫苦菜窪。」梁誠一楞，三十五年來，梁誠沒有放鬆調查姚小剛的案情。他與人閒談，說著說著就說到「苦菜窪事件」上來了。於是他告訴女兒、女婿說：「你們上吧，我累了，我在這兒歇會兒，抽支菸，等你們。」女兒女婿領著兩個外孫子跟著那領路人，說說笑笑的就上去了。梁誠問這個老漢：「三十多年前，你在這莊子上住嗎？」那人說：「我沒別處可住，只能住這兒，我就是這兒的人。」「這苦菜窪出過一件事，一下子死了二十八個人，知道嗎？」「當然，那時候，我三十歲了，怎麼不記得。不是二十八個，是三十個。慘極了！全莊子的人都來看，都哭了。都是好青年呀！」「有個叫姚小剛的，你還有印象嗎？」「記得，是個年輕的學生，不愛說話。其實沒他的事，硬給槍斃了。那炊事員老劉，我們很熟悉的，也沒事，也給槍斃了。殺人多者為忠臣。」梁誠說：「殺人多者為忠臣。一點不錯。你知道這話是誰說的嗎？」

「誰說的？」

「司馬遷。」

「哪村的？」

「古人。」

「不讓說，當時保密，現在可以說了。你認識那姓姚的學生嗎？你怎麼哭啦？是你的親戚嗎？」

梁誠說：「我是風吹流淚眼。他們下放幹部當時住的房子還在哪兒？」

老漢說：「那兒，看見嗎？那一片爛石頭就是。出了事以後，有人說那地方蓋房子不吉利，人們就把房子拆了。」

梁誠走過去，站在在那雜草叢生的亂石堆中。他痛哭失聲。他哭道：「三十五年過去了！剩下一個老頭子來憑弔你們。這是老天爺的安排呀。」他想，「如果我也一同死在這裡，不是也就沒事了嗎？有記憶力的人活得如此沉重。可不如沒記憶力的人，他們總是很輕鬆的。」

他流了很多淚。等女兒、女婿和外孫子們下來時，他已經回到放羊老漢這裡，外孫子們喊著：「姥爺你應該去，那個狐仙洞很好看，掛著許多紅布條，寫著『有求必應』什麼的，爸爸、媽媽上了香，叩了頭，我們也叩了頭，挺好玩的……」

下山的路，才二裡多，梁誠覺得路很長，感到累的很。女兒攙著他上了車。車到家，天已經大黑了。一進門，女兒小聲對著梁誠老伴兒說：「媽，爸爸病了！」

康八里章

有一個戰士腿上負了傷，還跑了八里路，等發現自己負了傷以後，就連一步也走不了了。他的名字叫康仁禮，後來人們就叫他康八里。你只要這麼叫他：「康八里。」他就喊：「到！」他隨時都會令人發笑。

那是一次非常意外的遭遇戰。在王家灣前面的大路上，迎面碰見了一隊日本鬼子。日本鬼子的動作快，立刻就開了槍，幾秒鐘之後歪把子機槍就響起來了。那聲音非常的清脆……但是，八路軍的腿快，一眨眼就跑過了山嘴。日本人以為遇見了八路軍的大部隊，趕緊搶占制高點。等他們上到山頭四下一望，不見八路軍的蹤影。日本人很鬼，大概是怕中埋伏，觀望了一陣就原路返回了。八路軍是撒開腿猛跑，從王家灣一直跑了八里路，到達李家溝，連長才喊道：

「休息一下。」

這時有一個戰士對康仁禮說：「你褲子上怎麼有血？」

康仁禮一摸自己的腿，大叫道：「唉呀，×他媽，我負傷啦！」當時就大哭起來。戰友們都笑了，嘻嘻哈哈，笑成了一片。

康仁禮大罵道：「我×你媽，我的腿都斷了，你們還笑！」

在一片笑聲中有人說：「沒有斷。斷了你還能跑八里路？不過就是鑽了一個眼兒罷了。」

「我×你媽，給你鑽個眼兒試試吧。」康仁禮哭喊著：「×他媽的日本鬼子，打我哪兒不好，專意打我的腿，唉喲，痛死我了，完了，完了，我要殘廢了……」旁邊的戰士們笑著，有一個戰士對他說：「殘廢不了，過去，小作活兒的常說，好歹有個病，千萬別要了命。你現在是好歹鑽了個眼兒，沒要了小命兒。」

衛生員急忙跑過來給敷了藥，打上綳帶。連長指導員都在他身邊蹲著、笑著，指導員說：「別著急，不要緊。」

「什麼不要緊！」康仁禮大聲斥責著，「是我負了傷，又不是你負了傷，你當然不要緊。」連長指導員也不敢再說什麼了，只是笑。跟前的戰士們不饒他，人們故意打趣他：「全連誰也沒負傷，就是你，負了傷，你好好從主觀上檢查檢查吧！」

康仁禮沒有話說，就是三個字：「×你媽！」

等到部隊又要繼續出發時，他不要說走，連站也站不起來了。戰士們很快紮了一副擔架，抬著他上了路。

人們一向喜歡同他開玩笑，他嘴笨，著了急就是那三個字。現在人們看見他又哭又罵的樣子，特別開心，都趕上來同他開玩笑。

「你是想進後方醫院吧？是不是聽說那兒有女護士？你坦白交代！」

他只有三個字：「×你媽！」

康仁禮沒有到後方醫院，就在團衛生隊休息了半個月就好了。日本兵用的這種三八槍，子彈直徑較八路軍的七九槍為小。在腿上鑽個小洞，十幾天就好了。他多磨蹭了幾天，是想找到女護士。東看看西看看，最後才知道團衛生隊沒有女護士，他大失所望。第十九天，他帶著滿心的遺憾，回到自己的連隊。聽說康仁禮回來了，大家都去看他。連長很客氣，只在肩頭上拍了一下。指導員就不同了，在他胸前重重的給了一拳頭。戰士們喊著：「康八里呀！好想你喲！」大家在他的肩頭、前胸、後背上，多的搗三拳，少的也有一拳。康八里到了這種危機時刻，就是大聲喊著那三個字。

康八里第二次負傷，是入黨以後。那次戰鬥他表現的非常英勇。這次負傷又在大腿上，上次是左腿，這次是右腿。他罵著：「×他媽，專打我的腿。我只有兩條腿，看你下次怎麼打吧！」這次他有經驗了。他急忙用繃帶把自己的腿緊緊的捆住，隨著戰友們衝下去，繳獲了三支步槍，抓了三個俘虜。那是一次伏擊戰，乾淨俐落，打完了就轉移。戰友們知道康八里負了傷，都跑過來看他。他這時已經坐在擔架上了。戰友們看見他愁眉苦臉，老大不高興，便問他為什麼，他說：「本想捉兩個日本俘虜，不成想捉了三個俘虜都是中國人，×他媽，真敗興。」戰友們說：「這你別生氣，日本鬼子都死了，活著的都是偽軍。」指導員握著他的手說：「這次咱們是大勝利，打死日本鬼子十九人，打死偽軍二十五人，俘虜偽軍二十八人，繳獲機槍兩挺，步槍五十一支。」

康八里又是在衛生隊休養了十多天。這次不用找，沒有女護士。回到連隊，康八里當了第八班的班長。小報上登出了康八里的英勇事蹟：「康八里英勇頑強負傷不下火線。」大家都說：「康八里出名了。」有一次行軍，路邊地坎上站著一夥人。康八里看見大隊長在人群裡站著，他看見大隊長對旁邊的一個首長模樣的人說：「看，司令員，那就是康八里。」司令員舉起手來喊道：「康八里，好樣的！」康八里急忙行禮。這種進行中的軍禮，就是把右手指尖放到左手扶著的槍托上，三秒鐘以後放下。看到這情形，有一個首長稱讚道：「訓練有素。」走過去以後，康八里扭頭對他後面的戰士說：「他這是什麼意思？」「首長誇獎你哩！」「他誇獎什麼？誰用他誇獎？我抗日又不是為他抗的。×他媽，是嫌我死的慢吧。」「對首長應該客氣點。」那戰士說：「你那三個字，不要總掛在嘴邊上。」「對，你說的對。×他媽，老毛病，不好改。」

這第二次負傷，康八里感到和前一次不一樣。走路的時候右腿使不上勁。康八里嘴上不說，心裡常常犯嘀咕，別是落上殘疾了吧。×他媽。

忽然，有一天，指導員把他叫去，笑道：「日本人就是照準你的腿了，兩條腿都打過，要是再打，可又沒有第三條腿，怎麼辦？」

康八里說：「×他媽，愛怎麼辦怎麼辦吧。」

指導員說：「老天爺有辦法，上級調你去政治部工作，當通訊員。你同意不同意。」

「這老天爺是怎麼搞的，他是怕我當排長嗎？」連長哈哈大笑，說：「這好說，你先去當通訊員，當兩天不想幹了，你就要求下連隊，要下連隊還回咱們連，排長給你留著呢。」

「我要不去行不行？」

「那不行，軍人以服從命令為天職。」

「×他媽，那就去吧。」

他到了政治部，被分配到宣傳科當通訊員。八路軍叫通訊員，中央軍叫勤務兵。幹的工作一樣，只是八路軍官兵平等，不打不罵，互相叫同志。這宣傳科，有一個科長，兩個幹事，都好伺候，幹多幹少，隨便。科長姓楊，叫楊樹林，聽說是個詩人，整天張大嘴喊：「啊，喜瑪拉雅山……」康八里一見他就想笑。背地裡對保衛科的通訊員說：「喜瑪拉雅山在哪兒呢？你去過幾回……啊，啊，啊個沒完，肚子裡揣個老鴰。」

兩個幹事，一個姓白，叫白通，另一個姓梁，叫梁誠。聽說白通是個作家。白通和楊科長都是黨員，梁誠是個非黨同志。聽說他是大學畢業，並且當過幾天教授。馬司令和龍政委，還有政治部的金主任對他都非常尊重，叫他「老夫子」，有時候開玩笑叫他「涼白粥」。康八里很奇怪，「怎麼叫這麼個外號？」他們都叫他「康八里」。康八里有一次說：「我有名字，叫康仁禮。」楊科長說：「是，應該叫康仁禮同志。不過這怨白通，他報導你的事蹟時，就寫成了康八里。我們也叫順了嘴，請你原諒。」

雖然請人原諒了，卻改不過來，依然是康八里，弄的康八里也沒法再說。他在宣傳科待了一年多。這是他一生中最值得回憶的一段時間。在這裡，他感到周圍一切事物都非常新鮮，上下左右，關係都非常好。他很快就當了通訊班長。在宣傳科的兩年，他等於上了兩年學。他抓緊學習文化，因為遇上一個好老師，這就是梁誠。他對梁誠說：「雖然過去上過兩年學，認識幾個字，後來在家幹活兒，把那幾個字都就飯吃，隨糞拉了，白麼沒剩。」梁誠說：「只要想學，就能學。」「你教我吧，我要能寫會算該多好。」

有一天，梁幹事對他說：「你真要下決心學文化，像你現在這麼，一會兒問一個字，一會兒問一個字，這得學到什麼年月才能學完。」「那怎麼辦？」「你找一個像樣的小本來，我給你把需要認識的字都寫上，從頭學，遇到不認識的字就在上面找，上面沒有再來問我。」「還要打算盤，行不行？」「行。」

山前有個鎮子，集上擺攤的有筆記本，一塊二毛錢一本。當時每月的零用費只發一塊五。康八里回來對梁誠說：「×他媽，好貴喲，要了我一塊二。」梁誠冷冷地說：「咱們是不是可以把這三個字，放起來，怎麼樣？」「是，是，是，你說的很對，老毛病，×他媽，改不了。請你原諒。」

梁誠按偏旁部首，給康八里編了一部小字典，共有三千五百八十六個字。每個字都有國語拼音，字義和用法舉例，非常完備。那時候，在根據地沒處買字典去，恐怕整個政治部也沒有一部字典。梁誠抽空兒編了一部小字典，真了不起。人們都說司政兩部文化最高的就是梁幹事了，果然不假。康八里心裡說不出的高興。這部字典他視為珍寶，一直帶在身邊。政治部有些人經常來借這小字典用，康八里緊跟著就要回來，不說怕他們弄髒了，只說怕他們弄丟了。

「你是我的先生，我以後就叫你老師行不行？」

「叫老師可以，別叫先生，我又不會看病。」

這天下午，康八里和梁誠靠著北牆曬太陽，一邊說著閒話。忽然吹了集合號，部隊要出發。傳達下來，說是有敵情，要轉移。走了三四十里，天已大黑了，走到一個村子。人們又累又餓，也不號房子，就在山村的小街道上，靠著牆根休息。炊事班燒火做飯，人們就盼著快點做熟飯。這時候，多半個月亮悄悄的升起來了。康八里看見這月亮，嚇了一跳。

「怎麼這麼嚇人，這是什麼月亮？梁老師，看這月亮。」

梁誠看看月亮，說：「今天是陰曆十幾，好像是十七，或是十八……」

話音未落，村外槍響了。一聽就知道是日本的三八槍，它是兩個聲音，「叭勾！」緊接著

「通通，轟！」八路軍還擊了，而且扔了手榴彈。

梁誠聽到日本鬼子的喊聲，嘰哩哇啦，好像就在村外不遠處。政治部有人喊著：「這邊，快！」人們背著槍響的方向，湧出村來。那真是慌不擇路。出了村就上山。從坡上竄下去，就是河灘，又是山坡，又是大溝……雖然有月亮，近處能看見，遠處什麼也看不清。後來聽不見槍聲了。這才在一個小山窩裡停下來清點人數。金主任高聲喊著：「警衛連不簡單，打的好。咱們政治部沒有損失，更不簡單。跑起來，真帶勁，誰也不說肚子餓……」人們笑著。

這時候，梁誠才說，他丟了一隻鞋。康八里聽說，忙把梁誠的一隻腳捧起來，仔細看。

「梁幹事，沒有紮壞你的腳吧。」

「我有襪子，沒紮著。」他穿的是從前手工的布襪子，襪底很厚。

康八里不放心，月光下仔細查看梁誠的腳。

白通說：「你像個釘掌的。」

梁誠說：「胡說八道，我又不是驢。」

康八里打開背包，拿出一雙新鞋，說：「梁老師，你換上。你沒有戰鬥經驗，再有情況，你緊跟著我，別離開。」

白通說：「你這話說錯了。他有戰鬥經驗，他當過戰士，還打死過三個日本鬼子哩，不知道你這三個日本鬼子是怎麼打死的，莫非是用鞋底子拍死的嗎？」

梁誠說：「狗嘴裡吐不出象牙來。」

康八里說：「梁老師，把你那個腳上的舊鞋扔掉，也換上新鞋。」

梁誠說：「我有一隻就行了，那只你留著吧。」

「我留著一隻做什麼？」

「我要它做什麼？」

「你換上它麼。」

「用不著。」

白通小聲對康八里說：「怎麼樣，涼白粥勁顯出來了吧。」康八里堅持讓他把兩隻新鞋都換上，把那隻舊鞋扔掉。爭執了一陣，梁誠穿上了兩隻新鞋，卻把自己那只舊鞋裝到挎包裡了。

康八里說：「你還要它幹什麼？」

「等著把那隻鞋找回來，還能穿。」

「這漫山野嶺瞎跑過來，你到哪找你那隻鞋去喲！」

白通說：「康八里，你就依他吧。他這種涼勁一上來，一時半會你弄不熱乎他。」說這些話的時候，並沒有人笑。過後康八里什麼時候想起這事來就憋不住要笑。「這梁先生真是個書呆子，說話做事，不知他是怎麼想的，別人不能理解。」

從此以後，在政治部人們中間，添了一個歇後語：涼白粥的鞋子——到哪兒去找。

梁誠從來不認為自己考慮的不對。那隻鞋子肯定能找到，只是後來沒有機會再從那一帶山上經過罷了。這件事發生以後不久，政治部金昌主任被任命為新開闢地區的地委書記。他執意要把梁誠帶走。聽到這消息，人們都說是好消息。梁誠將被任命為那個專署的教育科長。白通甚至讓康八里打了酒，為梁誠祝賀，餞行。

在這次小型的送別會上，楊科長詩興大發，高聲朗誦著他的新作：「啊，西伯利亞的狂風……」這時候，康八里哭了，他說：「梁幹事，你是我的好老師，我真不願意你走……」梁誠喝了點酒，說道：「康八里，你是個好同志。我送你個紀念品，看，我的鋼筆。大金星，特別好用。金主任眼紅的不行，他用他的手槍跟我換，我不換。這是我的心愛之物，現在送給你，希望你好好學文化。文化這東西，它不虧待人。」

楊科長說：「這話非常精闢，康八里要好好記住。」

梁誠忽然說：「說起手槍來，臨走不會讓我繳槍吧。」

康八里高興極了，見人就說：「我有一支大金星！」他跑去見金主任，一會兒就回來了。他對梁誠說：「梁老師你放心吧，我問了主任了。你們的手槍不交。不光這，還給金主任增加警衛。金主任朝司令員要一個警衛班，司令員答應給他一個警衛排，全副武裝。」

梁誠走的時候，康八里一直送到村外老遠。他對梁誠說：「你們那個地方是前沿，四外都是敵人，梁老師，你要多加小心啊，凡事都不要馬虎，隨時提高警惕呀。手槍不要離身，千萬不要當俘虜。你跟別人不一樣，你是個文化人。」梁誠一一答應著，兩人灑淚而別。

梁誠走後不久，康八里就到警衛連當了排長。後來事實證明腿上是留下了殘疾，就調他到一個地方的訓練班去學習。學習了半年，分配他當了區民政助理員。因為他字寫的好，人們都認為他文化高，又會打算盤，打起來劈裡啪啦亂響。後來就讓他當了財政助理員。

抗日戰爭勝利以後，他當了區長。一九四八年，他被任命為邊區某一個商店的經理。解放後，當了省百貨公司的經理。他在離開邊區幹部訓練班時，開介紹信的人只有一個文書，等著開介紹信的一直排隊到院子裡。等到他，他說：「我叫康仁禮，仁義的仁，敬禮的禮。」介紹信弄好，他也沒看，就揣在身上。半個月以後，才知道少寫了一個禮字。他從此就叫了康仁。

三反中大標語貼在百貨公司的大院裡，「打倒大貪污犯康仁」，「大老虎康仁老實交待……」

他說：「×他媽，這個鳥經理當壞了，倒了血黴……我祖上缺了德，讓我碰上這麼許多王八蛋……」延安整風時，沒他的事兒；土改三查時，他不是地主富農，也沒他的事兒；一九五二年一月開始的三反（反貪污、反浪費、反對官僚主義）碰上他了，判了死刑。

他當區長時，就有資格結婚了，並且有資格帶老婆。他看上一個女幹部，是個城裡出來的洋學生。人家不同意，嫌他沒文化，大老粗，說話帶髒字，頭腦簡單……他一聽火冒三丈，「×他媽，算啦！老子革命不成功不結婚。」一九四九年進了城，新中國成立，這算是革命成功了，他這才開始找對象。他找了一個棉麻公司剛上來的會計。人長的挺端正，性格好，一身正氣。那時候康八里已經二十九了，也是老大不小了。她才二十一，挺合適。結婚的時候，康八里傾其所有，買了花布，做了兩床新被子，給新娘買了兩身衣服，買了一把新暖壺，還給新娘買了一個小鏡子，連同結婚時請人們吃的水果糖，總共花了三十八萬六千元舊幣，即後來的三十八元六角。雖然簡樸，但是熱鬧。平時康八里愛開玩笑，結婚入洞房時大家鬧新房，他的科長們，總共十多個人，沒把他折騰死。鬧的康八里大喊著：「×他媽，都快天明啦，讓我安靜一會兒吧，王八羔子們……」人們走了以後，外面表面上安靜下來了，其實窗戶外面擠滿了人，一聲不吭，想聽到他們兩口子第一句話怎麼說。康八里嘴對著愛人的耳朵小聲說：「咱們誰也別吭氣，讓王八羔子們凍著去吧。」

不幸的政治運動來了。那時候，他們的兒子才一歲多。

起初運動還正常，康八里兼黨委書記，他當然是運動的領導人，大家有什麼問題，檢討什麼問題。三反是毛主席在元旦祝詞中提出的，反貪污、反浪費、反對官僚主義。各單位立即行動起來，一月份還算平穩。二月份百貨公司就挨了批評，說他任憑風浪起，穩坐釣魚船。康八里不知道這是從哪說起。三天以後，一位副省長（省委常委），就帶著十幾個人，來到百貨公司蹲點來了。立即組織了打虎隊，後來發展到十六支打虎隊。當時朝貪污犯叫老虎，一百萬（元）叫小老虎，一千萬（元）叫中老虎，一個億（後來的人民幣一萬元）叫大老虎。那個副省長下車伊始，在大會上點康八里的名，「康仁，你是個大老虎。」從此，烏煙瘴氣，一塌糊塗。

三月份，河北省跟的緊，首先揪出了天津地委的劉青山、張子善，大老虎，大貪污犯，說他們生活糜爛，床上的蚊帳都是絲織品的。康八里說：「一個絲織品的蚊帳，才幾個錢，咱們櫃檯上的設備，還不如中央首長的一條菸錢呢！」

有人把康八里這話彙報給吳副省長了，吳副省長大怒，「康仁的思想反動透頂，為了防止反動思想擴散，立刻把他關起來！」於是在百貨公司倉庫旁邊一個放自行車的小房子，拾掇拾掇，放了一張木板床，就把康八里關起來了。從此，康八里家人不得見面，和本單位的人不得見面，是徹底的隔離起來了。不過這也好，他不用聽他們嗚哩哇啦的喊口號了。

說起典型，誰都怕當典型。這蹲點就是來創造典型。省委書記在大會上講：「河北抓了典型，劉青山、張子善。毛主席已經批了槍斃。我們也不能落後，我們也要抓典型，培養典型，揪出我們的大老虎來，而且要多揪，揪他個千八百個……我們沒有理由落後，各單位要給打虎隊打氣，日夜奮戰，不抓出大老虎來，誓不甘休……」

吳副省長是省委常委中最有水平，最精明強幹的一員。他決心在百貨公司揪出大老虎來。他在大會上說：

「要說百貨公司沒有大老虎，我就不信！天下沒有這等怪事，到處都有大老虎，就是百貨公司沒有，這可能嗎！」

群眾聽著這話的意思就是：「即使你們單位沒有大老虎，我要這東西，你們就得給我造出來。」有一句名言，是希特勒說的：「如果世界上沒有猶太人的話，我也會把它製造出來。」

有一個年輕的副科長說：「這有何難，到了阿拉伯，脫了褲子，人人都是猶太人。」這話打虎隊的人也彙報了吳副省長，吳副省長不懂這話的意思，在大會上點這個副科長的名，說：

「我們就是提倡脫褲子，割尾巴。這是延安整風時，毛主席的偉大號召。」

他叫那個科長的名字，「你什麼也不懂，現在就是要號召大家脫褲子，割尾巴，號召主動坦白交待，交待的越多越好，態度越好越受到寬大處理。毛主席教導說，問題不在大小，關鍵在於態度。」

連正帶副，科長共十六名，都是被隔離，也就是被關押起來了。那時候這不叫私設公堂，也不叫私設監獄，這叫群眾運動。

起初打虎隊分成小組，輪番上陣，希望不停的猛攻那些鬥爭對象。「有貪污沒有？」「沒有。」「有貪污沒有？」「沒有。」三天以後就不靈了。打虎的英雄們已經吃飽睡足，不住聲的亂喊亂叫，嗓子都啞了。對象卻聽不見，早已睡著了。後來說，這樣不行，不能讓他坐著，讓他站起來，防止他睡著，周圍站一圈人，倒在哪邊，那邊的就是猛推，起了個名字叫「炒豆子」。炒豆子厲害，等於是不停地推打。有的科長堅持不住了，倒在地上了。這時候很自然的就是用腳猛踢。「不要耍死狗！」「我們要痛打落水狗！」「打！打！打！」

這些辦法都對康八里用了，而且他張嘴就是那三個字。要動手他拳腳俐落。一連打傷三個打虎隊員。後來人們說餓他一天一夜就沒勁了，第二天一開門，打虎隊進來一個，康八里一腳就把他踹到院子裡去了。這情況彙報到省委，省委書記說：「聽說這康仁是抗日時期的戰鬥英雄，性情暴烈，為了不出事故，省委決定，不同康仁正面接觸。要攻下康仁，先攻下科長們。也就是先打周邊戰。」吳副省長在百貨公司的武松大會上說：「省委的決定是非常英明的，非常正確的。不同康仁正面接觸，先打週邊戰，先攻科長們。正副科長有十六名，會有招架不住的。十六個裡面有八個拉了稀，你們的任務就算圓滿完成了。我再增加一條，為了攻下科長們，先攻他們的家屬，父母妻子，猛攻猛打，會有拉稀的。關鍵是反對心慈手軟。凡在打虎隊的表現心慈手軟的，一律開除黨籍，開除公職，下放農村……」

有一個科長的愛人被打得鼻青臉腫，讓她去做丈夫的工作。她一見到丈夫，放聲大哭，說道：「他們打虎隊的人，勒令我跟你離婚。我不離婚，我願意跟你一塊死，死也在一起。」

這其實適得其反。

有一個科長的老爹，被打虎隊的掇弄來，站在他兒子的隔離室門前，說：「好兒子，現在是什麼時候？你還看不清嗎？毛主席要你說什麼，你就得說什麼，毛主席要你的腦袋，你敢不給嗎？」他下面還有話，「毛主席要你承認貪污，你就承認了吧，他老人家讓你承認多少，你就承認多少……」這些話沒等他說完，打虎隊員們撲上去拳打腳踢，兒子也沒聽清。兒子站在隔離室的門裡說：

「爹，你回去吧，我都知道啦！」

當天夜裡這科長就自殺了。

有的科長終於堅持不住了，說道：「不用打了，我有貪污。」「就等你這一句話呢！」再往下就讓他坐下了，還是不讓睡覺，讓立刻寫出來貪污的數字。

有一個新任的科長說：「數字記不清了，整個百貨公司。」

然後又「炒豆子」，然後又承認，一項一項的罪名都是臨時瞎編的。誰都知道是瞎編，打虎隊的人們也很清楚，但是，還是上簡報，「戰果輝煌。」

他們開出的貪污清單，一看就非常可笑。

白布一百匹，合洋若干；青布一百匹，合洋若干；男服裝二百套，合洋若干；女服裝二百套，合洋若干；馬蹄錶一百五十個，合洋若干；熨斗二百把，合洋若干；皮大衣一百五十領，合洋若干；棉皮鞋二百雙，合洋若干；大羅馬錶一百塊，合洋若干；暖水瓶三百隻，合洋若干……令人費解的是，貪污犯要這些東西幹什麼？他要二百雙棉皮鞋給誰穿？而且都是成批的整數。這倒很像百貨公司門市部的進貨單。雖然如此，先是上簡報，然後是日報上公開發表，大標題是：「百貨前線，捷報頻傳。」

進而就是展開對科長以下的會計們、保管員們和各門市部的負責人們展開了晝夜猛攻。吳副省長聲嘶力竭的喊著：「不怕面兒大，廣種薄收，撒大網，撒密網，泥鰍、蝦米，一個也不要讓他們漏網。」

三月底，吳副省長籌備了一個特大展覽，四月初就正式開放。參觀群眾都是各單位的人，他們排著隊進，排著隊出。人們表情嚴肅，心情沉重，不可言狀……

展覽會的大標題是：「特大老虎康仁贓物展覽」。展覽會的名目繁多，品種齊全。可以這麼說，所有百貨公司有的商品，展覽會上都有。都是從櫃檯上和倉庫裡打借條直接搬走的。各種布匹絲綢，各種日用百貨，應有盡有，那擺放的方式也跟商店櫥窗差不多。商店裡沒有的，展覽會上也有了。大堆大堆的金元寶、銀元寶、金條、銀元。都是吳副省長親筆簽字批准，從銀行的金庫裡搬來的。不過，這個陳設台不一樣，銀行領導人不放心，在陳設台後面站著四個帶手槍的警衛人員，防止意外。展覽會決定展覽七天，第四天，這些金銀就撤走了，銀行長睡不著覺，不放心，不顧吳副省長的命令，強行撤走了……

參觀過後，群眾議論紛紛，說：「真是觸目驚心吶。」「不看不知道，一看嚇一跳。」「老百姓吃不上穿不上，都讓他們貪污啦！」「真該殺呀！」觀眾反映強烈，都上了報紙。許多單位要求安排參觀時間，輪不上，到第七天匆匆閉幕。當天夜裡，吳副省長一夜未睡，親自看著工作人員清點歸還。他怕丟了東西，門市部不幹。最後清理的結果，丟了三支馬蹄錶，五雙皮鞋，一個暖水瓶……懷疑是參觀的人們偷的，吳副省長有看法，說很可能是工作人員偷的。打虎隊的一個人說：「都有可能。」門市部要求吳副省長簽字給予報銷，吳副省長也簽了字，這時候，天已經大明瞭。展覽會工作人員共有八十多人。當他們迎著晨曦往家走的時候，身體都在打幌兒了，累壞了。

吳副省長說：「展覽會就是給公審大會打基礎。」於是立即著手準備公審大會。四月底，也許是五月初，當事人們，主要是那十多個科長們，被打的昏頭昏腦，記不清了。召開了省、市機關和廠礦、軍隊、學校都參加的萬人公審大會。大會組織的非常嚴密，為了防止意外，軍區派獨立師的一個營，全副武裝，站在會場周圍，維持秩序。公審大會非常精練，先是由吳副省長做簡短有力的講話，然後就宣佈審判開始。每兩個打虎隊員反擰著一個對象的手臂，排開站在主席台前面。五步遠的地方面向主席台，背對著群眾。這些對象包括科長們，會計們，保管員們，以及各部門、各門市部的負責人們，共一百五十多人。然後逐個宣判，由兩個打虎隊員推一個對象走到台前，轉身面向群眾。台上審判員大聲問：「姓名，職務？」

對象喊道：「張老三，某科長。」

審判員問：「有貪污沒有？」

回答：「有。」

「好，寬大處理，恢復原職。」

再帶一個問：「姓名，職務？」

答：「某某，會計。」

問：「有沒有貪污？」

回答：「沒有。」

「頑固分子加重處理，開除黨籍，判刑十年。」再往上帶，還是這麼問，答「有貪污」的，站到左邊去，也不問貪污多少，情節如何，都是寬大處理，官復原職。凡回答「沒有」的，大約三分之一強，一律站到右邊，是開除黨籍，一律判刑，刑期不等，少的三年，多的十五年，並剝奪政治權力若干年。

這些人兩年以後都得到了平反。當時不叫平反，叫甄別。甄別以後都恢復了原來的工作。即在此二年之中，他們也沒去服刑，就在機關待著，有的下放農村供銷社工作。此是後話。

公審大會開到最後，最為震撼人心，審判員高聲宣讀一張紙：

「經過省高級人民法院裁決，並經省委批准，對特大貪污犯康仁宣判如下：康仁，原任省百貨公司經理兼黨委書記，三年來共計貪污人民幣一千零五十三億元，罪惡累累，鐵證如山，判處死刑，立即執行。」

可是康仁本人並不在會場上。吳副省長高聲宣佈：「散會！」

宣判時康仁在什麼地方，他在省委三樓會議室。省委書記親自給他倒了一杯茶，然後，慢條斯理的說：「康仁同志，省委對你是瞭解的，你是個好同志，對黨一貫忠實。你沒有任何問題，這是省委各常委一致的看法。請你放心，省委已經決定，堅決保你過關。希望你要堅決支持和服從省委的決定，把黨性拿出來，堅貞不二。雖然公開對外判處死刑，省委決定保你。這是群眾運動，不如此不能向群眾交帳，不能向黨中央毛主席交帳，這是表面文章，希望你能充分理解。省委決定，你今天就離開省城，到一個小縣城去住些日子，帶上老婆孩子。黨籍保留，工資照發，住在縣招待所，不要多見人。你的原名是康仁禮，恢復原名。不再提康仁二字。至於康仁的問題，也不准再提起。你同意嗎？」

康八里非常用心的聽著，始終聽不清這是什麼意思，這是怎麼個處理辦法。雖然不甚了了，省委書記問他時，他還是機械的回答說：「同意！」其實心想，不管什麼決定，我能不同意嗎？即使不同意又能有什麼用呢。

回到自己家中，對老婆說：「宣判了，死刑。」老婆當時就昏倒了。等把她搶救過來，就見進來兩個人，說是省委辦公廳的，來幫他收拾行李，並送他一家人到那個小縣城。這是哪裡的縣，我只好臨時編一個縣名，就叫長城嶺縣吧。他們夫妻二人，帶著一個小男孩兒，在長城嶺縣的招待所的後院一角，住了一間小房。二人工資照發，每月有縣政府的人送來。縣委組織部來人看過，問有什麼困難，回答說，沒什麼困難。

抗日戰爭時期有一個名詞叫，堅壁清野。敵人掃蕩時，有什麼東西都收藏起來，叫做「堅壁」起來。如果有八路軍的傷病員，暫時住在老鄉家，也叫堅壁。康八里說：「×他媽！我讓他們給堅壁起來了。」

他一時煩悶，就說要去找省委，找他們說理去。他的老婆有主意，堅決不同意。她沉下臉非常嚴肅的說：「你給我老實待著，那裡也不准去。連前院也不准去！上街買東西有我呢。孩子挺好，你給看孩子。再說，這是一齣假戲！你一找，給你來個假戲真做，怎麼辦？你有天大的本事，胳膊扭不過大腿去。給你的家裡寫信，給我的家裡寫信，都是由我寫，你別動筆。這就是隱名埋姓。只給家裡去信，不准他們來信，不告他們地址。你的名字也改了，恢復了原名，這好得很。我也把名字改了，我叫李勝男，把勝字去掉，男改成南北的南。我告訴縣委組織部了，他們說這樣很好。你沒事就哄哄你的寶貝兒子，聽聽收音機，再不然的話，就看書。你不是有一本大書嗎？對，就看它。」

前幾年在省城的一個舊貨攤上，康八里看見一部書，四部備要本的鉛印線裝書，一函十本，《經史百家雜抄》。康八里翻看時，那個擺攤子的老漢說：「這是一部好書，仔細看看，不會上當的。」要兩塊，康八里給一塊八，就拿回來了。他夫人說的就是這部古書。

有一天，他老婆對他說：「你給我高高興興的，我願意你高興。不要愁眉苦臉的，你都死過一回了，你還怕什麼。從前的康仁已經是死了，現在的康仁禮頂天立地，還是一條好漢。」

這是因為昨天夜裡，康八里忽然從夢中哭泣醒，抱著他老婆痛哭了一頓的緣故。

康八里有一個好處，心裡往往不記事兒。一看見兒子，就什麼都忘了，一看見妻子，就什麼都忘了。「這真是一個好妻子啊！患難見知交。」還有他一看書，尤其是古書，他就把別的事忘了。他不好意思說「老婆孩子救了他的命」，他只說：「不簡單，這部書救了我的命。」其實他老婆對他的心情最瞭解，對這話這麼說，她也非常滿意。

一年零三個月後，有一天，省裡來了人，說是省委監察委員會的幹事，姓王，還有一個是縣委組織部的副部長，姓張，還有本縣商業局的局長，姓劉，糧食局的一個副局長姓趙。坐下來說了幾句客氣話以後，省裡的王同志就說道：「省委最近做了研究決定，康仁禮同志雖然沒有任何問題，但是運動中態度不好，決定給予黨內警告，行政降級的處分，由原來的十四級降為十七級。決定由該居留處分配工作。本縣組織部決定，康仁禮同志任本縣商業局副食公司第一門市部經理，李南同志任本縣糧食局倉庫會計。你們有什麼意見？」女人搶先說：「沒有意見，完全同意。」康八里跟著她說了個「同意。」然後，商業局長開始介紹商業局的情況，說已經給他們在商業局宿舍騰出兩間房子，「歡迎你們。」糧食局長也簡單說了幾句話，著重說，倉庫不遠，上班很近等等。

客人走後，夫人非常高興，說道：「這樣才好，這樣最好。」

「最什麼好？」

「第一，省委承認了你的舊名字，也承認了我的新名字。這說明從前的康仁的問題已經了結了，至少同我沒關係了。第二，給了你一個處分，降三級，少拿幾個錢，沒關係。十七級在這小縣城裡，級別是最高的啦。說你態度不好，你能說你態度好嗎，又打人，又罵人，你那三個字不離嘴，行啦，有點自知之明吧。這是警告，讓你今後注意點。」

「沒有罵過你。」

「你敢！」

女人接著說道：「再說第三，在這小縣工作挺好，這地方窮點，但是人性不錯，民情淳樸，有山有水，好地方，分配的工作，我也滿意。你賣副食，我缺醬油醋了，就找你……」

夫妻說笑了一陣。

康八里從心裡佩服他妻子，心想：「這是我的福分。人生在世，上有父母，中有賢妻，下有小兒子。還求什麼，知足常樂吧。」

第二天，他們夫婦就去商業局宿舍看了房間，很滿意。第三天，跟著就搬家。安頓好就上了班。第一門市部的人們很高興，來了一個新經理，從外地調來的，人很好，很通情達理。好說話，見面熟。究竟是怎麼回事，誰也不知道。

有一天，在大街上，前面走著一個人，左看右看像梁誠。康八里冒叫了一聲「梁老師」，果然是梁誠。

梁誠大叫道：「康八里嗎？你怎麼在這兒？」
「你怎麼在這裡？」
「我是這縣的人。」
「我是新調來的。你在哪工作？」
「我在縣文化館工作。」
「你怎麼在縣文化館，我以為你早到北京什麼大學裡當教授或者當校長去了。」
「我哪有那本事，我是個戀家鬼。」
康八里拉著梁誠進了一個小飯館，要了菜，菜都擺上來了，又說這不是說話的地方，「走，到我家去。」
二人一齊回到康八里的宿舍。康八里首先介紹自己的愛人。李南不知該見個什麼禮，梁誠首先恭恭敬敬鞠了一個躬，「嫂夫人，我叫梁誠。」
「梁老師，他經常念叨你，快請坐。」
然後落座，康八里一把鼻涕一把淚的述說他的冤情。說了半天，梁誠聽不出頭緒來，還是李南三言兩語，把事情說得一清二楚。
梁誠問道：「你們這省委書記叫什麼？」康八里說：「叫路遙。」「路遙？」梁誠說：「你等等，好像金昌對我說起過這個人，路遙，對，就是他。抗日戰爭時是某縣的縣委書記。

這個人有水平，有水平，果真有水平。這傢伙是個天才，真了不起，大手筆，大手筆……」康八里說：「我對他恨之入骨，你卻讚不絕口，是何緣故？」

「你聽我說」，梁誠慢慢說道：「劉青山，張子善都給槍斃啦，槍斃個小小的康八里算什麼，這不是小菜一碟嗎？這就像撚死一個螞蟻一樣。就是槍斃十個八個的康仁，運動一來，剃頭的割耳朵，幹什麼的糟蹋什麼，找誰算帳去？」

「×他媽，這是什麼世道？」

「聽梁先生說。」老婆對康八里喊道。

「你別著急，」梁誠說：「你們一家都應該感謝這叫路遙的人。真是了不起，這是天才，大天才，大手筆。」

「我同意。」女人說：「完全同意梁先生的話。梁先生是個明白人。他是個糊塗人。梁先生，梁老師，以後你經常到俺家來，真的，你一定常來，常開導他，他聽你的。」

吃飯的時候，康八里還把梁誠專為他編的小字典和那支大金星筆，拿出來，讓梁誠看。

「十幾年啦，一直不離身。」

睹物傷情，兩個人都落了淚。

吃罷晚飯，梁誠要回單位宿舍去。康八里說：「我送你回去，稍著認個門口。」二人來到文化館宿舍，那裡吹拉彈唱，一鍋粥。康八里說：「你怎麼在這種地方，這不是你應該待的地方，我都受不了。」

二人出來散步。小小的山城，一抬腿就出了城門。城外是小樹林，下坡就是小河，嘩嘩的流水聲，十分悅耳。他們在林邊散步，頭上一輪明月，這大概是陰曆十三吧，或者是十四。

康八里感慨萬端，說道：「在我最危難之際，恰恰遇見了你。你是我最好的老師，最好的朋友，真正的知心人。這是上天賜給我的福分啊。」

「見到你，我真是喜出望外呀！」接著他又說道：「光說一個三反運動，自殺了多少人。我幾次想自殺，好幾次，真不想活了，說什麼也活不下去了。梁老師……我沒文化，沒水平，憑著真誠無私，我一手建立了一個龐大的百貨公司，那都是我拉起來的，許多都是抗戰時期的老同志。他們擁護我，聽我的話。我對全體職工，真誠相待，開誠佈公，我們無話不談。我們非常團結，人和人之間沒有一點隔閡。這樣的單位，再也沒有了。一次運動，一棒子把所有正派人都打下去了。這樣的單位再也沒有了，他們沒有任何問題，卻都被判了刑。現在他們的下落如何，我連問都不敢問啊。」說著就又痛哭失聲了。

後來說起一個叫唐子篤的人。康八里說：「好人啊，真好！我的一個門市部的主任。一身正氣，一塵不染，哪去找這種好人。抗戰時期參加革命的，是從邊區走過來的。我的老部下。每天經營上千種商品，各種不同的型號有不同的價格。晚上會計結帳，他在旁邊坐著，抽著旱煙袋。他是心算，幾千幾萬，分毫不爽。會計算出來時，他也算出來了。他用的是蘇州碼，一目了然，無法改動。那真叫才幹，好掌櫃的呀！三反把他打的不成樣子了。後來給他賠情道歉，希望他回到崗位上。他說再見吧，一定要回家當農民。說，我已經是五十多歲的人了，不受你們這個。非走不可，回了老家。」

「他是什麼地方人？」

「堯縣孫家莊人。」

「不遠，不過一百多裡。我有時間想去拜訪拜訪他去。」

「我真想他呀！沒有這樣的人了，再也沒有這種才幹了！」說著又哭起來。

一陣涼風吹過，樹葉沙沙的響著，壓過了潺潺的流水聲。秋天的肅殺之氣，漸漸地逼近了。正是：

心緒逢搖落，秋聲不可聞。

孤萍浪記

大約是一九七三年春天，我到北京出差，捎帶著去看看我們的老首長史進前同志。他從前是我們的師政委，後來做總政治部的保衛部長，聽說他被「解放」，應該去看看。這所謂的「解放」，就是原來四人幫說他有問題，後來又說沒問題，既然沒問題就可以恢復工作的意思。

見了面閒談一起，大至尼克森小至王老三，忽然說到陳永貴，我說：「陳永貴是個漢奸。」

老首長顯出十分驚奇的樣子說：「什麼？漢奸？你怎麼知道的。」

我說：「我是看書知道的。」

「看書？看什麼書？」

我說：「《史記》。」

「《史記》？司馬遷？」

我說：「正是司馬遷的《史記》。」

老首長簡直驚奇到無以復加的程度。大概他以為我是故意賣關子，想糊弄他。他是什麼人，水平最高，又善於讀書，我怎麼能糊弄得了。瞎編的歷史，總是顯得自然而然的樣子，其實那是瞎編的，而真實的歷史，倒顯得很不自然，其實是真實的。

上世紀六十年代初，中華書局出版了據說是顧頡剛等人點校的《史記》，十冊，十元錢。我聽說後就託人走後門，好不容易買到一部。從此以後，我出差、下鄉、蹲點，走到哪兒都帶著這書，沒事時瞎翻一起。

一九六三年，掀起了一個叫做「新三反」的運動，第二年就演變成「四清運動」了。我當時在山西省人事局辦公室任秘書。山西省委組織了許多工作組，派到各縣去幫助領導「新三反」運動。由省人事局局長李文亮任組長的一個工作組，幹部都是人事局的，被派到平定縣去進行「新三反」。「新三反」一完又把這個工作組派到昔陽縣去，解決縣委的不團結問題。這時候，中央關於農村工作的「前十條」「後十條」都下來了，工作組的任務就是一面貫徹這兩個「十條」，一面解決縣委的不團結問題。

李文亮是昔陽人，他聽說去昔陽解決縣委不團結問題，他很高興，其實，壞了，他陷進了一個不大不小的泥坑，足可以淹沒他而有餘。抗戰時期，李文亮在昔陽縣當區長，縣委書記是陶魯笳。李文亮回到闊別多年的昔陽，人人見到他都非常尊敬，他也非常得意。在此期間，陶魯笳還來過昔陽，參觀大寨，當然也聽過李文亮的彙報。李文亮顯出信心十足的樣子。他以為，所謂不團結，也沒什麼大事，兩造各打五十大板，批評一通，各自檢討一通，也就完事了。其實，事物絕非想像的那麼簡單。縣委書記張潤槐是盂縣人，新來昔陽縣，昔陽人不賣他的帳，凡事都遇到各種阻礙。縣委常委們都是昔陽人，多數對他有意見。張潤槐得到地委的支持，地委認為常委們反對張潤槐就是反黨。常委們不憤，意見越鬧越大，矛盾加深，不好解決。這就形成了一種膠著狀態，各執一詞，互不相讓。

正在這時候，「四清運動」已經開始，從省裡派來了龐大的工作團，一百多人，都是省級機關的幹部。工作團長依然是李文亮。李文亮將這些幹部分成十多個工作隊，很快分派到各公社、各大隊去開展「四清」。

我們是白天開縣委常委會或常委擴大會。晚上沒事，常常在我的房間裡下棋，或者閒談。有一次閒談中，我對李文亮說：「《史記》寫到長平之戰的時候說，白起一下子活埋了趙國的降卒四十餘萬。這怎麼可能呢？一個人挖一個坑，得挖四十餘萬個坑，就是一百個人挖一個坑，也得挖許多坑，這工程太大……」

李文亮說：「恐怕不是現挖坑兒，挖不過來。抗日戰爭中，昔陽發生過一個西峪慘案，日本鬼子把一個村的人，全部活埋了，是利用村邊的一個水坑。」

後來，工作團決定派人去各工作隊檢查「四清」工作，恰好西峪有個工作隊，我自告奮勇說：「我去西峪。」

李文亮說：「你是不是想瞭解西峪慘案的情況？」我點了點頭，他接著說：「好，希望你寫一部描寫西峪慘案的小說。那是個全國有名的大慘案，你一定能打響。」

於是，我就來到了抗戰時期非常有名的西峪村。這地方在縣城正南三十多里，在大寨的正南，隔著兩道山，二十多里，屬三都公社管轄。在調查中，老鄉們一提起日本鬼子，充滿不共戴天之仇，對漢奸也非常痛恨。

他們說：「棒棒隊壞得很！都是鐵桿漢奸！」

我到昔陽以後，就從人們的閒談中聽到一個新名詞「棒棒隊」。我曾經問過兩三個縣委的常委，「什麼是棒棒隊？」他們都絕口不談，好像有所忌諱似的。一個姓張的年紀比較大的常委告訴我說：「組織上已經有過決定了，不讓提了。」他是監委書記，他的話大概是沒錯的。既然不讓提了，我也就不好再多問了。是在到了西峪以後，我才知道了「棒棒隊」是什麼東西。再加上我以後在昔陽縣城的一些調查，我不僅知道了棒棒隊，我還瞭解到一個關鍵人物，清水隊長。

清水隊長是日本侵略軍的一個連長。他帶著他的連隊駐紮在昔陽，大概有三、四年的時間。他穩紮穩打，步步為營，把昔陽建成了日偽時期一個不折不扣的模範縣。他的政策和策略很特別。我猜想這個人也一定是一個非常獨特的人物。他的思路與一般人不同，他不建立偽軍。如果建立偽軍，人員編制、吃穿、裝備、軍餉等等，而且最重要的一點是沒有戰鬥力。於是，他發明了棒棒隊。他向城區及附近的村莊徵調民夫，通知某村派年輕力壯的人若干，來縣城。一個村十個八個，或二、三十個不等。每個人披個舊棉襖，手裡提個木棍子，這就是「棒棒隊」之名的由來。這些人集中在城裡，清水管飯，白天睡覺，夜裡執行任務。

清水的作法是從縣城向外擴張，由近及遠，一個村子、一個村子的收拾。什麼時間收拾哪個村，絕無消息傳出。半夜一聲集合哨子，清水騎馬走在前面，後面就是他的正規皇軍和成群結隊的棒棒隊，多時棒棒隊有三、四百人。這是要上哪去，誰也不敢問，他也不說。一般是到一個地方，天明前，先把村子包圍。天明後，令棒棒隊進村，見人就打，見東西就搶，搶到什麼屬自己。無論牛馬驢騾，衣服財物，家什農具，物件不論大小，東西不論多少，只要拿得動，到手即為私有財產。這就算是皇軍給棒棒隊的犒勞。這樣的部隊，戰鬥情緒是很高漲的，徵調時人人都很踴躍，每次斬獲頗豐。還有更妙的地方，這樣的部伍，這樣的戰鬥，永遠不會有傷亡。棒棒隊手裡的大棒子，沉甸甸的，榆木棒或者棗木棒，足以抵擋婦孺老人的抗拒而有餘。偶然遇有年輕力壯的男人，他們如獲至寶，抓的就是這種年輕力壯的男人。

清水的政策是，一個村，進攻一次，抓十幾個年輕力壯的人來，放進城裡的監獄，然後同他們談判，一般是選出一個為首的人，由此人去見清水，當面談。事情也很簡單，派一個人回村去，建立維持會，等到把維持會建好，會長、副會長、各閭的閭長，一干人等由派去的那個人帶領，進昔陽城，面見清水隊長，聽取指令，表示恭順服從，保證按時向清水送情報，送官糧……然後把監獄裡扣押的其餘人領回，皆大歡喜。如若不然，比如回去的不回來了，餘下的人就必遭殺害。什麼時候殺，不知道。昔陽縣城建在一個小山頭上，縣監獄牆外是大坡，無論白天黑夜，想起來殺一個，把屍體隔牆一扔，順坡一直滾下去，就到了河邊。家裡人不分晝夜在河邊等，不然屍體扔出來，沒人抬走就被狼或野狗吃掉了。中國人曾經經過這樣的日子，嗚呼！

這一切，都是由那些聰明而獨特的人發明創造的。

我聽說，清水對大寨也是照此辦理。包圍大寨後帶走十四個人，其中就有陳永貴。公推代表去見清水並且談判的人也是陳永貴，是派陳永貴回村建立維持會，是陳永貴引領新建維持會的一干人等來見清水隊長。俗話說一遭生，兩遭熟。一來二去，陳永貴就成了清水隊長的座上客。陳永貴在縣城裡頗有點小名氣，因為他什麼時候想見清水，就能見到清水。當時縣城裡的小買賣人們，就稱陳永貴是「陳二鬼子」。這些情況，在我在昔陽的時間，一九六三冬——一九六四年夏，縣城裡的年紀大些的一般市民都是知道的。但是，遮遮掩掩，不肯說，也不敢說。我的地位，有所不同，一是外地人，口音不同，二是省裡來的小幹部。小幹部有小幹部的優越性，人們不大避諱你，也就是不太在乎你。所以，若要問我的情報來源，渠道多矣廣矣。何況大寨還有個四清工作隊，他們那裡不斷有情況傳來，我是四清工作團唯一的秘書幹事，自然一切情況都是我最先得知。

西峪是清水抓了一個典型，欺騙皇軍的典型。西峪距離縣城略遠一些，雖然建立了維持會，半年多不理昔陽的清水隊長，卻和八路軍常來常往，所以清水隊長要實施懲罰，全部殺光，此所謂殺一儆百者也。像清水這樣的軍國主義分子，除了全部殺光，殺一儆百的暴力至上的辦法，恐怕也想不出什麼別的好辦法來。

西峪村建在一個東西走向的山溝裡的北面坡地上，河溝裡沒水，夏天有水時，水向東流。村裡有前後兩條街，走出村來，兩條路合成一條路，在合併的地方有一個天然的三角大坑，雨季裡有水，飲牲口，洗衣服，雨季一過又是一個一人多深的大坑。清水隊長帶領的皇軍的連隊，在天明前就占領了西峪村周圍的山頭，東西兩個山口一卡，插翅難飛。不過在黎明的微光中，起得早的村民，不僅聽到了響動，而且看見了山頭上的日本膏藥旗。年輕力壯的人就開始找地方藏起來。可以藏人的地方甚多。這是一九四三年的秋後，村裡有雞窩狗洞，村外有秸稈堆和小片葦地。天明後，棒棒隊開始行動，弄得整個西峪突然沸騰起來，雞飛狗跳，鬼哭狼嚎，人仰馬翻，烏煙瘴氣……棒棒隊把人趕出家門，集中起來，後來就趕到了村東的那個三角大坑，把全村人不分男女老少，一律推下大坑。大坑裡是人挨人，人擠人，人壓人。然後站在山坡上的清水一揮手，號聲一響，棒棒隊向後撤，山頭上的機槍對準三角大坑掃射，過一陣槍聲停了，棒棒隊便衝上前去看，喊著：「還有活的！」棒棒隊又向後退，機槍又響起來，如此反覆兩三次，棒棒隊喊：「沒有聲音了！」於是清水發出指令，令棒棒隊用鍬鎬一類的農具，把三角大坑周圍高岸上的土石扒下來，把坑裡已經沒有聲音的屍體掩埋起來。土石剛剛掩蓋住屍體堆，也就是下午兩三點鐘的樣子。清水一吹號，撤！前面走著日本皇軍的正規連隊，後面走著各有斬獲的棒棒隊，浩浩蕩蕩，開回了昔陽城。此次行動，清水一方無一傷亡，沒有遇到任何反抗，戰果輝煌，製造了一個聞名遐邇的西峪大慘案。當時邊區的報紙上反覆的詳細的報導了西峪慘案，引起極大的公憤。然而對日本侵略者來說，這卻成了「三光政策」的典範，不久清水隊長就得到提拔，調到安徽去了。

我採訪過的老鄉，年紀四、五十的人都記得十分清楚，對我談的也非常詳細。當時藏著的人，聽見日本人和棒棒隊走了，急忙出來搶救親人。三角大坑裡當場死了一百三十多人，後來又有重傷若干人去世，共計一百六十餘人。仍然有不少從大坑裡出來的活人，他們雖說負了傷，但最後沒死。

有一個老太太，大約有六十多歲，她對我說：

「我腳小，站不住，我就坐在那個大坑裡，男人們站著，開槍後，他們中了槍，他們的血流到我身上，後來他們倒下，壓在我身上……我沒死，也沒有受傷。後來，我聽見有人喊，還有活的嗎？我就喊，他們才把我拽出來，這時候天還沒有黑，撿了一條命。」

為了以史為鑑，為了不要忘記過去的苦難，不要忘記先輩的血淚，在西峪村當街立了一通石碑。清楚地記載著西峪慘案的情節。我站在那石碑前，久久的沉默著。後輩兒孫們，三代以後，也許就記不得了。當然，能記住往事的人總會有的。一個有文字記載的民族的記憶，是很不容易消失的。所謂鑑就是鏡子，以史為鑑就是以歷史為鏡子。鏡子是無情的，它不僅照出了敵人的面貌，也照出了自己的面貌。歷史是可怕的。

我聽過陳永貴的訴苦，也算是接受貧下中農再教育吧。在五十年代以及文革前的那段時間，還沒有到叛徒、特務滿天飛的程度，報紙上廣播中有時還宣傳共產主義先輩革命家們在敵人的法庭上和監獄裡，怎長麼短同敵人做鬥爭的英雄事蹟。陳永貴的訴苦中，也有在敵人的監獄裡同日本人鬥爭的事蹟，說的就是在清水隊長的監獄裡的事蹟。我聽著不怎麼對味。要是想改變自己的歷史，不如重編一套來的痛快。因為在原有的經歷之上，只靠添油加醋是辦不成什麼事的。

我在西峪時，有老鄉告訴我，出事前一兩天，來過一個賣燒餅的人，這人從來沒有來過西峪，出事以後再也沒有見過他，有人後來就懷疑那賣燒餅的是個日本探子。我當時就想到了陳永貴。他訴苦時曾說過，家裡困難，沒法子，曾經做各種小賣買，其中就有賣燒餅……不過也只是想想而已，誰敢說出來。有些話是不敢說的，說了要命，再說天底下賣燒餅的多了……

陳永貴當時的地位是很特殊的。開始他是縣委委員，後來是縣委常委。以一個村（大隊）黨支部書記的身分，成為縣委常委，這是很不一般的。在解決縣委不團結的問題上，他的發言是有舉足輕重之意義的。凡是他的發言，李文亮都要我記錄下來，並且加以整理，列印出來，印發與會者參考。當時我覺得沒必要，並且我覺得他的發言很沒內容，我覺得很無聊，不過再一想，我就是做的這種無聊工作。列印出來的陳永貴發言，別人看不看我不知道，我是非看不可。

有一次，我仔細看陳永貴的發言，我發現陳永貴這個人真了不起，他真會說話。他總是喜歡東拉西扯，說的都是一些平淡無奇的雞毛蒜皮的瑣事，而實際上仔細聽吧，他是在攻擊縣委書記張潤槐。他常常是說的沒話說了，就提到一個女記者的事。

「一個人民日報的女記者。來到咱們昔陽縣，沒人管，在路上碰見我了。她說，永貴同志，我來了沒人理我，我遇到了困難，你看，沒人管。我說，不怕，到咱們大寨去，我們管。」

這位女記者的故事，陳永貴說了不下五次。至於她究竟是姓甚名誰，來昔陽幹什麼，他沒說，別人誰也不知道……

常言說，會說的不如會聽的。你仔細聽，他是說，從前張懷英在的時候，縣裡工作生龍活虎，現在張懷英走了，張潤槐來了。什麼事都沒人管，一個女記者遇到了困難，沒人過問……認真說來，陳永貴說的都是題外的話。因為縣委不團結問題，雖然有許多內容，而大寨問題卻是一個要害問題。張潤槐一到昔陽，就懷疑大寨的產量有虛報。他提出要檢查大寨倉庫的糧食。他要求一個實數。常委們反對這樣做，說這是要砍紅旗。後來，張潤槐又提出丈量大寨的土地，他懷疑大寨的畝產量不實，過高，懷疑隱瞞了土地面積。縣委常委們又群起而攻之。為這些問題爭論不休，公說公理，婆說婆理，不可開交。既然這些問題直接就是大寨問題，是砍紅旗和保紅旗的問題，大寨的支部書記，陳永貴能不表態嗎？他就是硬不正面表態，說起話來，雲山霧罩，讓人不可捉摸。我當時和人事局的同志們私下議論，我真服了陳永貴了，真是滑，滑到家了。老奸巨滑。昔陽縣常委會和常委擴大會開了三個多月，他說了不知多少活，沒有九車也有八車，沒一句話是可以刺痛張潤槐的，多麼巧妙啊。

對大寨的土地畝數和畝產量的懷疑是個大問題，這問題通了天。當時群眾頗有議論，一般幹部很是懷疑，就是大寨的村民（當時叫社員）也有懷疑。駐大寨的工作隊就曾不止一次反映過。此外對陳永貴的歷史問題也有不少反映。當時的工作隊長是省級機關來的一位處長，他要直接向工作團團長李文亮當面彙報，我沒法，只好領他來見李文亮。

那次情況大出我的意料，李文亮在聽到大寨畝產量問題的時候還比較冷靜，還對那個工作隊長解釋了幾句，當一聽到陳永貴的歷史問題時，李文亮顯出一種忍無可忍的樣子，把桌子一拍，勃然大怒。那工作隊長愣住了，我也愣住了。我當時就想，陳永貴的歷史問題，昔陽的幹部（主要領導幹部）是都知道的，因此我想到，原昔陽縣委書記張懷英也是知道的。甚至我想到省委書記陶魯笳也應該知道的。因為李文亮在一怒之下說：

「有關陳永貴的歷史問題，組織上早有了結論，你們無權議論，無權過問，這就是砍紅旗，說什麼群眾的反映，你們不要做群眾的尾巴，變成尾巴主義，知道嗎？」

原來如此。

不過我仍有疑問，這問題這麼大，這麼嚴肅，恐怕有一個人不知道，這就是現任縣委書記張潤槐。他若知道，他絕不會這麼公然同大寨叫板。他是個老實人，他沒有這個膽量。

關於縣委的不團結問題，我雖然在工作上緊跟李文亮，但我自己也有自己的看法。我不同意地委那種不分青紅皂白，只要是對一把手有意見，就是反黨。這種作法是權勢第一，無是無非，我認為很不好。

但是常委們死揪著張潤槐砍大寨紅旗的問題也不對，難道是紅旗就不准任何人有疑問嗎？紅旗是神聖的，老虎屁股摸不得。這在本質上是一種很不健康的思想意識。雖然這麼說，我一個外省外縣的新來乍到的小幹部，我不敢表示看法，再者也沒有我說話的餘地。況且，常委中的王貴科就曾經表示看不起我，我也不希望他一定要看得起我。常委們這種目中無人的神氣，是咄咄逼人的，在張潤槐當然感觸更深了。我認為這是昔陽幹部的通病，包括李文亮，我並且認為這是孤陋寡聞造成的，他們哪兒都沒去過，一張嘴就是他們本縣的事，世界觀過於狹窄。

王貴科，昔陽人。前不久，曾任和順縣縣委書記，要求調回本縣，願意做副書記、常委。縣委鬧不團結是他回來以後的事，很明顯，常委們是希望把張潤槐擠走，任命王貴科為昔陽縣委書記。這是很明顯的「排外」。

關於「排外」問題，從根本上說就是一個大問題，不好解決。宗教以及民族問題，總有一種嚴重的排他性，黨派也有排他性。我們甚至可以說，排他性正是他們的獨立性，這是很難正面解決的。如果你解決，他說他沒有此類問題，其實深入骨髓。誰都有排外情緒，但是誰也不承認，這就不好說了。這就是地方勢力的根。解決這樣的問題，沒有好辦法，互相讓步也未嘗不可。比如說地委讓個步，就把張潤槐調走，任命王貴科為昔陽縣委書記，昔陽也變不成國民黨的政權。如果他們演變成獨立王國，不服從中央和省委的領導，那時候再消滅他們也很容易。地委把問題看得太嚴重了，對張潤槐沒有絲毫批評，而對常委們卻寸步不讓，必要打成「反黨集團」而後快。我曾經一再考慮過此類問題，我發現，我們的思想早就僵化了，簡單化了。世界的多樣性，正是它的豐富性。簡單頭腦怎麼對付得了呢。我們所缺乏的就是一種靈活性。這樣的道理你能對誰講，誰又能聽？雖然這麼說，我對各地的排外是非常反感的。而且我對排外問題非常敏感，我甚至認為強大的秦朝正是由於「逐客」而亡的。我也有點絕對性，當然只是聊備一說而已矣。

但是，地委寸步不讓。派了專員、副書記謝子和到昔陽縣去，實際上是同李文亮對著幹。不久在山西省委三樓會議室裡，當著陶魯笳、衛恒的面，李文亮對當時的地委書記王繡錦拍了桌子。我是秘書，只是一個做記錄的，我在場。我覺得李文亮值不得這麼動不動就拍桌子翻臉。我認為這只是因為李文亮是昔陽人，所以才百般袒護昔陽人的常委們。陶魯笳當場拍板，調謝子和的工作組去左權領導四清工作。這就等於是支持了李文亮。

關於大寨的畝產問題，張潤槐一直公開質疑，這正是常委們反對他，說他是砍紅旗的理由。不過，一九六四年春夏之交，有一天，中央來了人，他就是農業部長廖魯言。聽說他是受毛主席委派，帶著十幾個農業專家，來調查大寨的畝產量的。他們在大寨待了十來天，臨走將他們給毛主席的報告，印發給昔陽縣委和四清工作團。這份報告我看過，只有幾百字，說：「大寨雖是旱地，但這種顆粒狀的黃土，它的每一顆粒就是一個小水庫，因此，大寨的畝產量，每畝七百至八百斤是可能的，可信的。」

這個報告打上去，也就是廖魯言離開山西不到半個月，毛主席就發出了最高指示：「農業學大寨！」

前年已經有了「工業學大慶」的最高指示，現在又有了「農業學大寨」的最高指示，不久又增加了一句，「全國人民學習解放軍」，這就成了一項完整的方向，全國人民歡欣鼓舞，有奔頭了。

誰知「農業學大寨」的最高指示，在昔陽卻引起了軒然大波。首先是大寨的四清工作隊，他們提出：「毛主席樹立大寨，是否也意味著要樹立陳永貴，如果這樣，我們有意見……」

為此華北局書記李雪峰同志，還專門對昔陽四清工作團發來了指示，指示說：「毛主席樹立大寨，是要求全國人民公社社員，學習大寨自力更生艱苦奮鬥的精神，不是樹立陳永貴，不能混為一談……」

李雪峰的指示一傳達，原來議論紛紛的群眾也就不再議論了。這個最高指示，以及廖魯言的報告，彷彿支持了昔陽縣的常委們，他們不由自主的顯出一種勝利在望的樣子。我也很高興，我是覺得問題解決後，就可以回太原和老婆孩子團聚了。

不久，各工作團的領導來地委駐地榆次開會，會上定了昔陽的常委們排斥張潤槐，是「反黨集團」，並且指出，昔陽的「反黨集團」是由文水縣委書記張懷英支持和指揮的，並且省人事局局長李文亮是他們的後台。

這一連串的會議，沒有讓秘書參加，我沒有參加，但是我也住在地委招待所。有一天，我看見張懷英來到李文亮的房間，大喊大叫：「我不反黨！」

我聽了很突然，雖然這麼說，這卻是我預料之內的事。它終於發生了，並且來勢甚猛。地委這麼決定，肯定是請示過省委的。不用問，自然是省委同意了的。李文亮是陶魯笳的親信，看來陶魯笳也是愛莫能助了。當時正是一九六四年夏季，全國都在四清運動的高潮之中，各地都抓了許多對領導有意見的所謂「反黨集團」。以山西而論，各地縣、各廳局，抓了許多「反黨集團」，其實都是因為一些雞毛蒜皮的小事，不過就是對一把手有點意見而已。如此一來，一打就是一大片。我想正是在這種形勢下，陶魯笳已經沒有辦法來保護李文亮了。李文亮有苦難言，幾天不吃飯不睡覺，神魂顛倒，詞不達意，成了一個病人。我作為秘書，我有責任反映情況，我就以個人的名以向省委寫了一封信，只說一點，李文亮病了，希望准許他回省城治病。兩天以後，省委秘書長史紀言給我打電話。

「你是林鵬嗎？是人事局的秘書嗎？你的信省委領導看了，現在正式通知，你和李文亮一起回來吧，我已經跟地委打過招呼了。」

我懷疑李文亮得了神經病。他雖然回到了他的家中，我還經常去看他。我請山大一院的神經科主任李文鐸來給李文亮診斷。他對我說：「李廳長只是受了點刺激，神經系統有點失調，吃點藥就好了。」

我反覆問：「神經病是怎麼發生的？」

他說：「神經病是遺傳，他家族裡沒有神經病史，放心吧。」

這時候，我不再想回昔陽工作團去了。我被安排在省四清政治部下面的一個編輯部裡任編輯，直到一九六六年八月被揪回省人事局批鬥為止。

四清運動演變成社會主義教育運動，十一中全會以後又演變成文化大革命。十一中全會是一九六六年八月初的事情，到八月中旬就天下大亂了。郭向新和原應文帖了對林鵬的第一張大字報，於是，就把我揪回了人事局。

新任局長王益民跟我談話，說：「李文亮是反黨分子，希望你積極揭發。」其實，這是兩年前的舊帳，我並不覺得奇怪。

我說：「李文亮並不反省委，也沒有反省委的事實。」當時所謂反黨只是說反省委。

「難道你對李文亮就沒有一點意見？」

「意見還能沒有，但都是工作方法、工作作風的問題，絕沒有反黨反省委的事實。」

其實，王益民任局長之後，對我是很好的。我只是覺得新任局長整前任局長，不合適，我很反感，才頂了他。他第二天就在會上宣佈，

「林鵬也是反黨分子。」

我當時聽了以後幾乎笑出聲來。

後來一再抄家，一再批鬥。抄家是為找我的反黨言論的材料，共抄了三次。起初只是抄信件，後來抄書，要在書上找批語，第三次是要我寫的小說書稿，說要拿去批判。

我沒有想到，前些年下鄉，我給我老婆的信，她都訂起來保存著。我在給她的信裡什麼都說，我說三面紅旗是三塊破尿布，一張嘴就是「三塊破尿布引出來的災難」。我問她：「我的信中有三塊破尿布的話沒有？」她說：「有。」我真的嚇壞了。後來，林鵬的反黨言論材料列印出來，我看了，沒有三塊破尿布的話，我才放心了。這事也許是他們沒發覺，或者發覺了卻保護了我，這也說不定。

但是，抄家的時候，我真是憤怒到極點。我岳母擔心我的處境，聽說是「反黨集團」，當天就病倒了。後來在聽說抄家之後，沒幾天，老人家就去世了，我難過極了。孩子們哭姥

姥，老婆哭媽，家裡哭聲不斷。正這時候，我父親不放心，來太原看我，看到這情況，束手無策，默默地回去了。我真的不知如何是好了。我真想拼了這條命吧，但是，孩子們小，下不了決心。

很快，一九六七年一月開始了奪權運動，紅衛兵奪了省委的權，人事局的紅衛兵也奪了人事局的權。省委改成了中共山西省核心小組。李文亮成了核心小組下面管組織工作的組長，我被調到核心小組辦公室工作。辦公室主任是核心小組成員劉志蘭。山西省核心小組很快就給以前的各個「反黨集團」平了反，給昔陽「反黨集團」平反的文件，給我看了，因為上面有我的大名。上面竟然有我的大名，這本身就出乎我的意料之外，昔陽「反黨集團」全部是昔陽人，只有我一個是外省外縣的人，我覺得很滑稽。

文件是鉛印橫排，李文亮、張懷英、王貴科等等，陳永貴在第一行的末尾，我的名字在第二行末尾。我笑道：「光榮之至啊，我的大名緊在陳永貴之下。」我的真實想法是，一個狼牙山的小八路，竟然在一個漢奸的名字下面。我是一個容易不滿的人。這種細微末節何足掛懷，但是也不要忘記，我還是一個經常因小失大的人。

既然核心小組已經給昔陽「反黨集團」平了反，上面有李文亮和林鵬的名字，自然人事局的紅衛兵（當時掌權的是一換再換的人事局文革小組）也就給我平了反，把抄去的書用平車推回了我家。

在平反會上當面把抄我的信件和書稿（我寫過一個長篇、兩個中篇）有到膝蓋高的一捆，當眾退還給我。我說：

「如果今後再遇到運動，再抄我的家，再要我的書稿，我怎麼辦？現在，我決定當眾付之一炬。」

我說完就把這一捆東西提到院裡，院裡有一個燒文件的水泥槽子，一把火把它燒掉了。比較要好的幾個同事，楊翰墨等人，晚上到我家，說我：「不應該燒掉書稿，費了許多心血，可惜，可惜……」

我說：「不，今後，要看書，看兩千年前的書，要寫書，寫兩千年前的事。」

這是我的豪言壯語。那是一九六七年三月六日，我的小兒子生日那天說的話，我實現了我的諾言。一九八六年我外孫滿月的那天，我完成了我的長篇歷史小說《咸陽宮》初稿。一九九四年北京出版社出版，六十餘萬字，到現在已經三次再版。

山西省核心小組成立不到三個月就分成了兩派。劉格平是一派，其他成員以劉貫一為首成了另一派。一九六六年四月十四日，劉格平發動了炮轟劉志蘭的事件。於是兩派陣線分明，水火不相容了。我是因為內心支持新的核心小組，不同意分裂。我很自然的站到了劉志蘭一邊，於是我犯了站錯隊的錯誤。

劉志蘭是左權的妻子，左權犧牲後，她嫁給了陳守忠。他們調來山西不久，對文革前的山西省委有些意見，無非就是什麼「排外」，「極左」之類，總之說不清。他們和劉格平、袁振等一起造了反，中央批准他們奪了權，然後，又分成兩派。不久在北京的七月會議上，他們失敗了，山西喊出了「打倒劉陳劉」的口號，劉陳劉即劉貫一、陳守忠、劉志蘭。新的核心小組成立後，我和李文亮都被排除在核心小組各辦公室之外，回家休息。

陳永貴、張懷英成了新的核心小組成員，張懷英成了核心小組辦公室主任。不久，核心小組又分裂了，袁振為首的一派堅持反對劉格平，劉陳劉的殘餘勢力緊跟袁振一派之後，派仗打的非常凶。這時，六十九軍進入山西支左，六十九軍和省軍區政委張日清支持袁振等。

我是有觀點卻不參加任何活動，在家看書。我從半坡街廢品收購站買些爛書回家讀，讀完了再賣給他們。買時一毛六一斤，賣時八分一斤，成本不大，看書不少。這個時間，我同李文亮聯繫極少，同陳永貴、張懷英等人更是沒有聯繫，因為觀點不同，所謂道不同不相為謀。見了面沒話。

一九六八年五月一日，這是國際勞動節，不容易忘。這天，有兩個省人事局的同事找我，一個叫王運良，一個叫王映亨，都是昔陽人。他們說：「張懷英一再說到你，希望你去看他一下，有話對你說，千萬去，一定去。」他們倆逼著我去，並送我到張懷英宿舍門口，我只好進去了。

張懷英當時住的是從前黃克誠的二層小樓，大概是這樣。我一進門就看見張懷英的老婆，姓喬。她顯出十分高興的樣子說：

「林鵬你來了，老張正在樓上等你。我正包餃子，你一定吃了餃子再走。」

樓上看樣子既是張懷英的辦公室又是他的臥室。屋裡只有張懷英一個人，看樣子確實是在等我。我看見他辦公桌上擺著一冊《漢書》，我的心情不是很好。我喜歡《史記》，不喜歡《漢書》，認為《漢書》許多是照抄《史記》，卻故作簡奧，故作深沉，很不好。

張懷英開門見山。他說：「林鵬，你應該改變觀點，支持劉格平，我希望你來核心小組，你來主持秘書處的工作，怎麼樣？」

我說：「你的秘書處，清一色都是紅總站，我來了，他們能聽我的嗎？我怎麼工作？」

他說：「你要改變觀點嘛，我告你說，張日清是叛徒，你不要支持他。」

我說：「兵團和紅聯站的人們也說劉格平是叛徒，你沒有聽說過嗎？」

這樣談話就算僵住了。張懷英沒話說了，我也就告辭了。

原來的核心小組辦公室主任是劉志蘭，我並不認識劉志蘭，但是，說讓我來，我很快就來了。現在的核心小組辦公室主任是我的熟人張懷英，又曾經是一個「反黨集團」的人，又讓我做秘書處長，我卻百般推脫，這是為什麼，我也說不清。想來想去，大概是陳永貴的過，我不願在他手下做事。這些內心深處的東西，在當時也不是很明確。後來人事局的同事們，當然也包括前述的兩位姓王的同志，都認為我這樣堅決拒絕是不明智的，不對。我這時才逐漸明確起來，是因為對陳永貴有看法，才這樣拒絕的。我一個八路軍，我不願意在漢奸手下工作。雖然明確了，卻不敢公然說出來。陳永貴已經是核心小組成員了。況且，人事局的人們還不知道陳永貴的歷史問題。

這年五月七日夜間，省政府大院的大喇叭，架在梅山上的，我的對立面東風兵團的喉舌，半夜忽然廣播：江青、張春橋、姚文元等中央首長的批示，「山西省人事局檔案室被砸被盜案件，一定要嚴肅處理……」等等，反覆廣播。

我聽了立即起床，對我老婆說：「這肯定是針對我的。」

我老婆也為我拒絕張懷英的事忐忑不安，她說：「可以肯定。」

我說：「我不能在家裡等他來抓，一旦抓去，扔進監獄，三年五年沒人過問，我先受罪。不行，我得躲起來。」

於是穿好衣服，先藏到我老戰友王奐家裡。

五月八日，五月九日，這兩天人事局的同觀點的人們，楊翰墨等人分析，肯定是對林鵬堅決拒絕張懷英的一種報復。他們連續到我家，告訴我老婆，讓林鵬躲遠點，往下看看再說。我想，誰不聽話，立馬下毒手，倒也像漢奸特務們的行徑。

我要想跑，都沒法跑，身上一文錢沒有。我得等到十號發工資之後才能走。當天，我老婆去代領工資，還不錯，發給了。老婆決定讓我帶三個孩子回狼牙山老家去。她說：「我看家，我不怕。讓他們來抓我吧。」

我不能回宿舍，我讓老戰友王奐帶上我的三個孩子買票上火車，請他把孩子們送到榆次。我怕火車站有人卡我，我買汽車票到黃陵下車，再上同一趟火車。然後，火車到榆次，王奐再回來。誰知王奐改變了主意。他說：「我送你們到狼牙山。」這樣我們就一同回到闊別二十多年的老家，河北省易縣南管頭村。

南管頭村，現在就叫狼牙山鎮。我老父親此時流亡在外，在淶源北山上，給山民們墊鞍子為生。家中只有我的二弟林鴻和他的孩子們，我有三個侄子，兩個侄女。雖然我二弟戴著右派帽子，家中倒也熱鬧。王奐到了狼牙山很是高興，天天外出寫生，弄他的美術創作，我看閒書。過了十來天，王奐先回太原，我接到他的信和我老婆的信，也於六月十日回到太原。

當時，山西省的公檢法合署辦公，叫做「專政委員會」，其中工作人員主要是解放軍的幹部。有關省人事局檔案室被砸被盜的案子，五月十幾號才接到文件，然後組織專案組去專辦此案。人事局檔案室的檔案員是個女同志，軍隊幹部的家屬，都是支持劉格平的一派，大概她不同意如此作法，就讓她請了個假，回部隊去了。另請辦公室幹事李槐旺代管檔案室。他的假案做的很笨，只把檔案室的鎖扭開，就完事了，他不敢真動裡面的東西。隨後他又換了一把新鎖。專案組的人員來查案，就是他接待，還有人事局的紅衛兵，他們一派的。

來人先問：「誰破壞的現場？」

自然是李槐旺破壞了現場，他換了一把新鎖，把扭壞的鎖丟掉了。

再問：「丟了什麼檔案？」

李槐旺說：「一件沒丟。」

又問：「丟了什麼別的東西？」

李槐旺說：「丟了一個吃飯的碗，一雙筷子和三張飯票。」

又問：「就是這些？」

回答：「就是這些。」

後來，專政委員會給的結論是：「檔案沒丟，只是扭壞了門鎖……現場已被破壞……你們這是謊報案情，必須向省核心小組做出檢討。」

檢討據說是寫了，送到張懷英處，張懷英看了，放在一邊，不了了之。

仔細想來，人事局的人們都是老實人，做個假案也不敢放開手去做，當時要是放一把火燒了檔案室，連同人事局那座小樓一起燒掉，眾口一詞說是林鵬幹的，他跑到天涯海角也會被抓捕歸案，三拷六問，他承認也是死，不承認也是死，誰敢替他說話？但是有一條，他們編造不出林鵬的作案動機來。

這時候，正在陳永貴直線上升的時候，出現了一些對他非常不利的情況。陽泉市蔭營勞改煤礦的一個勞改犯，說：「這個陳永貴就是我的上級，外號叫陳二鬼子，昔陽大寨人。」

當時各種報紙上大登特登「毛主席的好學生陳永貴」，「向陳永貴學習，向陳永貴致敬」，連篇累牘，不一而足。這犯人是看到牆上貼著的報紙，又見有陳永貴的照片，才這麼說的。勞改煤礦的領導知道後，反覆組織勞改犯們打這個犯人，說他是砍紅旗，是攻擊毛主席，說他是污蔑毛主席和他的好學生，罪該萬死！這個犯人又說出另一個犯人，他們同案，可以請他證明，另一個犯人被詢問時，也說了這是實情。不得已寫成材料，上報陽泉市革委會。當時在陽泉支左的市領導是陽泉市原武裝部長周雲濤。周雲濤到蔭營煤礦核實此一情況，核實後，他認為案情重大，親自帶著材料到六十九軍軍部，見了軍長謝振華、政委曹仲南，彙報此事。謝、曹經與軍黨委的常委們研究，派人去陽泉再次核實後，寫成報告，以謝振華、曹仲南署名直呈周總理，周總理很快批示，繼續深入調查。六十九軍於是成立了「陳永貴歷史問題專案組」，組長陳紹山，太原警備區司令。副組長劉旭，原北京軍區政治部保衛部的處長。支左時任山西省公安局副局長，和上述的周雲濤。

他們展開工作後，瞭解到陳永貴不僅是一般給日本做事的漢奸，而且是日本特務。清水在昔陽建立的特務組織，叫「興亞會」，會員數十人，專用於刺探當地八路軍的情報，後來又瞭解到，陳永貴是這個叫「興亞會」的組織幹事，即領導人。於是六十九軍軍黨委第二次向周總理上報了材料，周總理又批示，繼續調查。他們瞭解到清水被提拔調到了安徽，臨走要帶一些「興亞會」的骨幹走，要帶陳永貴，陳永貴不願走，清水帶走了另外五、六個人。於是在安徽的監獄裡，發現還有兩個活著的「興亞會」成員，他們也提供了證詞，同陽泉蔭營勞改煤礦的犯人的證詞完全吻合。六十九軍又第三次給周總理寫了報告。周總理又批示，繼續查。

軍隊幹部總是喜歡雷厲風行那一套。既然陳永貴的歷史問題已經調查清楚，謝振華就叫來陳永貴談話，指出他的歷史問題，陳永貴一聽著了慌，撲通跪下，乞求謝振華從輕發落。

他說：「這一切都是事實，我都承認，就是一點，我沒有去過西峪。」

這當然是此地無銀的伎倆。

但是，謝振華一聽很高興。他是指望陳永貴老實下來，山西的武鬥就可以真正制止。他不知道西峪是怎麼回事，他自然就沒有搭腔。有六十九軍的同志把這情況告訴我，我沒有說什麼，這是很簡單的道理，他所極力掩蓋的地方，那就是他的瘡。我沒有對人講過我去過西峪，我不想顯擺我的行徑。但是，我告訴六十九軍的同志，我說：「西峪是昔陽的一個村子，可以去調查一下。」後來我打聽過，六十九軍從未派人去西峪調查。我也就不敢再說了。

在這三次報告的過程中，出現了誰也預想不到的事情。第一次報告正值黨的九大召開之前，正是代表資格審查的時候，六十九軍的領導認為這下陳永貴的代表資格準得刷下來，結果是大出預料，沒有刷下來，順利的參加了黨的第九次代表大會。六十九軍的領導趕緊又把第二次報告送上去，結果是陳永貴當選為中央委員和政治局委員。第三次報告送上去，陳永貴出任國務院副總理。第三次報告批回來還讓繼續查，曹仲南私下對人說，不能再查了，再查他恐怕要當黨中央副主席了。有人評論，六十九軍算是徹底失敗了。這豈只是六十九軍的失敗，可以說這是整個歷史的失敗，徹底失敗了！

後來，打倒謝振華以後，一九七四年下半年，陳永貴是黨中央政治局委員，國務院副總理，山西省和王謙平列的省委書記，晉中地委書記，昔陽縣委書記，大寨公社書記，大寨大隊書記。古今中外，只有這麼一個人是一竿子插到底，獨一無二，空前絕後。

這個時間，陸陸續續從昔陽調了許多幹部到全省各地、縣去出任一把手，以便於開展學大寨運動。只一個省級機關，就從昔陽提拔了約二十名廳局部委級幹部。省委東西兩個大院，過來過去說話的人都是昔陽口音。

除了陳永貴任省委書記外，還提了一個原昔陽縣的常委、公社書記王金籽任省委副書記。這也是反黨集團的成員，王金籽在文革初期挨整比較厲害，後造反來到太原。他見到李文亮時，撲通跪倒，膝行向前，衝上去抱住李文亮的雙腿，痛哭失聲。我就在跟前站著。後來他當了省委副書記，大腹便便，扭著屁股，大搖大擺走在省委大院裡，見了我和李文亮，因為觀點不同，連話都不說。世態炎涼，有比這更活靈活現的嗎。我是無所謂，我從根本上說，就是一個無所謂的人。李文亮受不了，大為傷心。後來四人幫一倒，就把李文亮關進了監獄。把一個廳長抓進監獄，恐怕省委的陳永貴、王謙，以及王金籽都得簽字吧，不然誰敢抓。此是後話。

九大以後，全國的武鬥大體上說，都停止了，只有山西不知為什麼越鬥越凶。要我說，是因為山西存在著這些非常反常的現象，民眾不滿。頭一個就是陳永貴，對山西極度不滿。陳永貴曾經多次出國訪問，光一個柬埔寨，他去過三次，反覆向柬埔寨介紹白天勞動，晚上批判的有關七鬥八鬥的經驗。而在山西，學大寨運動卻開展不起來。他說：「大寨是牆裡開花牆外紅，全國都在學大寨，山西不動。」他提出要求「全省人民要為大寨做貢獻」，人力、物力、財力一切為了大寨。

因為山西武鬥不止，中央發了一個「七・二三佈告」（一九六九年七月二十三日），強行收繳武器，解散兩派的武鬥隊，同時將省、市（太原市）兩級全體機關幹部集中起來辦學習班。開始在昌平，後來因為戰備遷到石家莊。這個問題學習班辦了一年（一九六九年八月七日至一九七〇年七月二十日）。從始至終，我的對立面一直在喊叫，徹查省人事局檔案室被砸被盜之事。與我同觀點的人們對此問題不置一詞，我也概不涉及。反正也沒人說人事局檔案室被砸被盜是我幹的。我何必引火焚身。

我脾氣不好，發言時常罵人。因為我罵人，我受到了嚴厲批判，所以我的態度越來越不好。全學習班說大數是一萬人，人人都寫了檢討，叫做「鬥私批修交待材料」，只有一個人，一個字沒寫，這就是林鵬。當然這就叫表現不好，最終我只好是插隊落戶去當社員。我們全家於一九七〇年七月二十七日到了霍縣源頭大隊安了家。

調我回省工作的通知是一九七一年九月十二日下達的。這個日子好記，因為是「九一三」林彪葬身溫都爾汗的前一天，不容易忘掉。我回到太原，在省委的幹部辦公室報到，跟我談話的是一個解放軍，他說：

「有兩個地方讓你挑，一個是陳司令的抓五一六辦公室。另一個是業務組。」

我問：「陳司令？哪個陳司令？」

他說：「太原警備區司令陳紹山。」

我想起，聽說這人就是「陳永貴歷史問題調查組」的組長。我想我還是離他遠點吧。我說：「什麼叫五一六我都不知道，我怎麼抓？我還是去業務組吧。」那人笑一笑，給開了去業務組政辦室的介紹信，於是我被任命為這個政辦室的幹部組副組長。組長是解放軍，幹活的是我。

於是批林開始。

一九七二年批林彪，主要是批他的極左，謝振華作報告，大講左傾機會主義的危害，批林彪的搶班奪權。到一九七三年元旦社論，提出林彪不是極左，而是極右，因為他曾企圖暗殺毛主席。如此一來，批林就批不下去了。這年，一九七三年七月，人民日報發表文章，提出尊法反儒，提出批孔，說是刨林彪的祖墳。第二年，一九七四年春節，北京在首都體育館召開了一連串的萬人大會，中央首長們都講了話，正式鋪開「批林批孔運動」。

正在這時候，北京有一個戲曲匯演，或者是調演。山西送的晉劇《三上桃峰》被江青抓住了，說是「為劉少奇翻案」，罪名再不能更大了，並且說後台就是謝振華。三月七日上午，在人大會堂，中央領導以李先念為首，接見了山西的演出隊。

第一個是江青講話，她說：「我今天穿上軍裝就是為了炮轟謝振華……《三上桃峰》是個大毒草，是為劉少奇翻案的，這是謝振華幹的。」

接下來李先念講話，他說：「還是要支持王謙，他有一把子人。」

這次接見時，陳永貴在場，謝振華卻不在場。

稍稍知道一點底細的人，一眼就可以看出來，這是在替陳永貴報仇。演出隊的人們非常難過，有的甚至痛哭流涕，他們一回到太原，山西就展開了轟轟烈烈的批謝運動，王謙並且明確提出要查謝振華、曹仲南等人偷偷整陳永貴同志的黑材料的問題。

這就揪出了太原市警備區司令陳紹山。

在一次群眾大會上，王謙主持，把陳紹山弄到台上去。他站那裡不說話，下面廣大的小將們喊口號喊翻了天，陳紹山只是不吭氣。後來他轉過身來對王謙說：

「王謙書記，這事不能說，我不敢說。」

王謙厲聲喊道：「老實交待！」

陳紹山說：「我能說嗎？」

王謙又催促道：「說！」

陳紹山無奈之下，只好說了，說了不到一分鐘，王謙急忙地制止了他。這事我不在場，是同志們告訴我的。從這件事，我猜想，有關陳永貴的歷史問題，王謙大概根本不知情。如果他稍稍知道一些，也就不會這麼幹。難道一方面對陳永貴畢恭畢敬，言聽計從，唯恐拂了陳副總理的意，而另一方面又當眾揭發陳永貴的老底，況且這個老底一句話就可以說清，他是漢奸，並且是日本特務。老實說，王謙主持的那次批鬥陳紹山的大會，規模非常大，他等於把陳永貴的老底向山西兩派的廣大群眾徹底公開了。王謙再蠢也不會故意這麼幹。所以我敢肯定，他不知情。一聽說是黑材料，他大概以為是什麼派性材料。好一個精明強幹的王謙喲，糊裡糊塗跌了一跤。這一跤摔的非常響亮，啰嚓一聲，他把兩派都得罪了，同時也得罪了陳副總理。後來的事實也證明，王謙提拔的那一大批昔陽幹部，沒有一個真正支持王謙的。

一九七四年，批謝以後，十月，支左部隊撤出，省裡四大組撤銷，恢復原來山西省委、省政府的建制。從此我沒有工作，在家休閒。東西兩個大院原四大組的工作人員全部都重新安排工作了，就是只有一個林鵬，沒法安排。我只好在家看閒書，閒看書消遣。

拖了一年多，一九七五年底，王謙的夫人葛植青，省委組織部的處長，後來的副部長，找我談話。她是一個非常善於封官許願的人，說了大概是四個省裡廳局級單位，要我做一把手或二把手，我知道這是畫餅，不能充饑。我就急忙說，我沒有能力，也不是做官的材料，她笑著。

我說：「我是副處級，您就按付處級隨便安排我一個單位，有個發工資的地方，我就滿足了。」

「你想去哪個單位？」

我說：「哪個單位都行，只要不去輕工業廳就行，因為輕工業廳一個熟人沒有，兩眼烏黑。」

後來通知下來，任命我為輕工業廳科技處副處長。

通知是一九七五年十二月下達，我是在周總理逝世的第二天，一九七六年一月九日到輕工廳科技處上了班，上班就開追悼會。

中國人都是儒家的子孫。儒家重禮，特重喪禮，只要死個人，這就是大事，追悼呀，致哀呀，一次再次的祭典呀，沒完。於是北京就亂了。這種亂象，看上去就是送花圈，人人戴白花，戴孝箍。花圈就是送到天安門廣場的烈士紀念碑下，反正那裡有個烈士紀念碑，誰能擋住人們送花圈。而且中國的喪禮特重七，一七、二七……直到七七，這就是要折騰四十九天，有人講演，有人做詩，有人喊口號，有人朗誦，有人唱歌，更多的人是失聲痛哭，眼淚流成了河。到了四月五日清明節，這原本就是一個上墳的節日，天安門廣場就更熱鬧了，於是乎就發生了震驚中外的天安門事件，四人幫大打出手，一路棍棒，弄得天安門廣場血跡斑斑。

我上班看書，下班還是看書。

和我對面桌上坐的是科技處處長鄭銘，我看書，他看報，他不但看，而且還抄報。我問他：「怎麼還抄下來。」他說：「這報上一些批鄧的話很好，很重要，抄下來便於記憶。」他說：「你不看報。」我說：「我看書。」他說：「你在看什麼書？讓我看看。」我正在看《周禮鄭氏注》，他顯出十分鄙夷的態度說：「看這些東西幹什麼，沒用。」

我說：「是，是沒用。魯迅說，有病不吃藥，無聊才讀書。我是待著無聊，瞎看。」他笑了。

很快，九月九日毛澤東逝世，一個月後，十月七日，以江青為首的四人幫被抓，全國慶祝打倒四人幫。太原的慶祝打倒四人幫的大遊行共進行了三次。十月十七日一次，中央電視台不予報導，說沒有彩車不行。十九日又舉行帶彩車的大遊行，還不予報導，說沒有打著華國鋒主席的像，於是二十三日又舉行帶彩車並打著無數華主席像的大遊行，這才予以報導，就算中央認可了。

在這段日子裡，街上鑼鼓喧天，我在家裡自己抄家。片紙隻字都予以銷毀。有些筆記和零星稿紙上寫下的讀書筆記，不忍燒掉。我就包成兩個包袱。一包交給我的老戰友畢俊林保存。畢是支左時任山西省公安局副局長，此時支左撤出，他還住在太原，他說，不會有人抄我的家。另一包交我對門的好朋友田際康老先生保存。夜間十二點左右，我把這一包袱送去，他的夫人已經睡了。他在等我，他打著手電筒，領我到他的房子旁邊一個雞窩前，在雞窩的後邊有一個夾縫，把我的包袱塞進去。他說：「即使有人抄我家，也不會注意這個雞窩，即使我被抓，這地方你也知道，事情過後，你自己來拿。」我們說這些話時，幾乎掉下淚來。想起那些日子，人怎麼能不迅速衰老啊。

後來就是清查四人幫，華國鋒講話，一再說清查四人幫非常重要，要打一場人民戰爭。我自然是在劫難逃。不要說清查四人幫，不管是什麼運動，我也無法逃脫。然而，輕工業廳（當時叫局）瞭解我的人很多，省裡給我定為二類（一類是死黨，二類是骨幹，三類四類是嚴重錯誤和一般錯誤）而輕工業廳卻遲遲不動。後來，葛植青急了，帶了四五個人到輕工業廳造反，立逼著給林鵬辦隔離審查的學習班。輕工業廳的一把手楊達只好給我辦了學習班，騰出一間房子，找了兩個工人看著我，老婆孩子給我送飯。

因為沒有材料，所以也不開會。我在學習班裡還是看書寫字，消磨時光。我的「學習班」一直辦到三中全會以後，一九七八年十二月底才算結束。

一九七九年過完春節，我就到北京去看望我的老首長史進前同志，他這時已是總政治部副主任，並且是全軍落實政策辦公室副主任。（主任是鄧小平）

他說：「你來了，很好，住下，以便落實你的政策。」

我住在畢俊林的宿舍，他是分了房子，可是他的家屬還在太原，還沒來。一天，陳紹山來看望畢俊林，這時，我才第一次見了他的面。他為調查陳永貴的歷史問題，挨了一系列的整，簡直是死裡逃生。但是，他說：「材料都是真實的，陳永貴就是漢奸，就是日本特務。」

他對我和畢俊林說：

「我把有關陳永貴的歷史材料，複寫了好幾份，一份交給我的兒子，對他說，如果我死了，你要為父報仇，把材料送到中央，要求嚴肅處理陳永貴。另一份交給我的老戰友、好朋友，要他想辦法交給中央。還有一份，縫在我的棉衣裡。我這次來北京，誓死也要把材料送到中央。」

他詳細給我們講了陳永貴的歷史問題，我們耐心的聽著。

陳紹山走後，我和畢俊林議論起來，畢堅持說，陳紹山為此挨了許多整，差點兒沒把命丟了，他神經了，你看他那樣子，神經已經不正常了。

我說，他還以為中央一無所知，恐怕早就知道的一清二楚了。畢俊林吃吃地笑著。

史進前主任說，落實我的政策，是指一九五二年在「三反」中，我在六十五軍工作時受的處分。當時，讓我檢討個人主義和個人英雄主義，我檢討了，就給了我一個意想不到的處分，撤職、留黨查看的處分，一擼到底，成了新戰士，卻又任命我代理主編。我受過這種莫名其妙的洋罪。後來，我不想在軍隊幹了，堅決要求轉業。一九五八年到了山西省人事局工作。

當時處理我的一個軍首長，開始是政治部主任，後來是六十五軍副政委，叫陳宜貴。一九七九年春，他給六十五軍軍黨委寫了一封信，他說：「我回想我的一生中錯誤處理的就是一個林鵬，我聽說他講我的怪話，我懷恨在心，一九五二年利用三反機會，給他一個莫須有的罪名（不服從命令）將他一櫓到底。這完全是我個人的責任，是我打擊報復，我向六十五軍黨委作檢討，希望給林鵬同志徹底平反。」等等大意如此。

於是六十五軍黨委做出決定，給我徹底平反，恢復十四級。但是，在山西省不給落實。我當時已經是十六級，落實不落實，我倒無所謂，老戰友們和同事們都勸我，你要努力爭取啊！

這就到了一九八〇年春天。有一天，我看見趙滿倉進了我對門的李成元家，我就去見他。這都是「昔陽反黨集團」的人。趙一九六四年是昔陽縣常委，組織部長。現在是省委組織部副部長，李成元是昔陽縣委辦公室主任，現在是山西省外辦的主任，和我同住東花園。我住平房，他住樓房，對門。當時同住東花園宿舍的，昔陽人提拔為省廳局級的幹部共有四人，都是「反黨集團」的，但因為觀點不同，見了面不說話。

我見了趙副部長，就談我的政策落實問題。

他說：「唉呀，有困難哪，不好落實。」

我說：「困難在哪？是不是葛植青不讓落實。」我知道這些副部長們都是看葛植青的眼色行事。

他說：「啊，是。」

我說：「如此說來，就沒辦法了？」

他說：「沒有辦法了。」

我說：「沒有辦法了，我就有辦法了。」

他說：「你有什麼辦法？」

我說：「我等待王謙垮台！」

他哈哈大笑一聲，說：「那是不可能的。」

我說：「趙副部長，我等得上！」說完我就出來了，回到我的宿舍。

半年以後，一九八〇年十月。王謙調走，去了重慶。王謙走後，被抓進監獄的李文亮等人立即被釋放，很快我的政策也就落實，轉年，工資普調一級，我就成了十三級。

有一天，山西省軍區的副政委趙保華同志來看我。趙保華，易縣老鄉，又是老戰友。年輕時，他當保衛幹事，我當宣傳幹事，一個部隊。我們一向是好朋友。雖然他官大，並不把我當外人。在山西省軍區期間，三天兩頭來看我。我們之間無話不談。

有一天，跟前沒人，我說：「說起過去的事兒來，就說三反吧。陳宜貴主任，後來當軍副政委，官不大，僚不小，昂首天外，不可一世，硬說我講過他的怪話，因此對我懷恨在心，最後對我進行打擊報復。你知道這怪話是誰說的，趙副政委，是你說的。這怪話成了史進前的炮彈，在軍黨代會上猛攻陳宜貴。陳宜貴狠狠批評我，我不承認，狠狠頂了他。我後來找史進前問他，他說，不是你說的，是趙保華說的。我當時要是不注意脫口而出，就把你趙保華給賣了。我這個人是『臨財不苟得，臨難不苟免』，反正我也有缺點，驕傲自滿，脫離群眾，讓我檢討，我就檢討。只是給的處分太重了。我受了三十年的罪。」

他說：「老林，這情況我都知道，所以我一輩子就佩服你一個人。」

我說：「趙副政委，你現在行政級別是幾級？」

他說：「我十二級。」

我說：「你十二級，我十三級，我夠了。從今以後，我是豬八戒摔扒子，我不給他們玩兒啦！」

後來，有一天，趙保華副政委告訴我，

「今年中央五十二號文件，發至省軍級，剛發來，內容非常簡短，中央關於陳永貴的歷史問題的決定：陳永貴曾經當過漢奸，當過日本特務，因為時隔過久，中央決定不予追究。」

他又說：「怎麼樣？林鵬同志，中央不追究了，你還要追究嗎？」

我說：「趙副政委，趙保華同志，我明確告訴你，我從來就沒有追究的意思，我只是不願意緊跟罷了。」

我們一同哈哈大笑著。記得這是一九八三年的某一天的事情。

大約隔了兩年，或者是三年，陳永貴在北京逝世。

王貴科在文革開始時，受到嚴重迫害。有一天半夜，他扛著個行李捲，來到我家，把行李寄放在我家，一直到奪權之後。想來他也是極度缺乏朋友，遇到困難時想到的只是一個反黨集團的不及不離的人，並且是他曾經表示看不起的一個人。他後來終於當了昔陽縣的一把手，昔陽縣革委會主任，不久就去世了。

王金籽後來被降級使用，任命為晉城縣二把手。不久，聽說要查他和陳永貴的關係，他急了。事情牽扯到他哥哥，他哥哥是個教員，因強姦幼女被判刑在押，他就把他嫂子介紹給陳永貴。後來，陳永貴便給自己老婆的前夫徹底平反，並且安排了很好的工作。這一類的事情聽起來非常醜惡，迫於壓力，王金籽就自殺了。

張懷英被王謙任命為運城地委書記。在清查四人幫時，張懷英大打出手，把運城地區搞得烏煙瘴氣。王謙走後，張懷英被撤職並開除黨籍，回到昔陽縣城住閒。九十年代後，他曾兩次來我家看我，他說：「我來太原，誰也不看，就看看你和李文亮同志。」我笑著說：「榮幸之至呀！」前些年聽說他去世了。他去世幾年之後，有一個昔陽人送我一本張懷英的著作，《聊天錄》。我看了，我感到，老幹部們有種通病，好為人師。

李文亮八十年代被任命為山西省監察廳副廳長，心中充滿了憤憤不平之氣（他五十年代就是正廳級）。李文亮究竟是個昔陽人，一提到昔陽人，那怕就是反黨集團的人，他總是一往情深的樣子。我則不同，我怕提昔陽，一提昔陽，我就有點幾乎要打冷戰的意思。

前幾年我讀到一本要緊的書，張戎的《毛傳》，香港開放出版。這書披露：「興亞會」的全名是「興亞建國運動委員會」，總部設在上海。一把手是日本人，大特務頭子松井英一，二把手是中共的潘漢年。「裡面重要成員都是中共派去的。」（該書一九一頁）

歷史是怎麼走過來的，鬼也不知道。歷史書應該怎麼寫，鬼也不知道，所以此文題為《孤萍浪記》。孤萍者，寡人是也，浪記者，記也可不記也可耶。

李斯的性格

人常常因為形勢的不利而遇到挫折，或者因「政策」的變化而遭受磨難。這是最痛苦的事情，一籌莫展，無可奈何。以李斯而論，他幹得很好，沒有任何過失，沒有受到任何讒言。他得到國王的信任，受到同僚們的仰慕。應該說他很順利，並且得到了成功。他是個很乖的人，適應能力很強，年輕時候學習很努力，後來出外做事，忠實可靠，認真負責。他本來可以青雲直上，只因為他是山東六國人，他在被逐的客士名單中，突然之間被無端驅逐出境。限他五天之內離開咸陽，七天之內出渲關，十天之內出峪關……他是下蔡人，他只有回故鄉下蔡去了。

當時的山東六國非常軟弱，主要是上層腐敗之極。王族早已腐敗透頂，公卿大夫們也跟著腐敗。親戚們拼命的往上爬，爬上去不是為國家民族，而是為個人利益，直截了當的說，就是自己儘快的腐敗。這一情況使廣大的有志之士感到失望。他們寧肯出世，不肯人世，換句話說，寧肯餓死山林，不願到腐朽透頂的官僚行列中去謀取一點殘羹剩飯。當時六國的士人，都把秦國看成是「虎狼之國」。這是因為秦國近百年來一直向東發展，蠶食諸侯，侵略四方，貪得無厭，不顧仁義。然而《孟子》說：「霸必大國。」要統一中國，必須有實力，無論實行王道抑或霸道，必須是大國。所以有志之士紛紛西上人秦。正是有鑑於此，當年在荀卿門下時，同學們爭論出世人世的問題，李斯才說了有關倉鼠和廁鼠的那一段話。那一段話非常有名，只是過於激憤。從此以後，李斯得了一個「倉鼠」的雅號。認真說來，李斯的意思完全是正確的。學了知識，有了本領，不去用它，卻躲進深山。說什麼清靜無為；修真養性。說什麼等待堯舜再世，等待太平到來，等待黃河澄清。李斯反對這種作法，這是正確的。此所謂來世不可待，往世不可追。大丈夫生於當世，既然學了知識，有了本領，就要有所作為。即使虎狼之國也要去，盡自己的力量，起一定的作用。

然而，真正要有所作為，又談何容易。逐客令就像晴天霹靂，並且不偏不倚打到自己頭頂。事先既不能防備，事後也無法挽救。無可奈何。司空馬說：「人生活在世界上，就像黃河裡漂流的一片樹葉。」李斯難過之極，他想道：「我恐怕只是那樹葉上爬著的一隻螞蟻。」當王綰向李斯宣佈逐客令，要他立即收拾行李的時候，李斯掉了眼淚。

「怎麼？」王綰問道：「先生莫非反對逐客令嗎？」

「不，不！」李斯急忙答道：「怎敢。」

李斯知道，如果稍有反對逐客令的表示，王綰就可以立刻把他送進雲陽監獄。李斯知道王綰是積極主張逐客的。況且，他們認識不久，任何話都不敢說。李斯很想找人幫忙，找誰呢？舉目無親。他來秦十年，在呂府待了八年，所認識的都是呂府的人，都在被逐之列。同李斯比較談得來的，如尉繚、應曜、周術、綺里季等人，都已經不辭而別了。當尉繚、應曜亡歸的時候，李斯心中很是不以為然。現在他才醒悟到，他們的見識比他李斯高得多。李斯因為自視才高，不免傲視一切，現在好了，他也不免流落風塵，去做一個食不潔的廁鼠了。

他一面收拾行裝，一面苦思冥想，突然他拍案大叫道：

「不！與其無所作為，毋寧死！」

他的僕人聽他大喊，過來問道：

「大人將何以處之？」

「與其歸隱，不如速死；與其後退，不如前進。既然連死都不怕，還怕什麼雲陽監獄！快，拿刀筆竹簡來。」

李斯曾經多次同秦王政談過，李斯認為秦王政能思索，能傾聽，即使艱深的道理，也能理解。這種印象，鼓勵著李斯。這一年，李斯三十六歲，血氣方剛，文思正猛。到天黑時候，命僕人打著火把，他寫完了他那皇皇巨文《諫逐客令》。強大的秦朝，因為時間過短，簡直就是曇花一現，它給後人留下的值得紀念的東西，只有暴力，沒有文化。所以李斯的《諫逐客令》就成了秦文中最優秀的篇章。其實這堂堂秦文，卻出自楚人手筆。後人不暇思之，正如後人不暇哀之一樣。這篇文章，受到後人的推崇。冬烘先生們搖頭晃腦而誦，只覺得意味無窮。其實，它同戰國諸子的論述和策士們的談說相比，真是小巫見大巫。

如果仔細一讀，就可以發現李斯並不反對逐客，只是不贊成不分好壞一律逐之的做法。這同秦國的貴族們，所謂「宗室大臣們」的想法，頗有相通之處。秦國貴族們並不反對享用外國的珍奇異寶，這個道理不用同他們講，他們也知道。秦國貴族們也不反對使用六國尤其是三晉的才人學士。在秦國做過宰相，立過大功的人，像有名的百里奚、商鞅、張儀、范睢，包括呂不韋，秦國貴族們知道他們曾經有功於秦。在戰國末期，山東六國尤其三晉，政治經濟和學術思想比較先進。秦國貴族看到近十年來，尤其自呂不韋編撰什麼春秋以來，山東士人像潮水一般湧向咸陽。呂不韋就像一攤臭狗屎，招惹著大大小小的各種各樣的蒼蠅。這些誇誇其談的客士們，體可避免的會把六國已經普遍存在的民主思想偷運到咸陽來，從而不可避免的會改變秦國原有的傳統意識和傳統政策。當時的說法是王道與霸道之爭。秦國的貴族，「宗室大臣們」，堅持霸道。他們認為，六國西來的客士們，出身微賤，思想荒謬，大多數都是自由民，甚至是自耕農，自然要擁護他們自己胡亂解釋的無父無君的所謂王道。秦國貴族們像害怕鼠疫一樣，害怕山東六國的客士們帶進咸陽來的民主思想。秦王政深深懂得這一點。正在這種緊要關頭，茅焦做了秦國貴族的代言人。王綰、馮劫、馮毋擇等人是完全贊成逐客的，只是他們拙嘴笨舌說不清道不明，而且也缺乏足夠的膽量。茅焦一說，他們拍手稱快，積極附和。這就是促成逐客令的根本原因。李斯對這種背景，非常瞭解，所以他不反對逐客，只是不贊成「不問可否，不論曲直，非秦者去，為客者逐」的做法。這也是秦國人粗糙的地方。他們越是著急，那就越是粗糙。他們以為「一切逐客」，才乾脆，才痛快。沒想到倒髒水時，把孩子也沒出去了。

秦王政遇到第一個難題，就是秦國貴族的代言人茅焦。秦王政剛剛任命茅焦為太傅，立刻就要驅逐出境，這實在太令人難堪了。接著，太后發來了御旨，要求把她「穎考叔」留下。茅焦自己倒也無所謂，他根本就不打算在秦國為官。他來咸陽，另有原因，況且他已經是七十多歲的人了。他聽到逐客令下，心中非常高興，收拾行裝，準備即行出關。如果僅僅是一個茅焦的問題，去也罷，留也罷，倒也無足輕重。正在秦王政悶悶不樂的時候，樊於期報告說：

「啟稟陛下，蒙毅正在收拾行裝。」

「他要幹什麼？」

「他說，他也是客籍。」

「名單上沒有他。」

「他說，他估計會有他。」

一百年來，在秦國立過大功的山東六國士人，包括商鞅、范睢在內，在秦國沒有留下子孫，更沒有在秦國做官的子孫。只有呂不韋的朋友，大將蒙驁留下了子孫。蒙驁是齊國人，他兒子蒙武生在齊國，孫子蒙恬、蒙毅生在咸陽。秦國人一向把他們當做客籍對待。雖然他們一切生活習慣同咸陽人一模一樣，但是，他們說起話來，仍然帶著山東口音。當世來的算客籍，上世來的算不算客籍？這個界限，很不容易劃開。如果出生在咸陽的就不算客籍，那麼，許多人家就是只驅逐老子，不驅逐兒子。這就是當時的，也就是秦王政的難處。

在秦王政的心目中，最嚴重的危機是長安君成蟜的叛亂，河東的戰鬥正在激烈地進行。在西面抵抗成蟜的是蒙恬，在東面，帶領大軍駐在東郡的是他老子蒙武。目前蒙武具有無可比擬的戰略意義。他用大軍壓境的形勢造成秦國外交上的勝利，迫使齊國和趙國絕交，從而使趙國不敢出兵支持成蟜。如果咸陽在這種時候下令驅逐他的老婆孩子和老母親，他就不可能再執行他的任務，不再威脅邯鄲，甚至有可能同趙國一起支持成蟜。如果蒙武支持成蟜，他兒子蒙恬絕不會同自己的老子作戰，那時候，蒙恬就是成蟜的開路先鋒。這太可怕了！即使名單上沒有這種半客籍的將軍也不好辦，消息傳到前線，足以動搖軍心。前面已經有過蒲鶮的倒戈，後面不能再有個蒙恬倒戈。秦王政睡了一宿起來，他拍著自己的大腿叫道：

「錯了！錯了！又錯了！」

這時候，丞相王綰裡進一冊竹簡，這就是李斯的上書：《諫逐客令》。

秦王政讀到「不問可否，不論曲直，非秦者逐」拍案叫道：

「對呀！對呀！」

秦王政完全能夠充分理解李斯的話。那話的實際含義就是：「如果呂不韋有什麼陰謀或不軌，可以下令驅逐呂不韋及其一夥，為什麼要驅逐我李斯呢？」

只有像秦王政這樣，有足夠的勇氣，能夠立即糾正自己的錯誤的人，才是歷史上真正強有力的人。不過秦王政一生中，也就只有這麼一次。可惜這難能可貴的一次抉擇，歷史家們只是一筆帶過，並且糊裡糊塗的只歸功於李斯。這在秦王政來說，只是順手人情，接到李斯的上書，立即廢除了逐客令。這件事給王綰等人極為深刻的記憶。人們雖然極端痛恨山東六國的乞食者們，但是他們知道秦王政十分信任李斯，所以他們終生都不敢同李斯較量，縱使他們的官職比李斯高得多。

廢除逐客令的聖旨宣佈之日，已是逐客令下達的第四天，李斯已經出了咸陽。走在咸陽以東平擔的大道上，李斯的心情淒涼痛楚。古人往往走在咸陽以東平坦的大道上，李斯的心情淒涼痛楚。古人往往以吟誦代替哭泣，他高聲吟道：

椽椽周道，
鞠為茂草。
我心憂傷，
鈺馬如按。

路旁田壟上躺著一個農奴，他對李斯說道；

「老爺是被驅逐的客上吧？」

李斯見那人黑得像紫鋼一樣，四肢裸露，腰裡圍著一塊破羊皮，脖子上戴著個大鐵索。其人聲音洪亮，帶著濃重的大梁口音。

「是的。」李斯答道。

「他們怎麼只驅逐當官的，而不驅逐奴隸呢？」那農奴揚起手來大聲喊道：「希望他們開恩，把山東六國的奴隸都驅逐出境。」

「足下是大梁的俘虜嗎？」李斯問道。

「酸棗一戰，不幸被俘。」

「五年啦？」

「五年啦！」那奴隸歎口氣說道：「五年之內，逃跑五次，都未成功。大夫無可奈何，花錢從南陽買來這個，」他指指自己脖子上的鐵鎖，「賞賜給我，終生享用。」

大風大雪之中，麥子都已凍死。雪化以後，風吹日曬，麥子已經枯乾。只好把它們割掉，隨便堆放在路旁的田壟上。那農奴就躺在半乾的麥草堆上，仰著頭同馬上的李斯說話，彷彿他們是老朋友一般。

「其實先生不必悲傷，他們驅逐你，你正好走路。就是他們不驅逐你，你也無須在此停留。秦本虎狼之國，何必為他們賣力。犯不著！堂堂丈夫，齊楚趙魏，所到之處，皆有可為。

我嗎？你不必擔心。我們一共五個奴隸，大夫花錢雇了兩個監工，手裡提著皮鞭，遊來晃去。現在監工累了，到那邊郵亭裡喝水去了。另外四個奴隸正在勞動，看看，那邊，他們都是好隸臣，我不然，我是戴鐵鎖的狂奴。我可以休息休息。監工的來了，也不敢怎麼樣我，打起來，我一個人對付他們倆。還是方才的話，先生如果能聽葛蕘之言，還是高高興興地走路。是楚國人嗎？」

「是的。」李斯覺得他說的都是好話，心情稍微愉快了一些，說道：「上蔡人氏。」

「先生如果不回上蔡，請到大梁去吧。信陵君死後，魏國已經渙散。雖然如此，魏國的仁人志士多如牛毛。先生去了一定能有所作為。」

李斯點了點頭。

這時，落在後面的李斯的僕人，已經趕上來。李斯向那奴隸一拱手，說道：

「足下保重，再會。」

正走之間，李斯看見禁衛軍的將士們押著任團迎面過來。李斯想起任固是呂不韋的親信，趙國人，擔任著丞相府謁者令的官職，這次也在被逐之列，只聽任固喊著：

「我不是華無傷，我是任固！」

禁衛軍的一位年輕的將軍，用長戈的木柄敲打任固的頭。任固看見李斯，突然喊道：

「李大人，可以證明我是誰。」

那年輕將軍過來給李斯施禮，說道：

「國王陛下命令抓一名盜賊，我們費了九牛二虎之力好容易把他抓住了，他不承認是盜賊，說是丞相府的謁者令，叫任固，煩請大人看一看，他是任固嗎？」李斯在呂府擔任舍人多年，與這任固是同事，當然認識。但是李斯又一想，「我現在已經不是秦國的官員，我已經沒有任何責任，我也不應該平白招惹是非。況且這任固是呂不韋的衛士。呂不韋有種種陰謀活動，或許國王已經有所察覺。包括這個任固，他們的案情重大。我李斯就要離開秦國，前往中原，漂流南北，管他們的閒事何為！」

這時任固對李斯說道：

「李大人，請你幫個忙。他們要抓一名盜賊，說是叫華無傷。什麼華無傷，我從來就沒有聽說過。請李大人證明一下，證明我是任固。」

「李大人，」那年輕的將軍見李斯遲疑著，便問道：「您認識他嗎？」

「不認識。」李斯說道。

「走！」那年輕的將軍大聲命令道。

禁衛軍的將士們簇擁著任固，朝咸陽的方向奔去。

「仲山甫既明且哲以保其身，」李斯走在路上反覆想著，「況且我李斯落到這種地步，自顧而不暇，還管什麼別人的真真假假，是是非非。」

李斯看見渭河的水，清如藍染，涇河的水則黃如泥湯，當它們匯合以後，好像在賭氣，一邊是清如藍染，一邊是黃如泥湯。李斯想道：「清的又怎麼樣？濁的又怎麼樣？前面不遠就是渾濁的黃河。她們都要流進那渾濁的黃河，然後浩浩蕩蕩奔人藏污納垢的大海。我李斯苦讀半生，辛苦半生，掙扎半生，跟著呂相，忠於呂相；跟著泰王，忠於秦王。自視多才，自詡清高，又怎麼樣？如今只落得生不如徒販，死不如隸臣。」他想到這裡，潸然淚下。

「老爺，」僕人說道：「後面有人喊您。」

「李大人慢走，李大人，請等一等。」

李斯回頭一看，只見有人高喊著飛馬而來。李斯已經認出他是御史府的郎中王戊。李斯對僕人喊道：

「快走！」

李斯騎的馬是一匹不值錢的老馬，鞭子頻頻打下去，無奈牠腿腳不靈活。這時，氣喘吁吁的王戊已經追了上來。他見李斯不住的打馬，便急忙越過李斯，將自己的馬橫在當路，說道：「李大人，陛下，有詔，特命大人，回去。」王戊喘了一口氣，又補充說道：「陛下特命王戊，追趕。」

「足下追趕何人？」李斯問道。

「追趕大人呀！」

「什麼大人？姓甚名誰？」

「李斯大人！」王戊驚訝的說道：「您怎麼啦？」

「我不是李斯。」李斯用鞭一指說道：「請讓開路。」

「李大人，這是什麼意思？」

「是要追捕李斯嗎？」

「您這是說的什麼話？」王戊喊著。

「不然為什麼特命御史追趕？」

「因為我們熟識。故而陛下特命王戊前來，請勿多疑。」

「李斯已經出了藍田關，我叫張騰。請讓開路。」

「李大人，」王戊喊道：「請讓王戊把話說完。李大人的上書，陛下看過了。那上書真是精彩之極，亙古未有之奇文呀！陛下為之擊節歎賞，當即下令廢除逐客令。所有的客士都要請回，官復原職，絕無歧視。國王陛下思念賢才，如饑似渴，尤其思念李大人。現在陛下正等著會見李大人，大人務必請回。也使王戊的光榮使命得以完成。」

李斯聽罷，心中大喜，但是勒馬道左，緊鎖雙眉，依然遲疑著。

「老爺，」李斯的僕人說道：「既然陛下有詔，老爺理當奉詔。」

李斯看著王戊，將馬鞭向西一指。王戊笑道：

「多謝大人。」

「王兄，」李斯說道：「在下這條命就交在你手了。」

「是何言哉！」王戊一拱手笑道：「大人飛騰有日，王戊願追隨左右，侍奉大人。」

二人並轡走著。只見太陽像一顆火晶柿子一樣，懸掛西天。咸陽城闕已經隱在一片炊煙之下了。

突然，李斯看見任固躺在道旁，跟前站著幾個禁衛軍的武士。李斯暗暗驚叫道：

「死啦！」

「這是怎麼一回事？」王戊上前問道。

「這是國王陛下命令捉拿的一個盜賊，他叫華無傷。」一個武士答道。

「這傢伙實在太壞了！正走之間，他突然動起手來。這傢伙武藝很好，打死我們三名武士，打傷四名，我們的將軍也負傷了。這強盜，也死了。」

李斯下馬，垂著頭站在任固的屍體跟前。他站了很久，只聽得晚鴉陣陣，心中無限淒涼。

「任兄，你不要恨我。秦國的事情，複雜得很。我的處境也是危難萬分。我們都是軟弱的，猶如蟲豸。即使我能證明你是任固，他們要害你，還是一樣的害你。我李斯驕傲半世，實則較弱之極。我不可能成為仲山甫。我只好『柔則茹之，剛則吐之。』嗚呼哀哉，無可奈何。」

他在心中默默的悼念著任固，實則，他自己也很清楚，他是在悼念自己，是在向從前的李斯告別。「我今後要謹小慎微，見機行事。不可暴虎，不可馮河。如臨深淵，如履薄冰。」

正像秦王政經過祈年宮被困之後，形成了他的性格一樣，李斯經過被逐之後，也形成了自己的性格。秦國正在面臨著巨大的突變，整個中國都在面臨著巨大的突變，人們都不自覺的為著迎接這巨變做著各種準備，準備了這一巨變所需要的各種各樣的思想性格。這就像暴風雨到來之前，各種飛禽走獸都找到了自己的避難所一樣。暴風雨即將來臨了！給它領路的冷風，已經吹到每個人的臉上。

只見那已經受傷的年輕的將軍，引著茅焦匆匆到來。茅焦跳下馬，奔到任固屍體前，端詳了一陣，說道：

「不對呀，將軍，他不是華無傷。」

李斯跳上馬，向王戊一擺手，他們一起向咸陽奔去。

「茅焦硬說在大街上喊叫迎回長安君的人，名叫華無傷。」王戊說道。

「他見了？」李斯說道。

「他說他見了。」

「他為什麼不抓住他？」

「大人明鑑，」王戊說道：「可能是借刀殺人。」

「這只能證明，茅焦有一個仇人，名叫華無傷。」

「而且此人現在咸陽。」

「往下看吧！」李斯笑道。

（摘引自長篇歷史小說《咸陽宮》）

作者按——

我的長篇歷史小說《咸陽宮》，寫作於一九八五年，出版於一九九四年，六十餘萬字，人們嫌篇幅過長，沒時間細讀，現在選其中最短的一章，《李斯的性格》，收進這個散文集中，讀者可從中窺見《咸陽宮》之一斑。

我發現李斯一生中阿附取容，只有這次勇於諫諍，其實李斯並不反對逐客，只是不贊成不分好壞，一律逐之而已。秦王政一輩子剛愎自用，只有這一次從諫如流。他們二人各自幹了一件不屬於他們的事情。秦王此次從諫如流，必有深刻的歷史原因，我考慮這原因就是前線將士頗多客籍，如果逐之，就可能引發前途倒戈，後果不堪設想。所以他才急忙收回「逐客令」。而一般歷史家們，從不思索具中原由，只是胡亂說些吹捧的話完事。這是我的新發現，新觀點，唯讀者方家正之。

序幕的尾聲：方其夢也

殷鑑不遠，
在夏後之世。

——《詩經・大雅・文王》

在從前，鄭子產不毀鄉校，士人們可以自由議論朝政，言者無罪，聞者足戒。那時候的生活和政治是緊密相連的，生活離不開政治，而政治則融合在生活之中。但是到了戰國末期尤其在咸陽，經過西元前二三八年的一場驚濤駭浪之後，士人們一下子把生活和政治分開了。這件事情不僅令人遺憾，而且頗為費解，不過仔細想來卻是非常的自然。政治變成了統治者的福祿，生活變成了庶民的罪孽。不管怎麼說，這是一種墮落，不是某個人或者某些人的墮落，而是整個民族的墮落。從這裡便產生了許多的問題：歷史是人為的嗎？是神為的嗎？歷史發展是遵循民意的嗎？是遵循天意的嗎？以前的歷史是可知的嗎？今後的歷史是可以預見的嗎？歷史是一團糟嗎？是一筆糊塗帳嗎？等等，再也說不清了。古代的偉大哲人們走到這裡都停住了，就像疲憊不堪的跋涉者停步在懸崖峭壁之上一樣。這情景是著實的悲壯，同時也令人無限感傷。

經過一場大鬥爭，咸陽的人民顯得平靜多了。他們的頭腦好像已經停止活動。他們再也不能考慮政治問題，再也不敢考慮政治問題了。他們一下子變成了鼠目寸光的小人，變成了碌碌無為的庸人，變成了糊裡糊塗、無知無識的俗人。他們只注意眼前的物質利益，如何填飽肚子，如何適應權勢，如何討好上司，如何避免觸犯日益嚴厲的刑律。有一首古代民歌，反映著這種無可名狀的悲象。

鳳兮鳳兮，何如德之衰也！
來世不可待，往世不可追也！
天下有道，聖人成焉；
天下無道，聖人生焉。
方令之時，僅免刑焉。
福輕乎羽，莫之知載；
禍重乎地，莫之知避。
已乎已乎，臨人以德。

殆乎殆乎，畫地而趨。
迷陽迷陽，無傷吾行。
郤曲郤曲，無傷吾足。

這是一首標準的山東六國的不得志的士人們的歌曲。它那種哀怨的略帶悲憤的曲調，傳到咸陽以後變成了直截了當的哭泣。於是它很快就被禁止了。王綰說這首民歌的情調，不附合秦國的偉大歷史使命。隨著這種神秘使命的到來，歷史也變成為神秘的了。歷史變為神秘的之後，人民群眾的生活跟著也就苦不堪言了。

這是一段廢棄的殘稿。它是二十多年前的一段手稿，並且是清抄過的。前幾天在一捆廢稿中發現了它，不知為什麼，我很激動，呀，還有「四十一章」？我只記得寫完《咸陽宮》（當時叫「咸陽內史」）曾經寫過一首打油詩：

老來無事拓洪荒，
咸陽內史四十章，
大禹不鑿龍門闕，
黃河直進北冰洋。

居然還有第四十一章，這是我早已忘了的事情。它雖然只是一段殘稿，卻充分的展示著我的思想。在那年月，在那無法忘卻的大浩劫之後，在多年的強調政治，突出政治，政治掛帥和無所不在，無孔不入的政治思想工作之後，我居然大談政治和生活的徹底分離，竟然寫出這樣的話，「政治是統治者的福祿，生活是庶民的罪孽」這話太嚴重了。然而，不可否認，這是二十年前，我的真實思想。要知道，在上世紀八十年代，就是我寫作《咸陽宮》的時間，一九八五年，人們依然噤若寒蟬，不敢吭氣的時代呀。現在回想起來，依然心有餘悸也。

一九五二年秋，我從朝鮮前線歸來，就下決心學習中國古典文學，進而學習中國古代經典。在學習中，我發現了許多問題，都是政治問題，但是，在那三十年間，也就是突出政治的三十年間，卻不敢談論這些真實的政治問題。正因如此，張頷先生怕我禍從口出，曾對我說：「君子贈人以言，我贈你『括囊』二字。其義取自周易，括囊無咎。」要我謹言慎行也。這就是我經營《咸陽宮》的艱苦過程。當有朋友問到我寫作《咸陽宮》的創作過程時，我說，像我這樣地位低下的老革命，我有吃有穿，兒孫滿堂，歡度晚年，然後默默地死去，有何不可？當然沒人責怪我。不過對我來說，對一個參加革命又讀了書的人來說，那也就等於白活了，白到人世間走了一遭，所以說，歷史上最黑暗的那三十年，也正是我經營《咸陽宮》的三十年。原本打算再寫一部小說，叫《阿房宮》，寫到秦始皇死，連同秦二世的一些事蹟。雖說一筆帶過，秦二世卻是歷史上的重要人物。你只要仔細看看秦二世，後來的歷史就都清楚了，簡直就不用看了。至於後來效仿秦始皇的人，或者自稱秦始皇的人，那就不用問了，不過就是秦二世而已，他不可能是別的樣子。

所以說，中國人從來不贊成或歌頌大一統。以戰國為例，有人盼望和平，卻沒有人歌頌大一統。孟子說：「不嗜殺人者能一之。」一之就是統一天下。傳說的孔子的詩歌：

大道隱兮禮為基，
賢人竄兮將待時，
天下如一欲何之？

「天下如一」，天下即使統一了，「欲何之」，要到哪裡去呢？孔子問得好。這即使不是孔子作的詩歌，這卻可以看作是孔子的思想。孔子曾說過：「吾其為東周乎！」可見他絕沒有大一統的想法。到孟子時，雖有大國的君臣們想到了大一統，卻沒有「不嗜殺人者」，所以也沒得說。正是基於這個原始的遠因，中國人從來就鄙視那些「以暴易暴」的以武力征服天下的所謂英雄們。《周易》有「帥師輿屍，凶」，孔子有「大武盡美矣，未盡善也」之歎，沒法子。縱然歷史並未能按照這些先哲的想法發展，那又怎麼樣呢，白搭。我的詩句：「天人之間人心在，不論成敗以千秋。」不論成敗，再得勢，再猖狂，白搭……

這個標題有意思，「序幕的尾聲：方其夢也。」當時的想法，《咸陽宮》只是《阿房宮》的序幕，此一章是這序幕的最後一章，而「方其夢也」。正是要指出，中國歷史從此進入了真正的夢中。這一夢，就夢了兩千多年。從古代的秦始皇到現代的秦始皇，兩千多年，其實這是一個時段，所謂「長時段」。我給它一個概括的命名曰：帝王時代。不管經過了多少改朝換代，都在一個大時代之中，在一個長時代之中。人揪著自己的頭髮上不了天。不管你怎麼宣傳，也不管有多麼大的廣告效應，上不了天，還在帝王時代之中。當然，我希望人民群眾，尤其士君子群體能夠覺悟起來，所以寫了「殷鑑不遠」的歌詞。不過，希望也只是希望而已，距離真正的實事還遠得很呢。

蒙齋印話

提起刻圖章，說來話長。

一九五三年秋，部隊從朝鮮前線回國，大家都報名學習俄文，我也報了名。學了幾天，我的舌頭打不了卷兒，遇到了困難。我想，我一個中國人，中文還沒有學好，學的什麼俄文。於是毅然決然放棄俄文，學習中文，也就是古文。我像沒頭的蒼蠅一樣，亂撞一起，碰見什麼書，就買什麼書，買了什麼，就看什麼。沒有老師，就靠老版的《辭源》、《辭海》。我因為愛好文學，自然要看高爾基的文章，結果上了他的當。他說：「學習文學要從文學史入手。」我見了中國文學史就買，胡亂看一通。然後就是古典文學名著，進而學習文言，唐宋八大家之類。

一九五八年轉業到山西，認識了孫功炎先生。他是從教育部下放來的右派分子，語言學家，書畫家。我幾次請教他如何學習古文。孫先生後來告訴我：「你若決心學習古文，像你這麼學習不行，事倍功半。必須從《說文解字》入手，先認字，字形、字音、字義。把《說文》攻下來，直接就是攻讀十三經、先秦諸子。諸子眾經裡先攻容易攻的，如《老子》，才五千言，如《詩經》，好讀，好記。把眾經諸子攻下來，你再看這些（他指一下我正在看的唐宋八大家的文集），就像大白話一樣。」我受了高人的指點，就堅決按他說的做，三十年如一日。三十年後，再看我的報名學習俄文的老戰友們，他們沒有一個學成的。

一九五九年春，我在舊書攤上轉悠，買到了三部不同版本的《說文解字》，從頭看起來。《說文》是篆字，平時不用篆字，怎麼能記住它呢？我想了一個辦法，學刻圖章。這才知道，刻圖章也不是簡單事兒，自己瞎捉摸不行。我問我的老戰友王奐同志：「山西刻圖章誰刻的好。」他說：「王紹尊，山西大學藝術系的教授，齊白石的學生，刻得好。」我說：「能認識一下嗎？」他說：「這容易，我的好朋友。」於是，經王奐介紹認識了篆刻家王紹尊先生。王老師學養極好，為人淳樸，容易接近。他從磨石頭、調印泥開始，如何寫篆字，如何捉刀，一點一滴教我。

後來看了傅抱石在《人民日報》發表的文章，《論白石老人的篆刻藝術》。其中有一句話：「書法是篆刻藝術的基礎。」我問王老師：「這話對嗎？」他說：「對。」我說：「那要想刻好圖章，還得學習書法嗎？」他說：「是，必須學習書法。」我這才著手按部就班學習書法。我從二王入手，臨之摹之，廢寢忘食，不必細說。

我雖然努力學習書法篆刻，並沒有耽誤我學習古文和攻讀經典。從一九六〇年至一九八〇年，這二十年間，我把先秦諸子和十三經都通讀了。我應該感謝歷次的政治運動。運動一來，我就被宣佈為「對象」。我出身、歷史、社會關係，可以說是乾乾淨淨，沒有任何問題。我認為，倒楣人並不是因為幹了什麼倒楣事情，而是命中註定，活該倒楣。這有一點好處，我有時間讀書寫字。我問張頷先生：「十三經中最難的是什麼？」他說：「三禮三傳。」於是我就攻三禮三傳。其實，在通讀之後，三禮我只攻了《禮記》。

我因為囿於馬列主義經濟基礎決定上層建築的框框，決定先研究先秦的經濟制度，認為只有如此才能認識先秦的歷史和學術。為此我攻了《周禮》的《地官》部分，和《管子》的一部分。別的就不敢說了。三傳中我認真攻讀了《左傳》，讀的是洪亮吉的《春秋左傳詁》（舊版國學叢書本）。

我像一個土撥鼠一樣，在草原上挖一個小洞，自以為很深很深了，其實淺薄得很。張頷先生是著名的古文字學專家，書法篆刻都非常精到。七十年代初，我從農村插隊回來，把自己刻的圖章給張先生看，只要張先生說不錯，我就把它留下來，其他磨掉。這就是我最初的篆刻作品，「書魚」等等，得以留存至今的原因。

文革中我刻的遍數最多的是「山鬼」二字印。因為山鬼說過一句驚人的話：「今年祖龍死。」雖然刻過多遍，卻無一可觀。有人說，藝術創作靠感情。我想，恐怕光感情不行。又有人說，藝術創作靠思想，光思想更不行。這就是普列漢諾夫和托爾斯泰之間的區別所在。那究竟靠什麼？大概它需要的條件很多，一時說不清。就說才氣、才情、才識、天才、靈感……這究竟是什麼？三言兩語誰能說清。要是囫圇著說，誰都知道，要是具體說，那就越說越說不清了。禪家自己感覺自己說清了，其實未必。這就正是鈴木大拙的難處，他著了急就埋怨中文如何如何。

王紹尊先生告訴我：「詩宗唐，印宗漢。這才是正路。不然，不入流。學習書法篆刻就是臨摹，儘量臨摹的像，一絲不苟……」在王老師指導下，我一起手就是臨摹漢印。

我是個笨人。一方印，只要我喜歡，有時就臨摹好幾遍。有的臨了好幾遍仍然不像，這是為什麼？王螢同志告訴我：「臨帖，臨印，關鍵是個理解問題。有沒有理解，理解到什麼程度，理解得對不對等等。」王螢是我的好朋友，右派分子，著名畫家，美術理論家，書畫圖章都非常好。王螢強調理解，怎麼理解？王紹尊先生說過一句清人的話：「古人有筆猶有墨，今人只剩刀與石。」我從這裡開始了我的理解。我所喜歡的漢印，飽滿、勻稱、雅致、大方……再看我臨的，呆板、僵硬、寡淡、不自然……這毛病出在哪？左思右想，大概是在我的心中吧。這時候我才認識到，儒家的那套反諸身，求諸己的說教是對的。

我年輕的時候，對孔孟的這一類的絮絮叨叨很不以為然。後來才覺悟到是自己錯了。我是一個山裡的孩子，自幼參加革命，沒有學歷，沒有接觸過真正的文化人，各方面素養太次……從此以後，我看書進了一步，「想見其為人」，慢慢就有點「心知其意」了。自己身上的，不知從哪裡沾染的粗俗不堪的，庸俗無聊的各種東西，不用別人指出，自己就發現了。

還有位好朋友，畫家李炳璜先生，說話直爽，直來直去。有一次他批評我：「你是子路未見夫子，有點行行之概呀。」這話他也對張頷先生說過，張先生也轉告了我。這話對我觸動很大。缺了課就必須補。傅山說：「作字先做人。」做人的一課，不敢馬虎。種莊稼還講究追肥、灌溉……缺什麼補什麼吧。當時，我只是個三十多歲、四十多歲的人，不怕，來得及。古人講，朝聞道，夕死可也。當時我覺得和周圍的文化程度高的人相比，我身上最感到討厭的就是自己的低級趣味。在言談中，在筆墨中，自己的各種各樣的低級趣味實在是刺眼，實在不能忍受。如果具體說，這就多得很了。我進而感到，古代那些非常著名非常有影響的書法家們，各人也都有自己的各種習氣。習氣就是毛病，就是低級趣味，很刺眼，很不舒服。沒有習氣的就只有一個王羲之。後來感到，做人是很難的，尤其身處逆境之中，黑暗如磐，動輒獲罪……難矣哉。當然，若要把做人的一課完成了，再來寫字刻圖章，也不行。做人的一課，沒有終結。藝術也一樣，永無止境。

我臨摹過漢印之後，王老師又引導我臨摹齊白石和吳昌碩的印。臨了幾十方，自覺還有些心得。與此同時，還看了些有關篆刻藝術的書。覺得「今人只剩刀與石」的問題嚴重。當然，篆刻就是用刀和石說話，它離不開刀和石，但是，它所追求的卻是與刀石相左的筆墨的韻味。這個難點就大了。在這裡，我覺得篆刻藝術和書法藝術相通的地方非常多。清人書法理論中講究墨氣，氣者，氣韻生動也。這時候，我才真正認識到書法是篆刻的基礎。我看了潘伯鷹的《中國書法簡論》，我就按他說的做。在書法上廣泛流覽，以便達到取精用宏。

我有一部《古今圖書集成》，其中有關書畫的竟有八十四卷之多，我就攻讀這些東西，頗有所得。張頷先生有一次對我說：「我們沒有師承，這是我們的缺陷，也是我們的優勢，我們沒有框框。」我反省自身，因為知識少，所以框框也不多；因為理解力差，所以沒有什麼包袱……後來我才理解孔子的話，他說：「我則異於是，無可無不可。」再後來，我甚至以為孔子的話，不僅是一種品格，而且是一種境界。說是這麼說，如果追問一下，你再具體點，那就又沒得說了。

我主張圖章就是名章，在古代還有官印。我不主張刻閒章，尤其是標語口號。其實在古代也有閒章，如吉語印一類。我過去的考慮是，閒章往哪裡蓋，總不能蓋在饅頭上吧，有之，那叫月餅模子。

我欣賞《聊齋志異》的一句話：「人生世上只須合眼放步以聽造物之低昂而已。」（《葉生》）我在軍隊幹了十幾年，自認為沒幹好，正連入伍副連轉業，夠可以的了。不過，我仍然非常樂觀。我參加革命就是為了建立新中國。自由民主獨立富強的新中國。革命終於勝利，自然值得高興。至於自己之所得，由他去吧。「帝力於我何為哉。」「古之得道者，窮亦樂，達亦樂，所樂非窮達也。」（《呂氏春秋》）

從前行軍中人們喜歡講怪話罵大街，上至大首長，下至司務長。認為「當司務長三個月，拉出去就槍斃，冤枉不了！」我出身歷史社會關係，乾乾淨淨，講起怪話來毫無遮攔。或許我罵過某位首長，我不記得了。出身不好的人最愛彙報，肯定是有人彙報了。這首長憋住勁要收拾我，我卻渾然不覺。「三反」中抓了我一個「思想老虎」。貪污犯叫「老虎」，我沒有貪污，叫「思想老虎」。當時一起工作的壽不成，後來轉業呼和浩特，八十年代末來信，說起把我打成「思想老虎」的事，認為荒唐可笑。我忽然想起此一段歷史公案，思想波動很大，一怒之下刻了一方閒章：「思想老虎。」這種章子沒處蓋，只是蓋在我的書上。每次翻書遇見，激動不已。

阿Q常常自稱「老子」，並且愛吹「老子也是第一」。七十年代我與史進前主任通信中說到阿Q的這種精神，他回信說：「我們也就只有靠這種精神了！」史主任說話一向非常精闢。

孔子晚年倦遊，歎道：「歸與，歸與，吾黨之小子狂簡，斐然成章不知所以裁之。」孟子對孔子晚年這種精神非常讚賞，吾黨之小子狂尚，斐然成章不知所以裁之，孔子要趕回去，幫助他們裁定之。我每讀書至此，總是非常感動。我以為這和「吾與點也」，是完全一致的。「吾與點也」奠定了一種閒適的文化的基礎。這是真正的文化，也就是儒家的文化。而「歸與歸與」正是在這種文化的基礎上提出的使命感或說歷史責任感。這種精神，著實偉大。我不就是「吾黨之小子」嗎！一高興刻了一枚閒章：「小子狂簡。」隔了兩年，姚國瑾命作閒章，就把這方閒章給了他，聊以塞責。我覺得他完全當得起。

又隔了兩年忽然心中若有所失，想來想去這個閒章需要再刻一方自用。又是老規律，刻了七八遍，無一滿意者。不過，也有收穫，在這好幾年之間，居然湊出一首詩來。古人諱才思敏捷。我正好相反，磨磨蹭蹭，今天想起一句，明天又忘了……好幾年後，居然湊成七言八句一首，雖然不合格律，總歸是湊成了。詩曰：「書劍飄零五十年，歸來依舊老山川。項上得腦今猶在，肚裡初心已茫然。丹心碧血成底事，白髮青山兩無言。小子狂簡歸來晚，尚有餘力綴殘編。」（《歸鄉述懷》）

「中庸」二字閒章。我經常用它，作為引首。我主張中庸。我寫了一篇小論文，《中庸為德論》，已經發表。德就是義。我們批判中庸之道，已經批判了差不多一百年了。最後，我們才覺悟到，中庸之道的妙處。由此可見，它是顛撲不滅的，經得住時間考驗的真理。「夷」和「我義圖之」，都是靜觀的意思，語出《詩經》。靜觀二字，我到沒有刻過，我嫌它直白。引首和閒章，不必非常通俗。所謂通俗，也不過就是與俗有相通罷了。若一定要只說老百姓懂得的話，那也就沒幾句了。

昨晚看電視裡放電影，《美麗的大腳》倪萍主演，寧夏的村民們唱山歌野調，詞曰：「列寧打坐在克里姆林宮，叫一聲華西里……」背景裡掛著列寧史達林的巨幅畫像。這一切深深的感動了我。我由此想到通俗的問題是很難說的。要說村民們真正懂得列寧和華西里耶夫斯基，也未必。這使我忽然想起，廬山會議以後，彭德懷被罷官，毛主席讓他看列寧的《唯物主義與經驗批判主義》的事。列寧在中國可以算得家喻戶曉了。可是有幾個人是真正懂得《唯物主義與經驗批判主義》呢？我看過，但是我不懂。村民們和彭德懷，肯定比我強，他們或許是懂得的。這大概就是張之洞主張「西體中用」的根據吧。西學經歷成為我們的「體」，大概是真的吧。不過馬克思的老鄉，蘭普雷希特卻說過與此不同的話，一個民族的精神無論受到外力多麼大的影響，仍然是按它自己的「固有的規律」發展的。（見古奇的書商務版八八〇頁）這也是西方人的觀點。所以通俗化大眾化，伴隨著白話文運動，席捲中國已達一個世紀之久，它使我們感到深深的迷惘。錢穆說：「現在中國的一切都已經外國化了。」不過，列寧依然是「打坐在克里姆林宮」，他沒有到北京來過，北京也沒有他的片紙隻字。

一九七七年至一九七八年，四人幫倒台以後，山西清查四人幫，叫做「劃大線切西瓜」，實際就是搞派性，按照大線（派性）劃，給我辦了隔離審查的「學習班」，派兩個工人，晝夜看守。如果倒楣人確實幹了什麼倒楣事，那自然沒得說，無奈我沒有幹，沒有任何錯誤事實。自然也極少開會。兩年間開大小會不過五次，時間最長的一個半小時，時間最短的只有十一分鐘。我整天就是看書寫字。

一天夜裡，我的朋友林凡偷著進「學習班」來看我，他說：「你不要寫字（臨帖）了。把你的字拿去剪裁裝裱出來，變成一張反動標語，一拍照，你敢說不是你寫的？」他把我嚇住了。我說：「閒著沒事幹什麼？」他說：「給我刻圖章。」我說：「你的名字很簡單，刻幾個？」他說：「刻閒章。」林凡是畫家，頗有名氣，可以說滿腹錦繡。當時就寫了許多可以用做閒章的成詞成語，諸如，「大塊文章」、「消受青山」、「藏我大荒中」、「我馬玄黃」、「倒楣鬼」等等。當時講好，不讓我白刻，一方圖章他給一張畫。我說：「行，不要大張的，就要『參考消息』那麼大的，小品、小景，將來我裝成冊頁。」當時買不著石頭。好在玻璃廠有熟人，看守我的兩個工人，代我朝廠裡要石頭（做坩堝用的青田石）。回來他們倆幫我鋸石頭，磨石頭。僅只那一次，我給林凡刻了一提兜圖章。多半是閒章，包括他的名章，大的有拳頭大，小的有指頭大。究竟是多少方，我說四十方，他後來說三十方，大概總有三、四十方吧。他後來落實政策回了北京。每次見面，他總說：「我欠你的債，我欠你的債。」朋友之間，一說一笑完事，這種債，如何討得。這是我給別人刻閒章的開始。

後來有一天晚上，張頷先生到「學習班」來看我，見我忙著刻圖章，弄得桌上地下到處都是白石頭面子。他說：「總刻章子幹什麼，還是寫點正經文章吧。」文革中，張頷先生曾對我說：「君子贈人以言，我送你兩個字：『括囊』。《易》曰：『括囊無咎』。」我非常感動。前輩先生們，關心愛護我，怕我禍從口出，招來不測。我為了銘記張先生的教誨，刻了一方圖章：「括囊。」這時候我便說：「不是括囊無咎嗎，寫文章幹什麼？」張先生說：「括囊是口袋，一種兩頭開口的口袋。過去講這，是要謹言慎行，明哲保身。現在四人幫也倒了，你可以解開口袋往外倒了。」

第二天，我就讓看守的工人去辦公室領稿紙，就說我要寫交代材料。我於是寫了《井田述略》這部書稿。十五章，十五萬字。我把自己對先秦經濟制度的研究寫出來，用以反駁梁效、羅思鼎們的胡說。其實，梁效、羅思鼎們自己就知道自己是在胡說，還用得著我一字一句的反駁嗎！所以，書稿未能出版，我也不著急。這部書稿在中科院歷史所梁寒冰手裡放了多年。後來說是找不到了。再後來梁寒冰、聶元素夫婦相繼辭世，原稿就算丟失了。所幸我還存有一份複印件。其中兩章，稍加改寫，成了《徹法論稿》和《晉作爰田考略》，收在《蒙齋讀書記》中。讀者如有興趣，可以閱正。

北京有我一位老首長，劉紹先政委。九十年代，他對北京的老戰友們說：「林鵬再到北京，一定要他到我家來一下，我有話對他說。」後來老戰友們把這意思告訴我，並且陪我一起去見劉政委。劉政委對我說：「林鵬，你應該感謝你挨的那些整。你要不挨整，你能讀了書，能寫出長篇歷史小說，能寫學術隨筆，能寫一筆好字嗎……跟你一髮子的多了，誰能像你。」我說：「真的，是應該感謝……我一直非常感謝。」其實，在此以前我是一肚子怨恨，聽了劉政委的話，覺得說得對，就再也沒有怨恨了。

寫字，無法隱藏。從文革後期起，一到要書展，催著你寫。刻圖章好隱藏，幾乎沒人知道我會刻圖章。從前，我只給林凡刻，後來就只給王朝瑞刻。王朝瑞也是好朋友，書畫家，後來做了山西畫院的院長。他什麼都好，就一樣不好，愛吹，著了急就在人前顯擺我給他刻的圖章。如此二十多年下來，我便無處躲藏了。近年來，在刻圖章上也有一些應酬之作。應酬一多，俗氣就見長了。本來俗氣就不少，再一應酬，就俗不可耐了。山西前輩先生們，如姚奠中先生，張頷先生，圖章刻得都非常好，大雅，不俗。我想，可能就是因為他們不應酬，或說很少應酬。我就差多了，俗心俗念過多，勉強應酬，非常被動，以至沒有精品，沒有滿意的東西。也有人當面誇獎我的圖章，弄得我挺不好意思，甚至聽了半天竟不知道是在說自己。

有人對我說過這樣的話：「寫字比畫畫難，刻圖章比寫字還難。」我後來想，這一類的話，很可能是刻圖章的人說的。難點固然是有，並且不少。不過，篆刻藝術的難點同書法藝術上的難點是一個，並不是兩個，更無法較量短長。歸根結底，是俗心在作怪。當然還有學養問題，這就是石濤說的，蒙養和生活。石濤論圖章的詩非常深刻，他說：「書畫圖章本一體，精雄老醜貴傳神。秦漢相形新出古，今人作意古從新。」文革前出版過一本小冊子，《石濤研究》，文革中弄丟了，只記得這麼兩句。苦瓜和尚本姓朱，明宗室後人，入清以後歷盡坎坷，自然升官發財的念頭是徹底消滅了。我認為這種徹底，才是真正消滅俗心俗念的關鍵，只是一般人，即如我輩一類，消不滅罷了。

小小圖章，方寸之地，講究特多，首先是篆法，不敢馬虎，弄個錯字，丟不起人。其次章法，既要縝密大雅，又要疏能走馬密不透風。還要有筆猶有墨，同畫畫一樣，見筆見墨。猶有墨，不是真有墨，而是彷彿有墨氣的樣子，還有刀法，講究起來沒完，你又不能假裝不知道。圖章的嚴肅性，還在於它的使用頻率高。畫畫，今天畫個這，明天畫個那，寫字，今天寫個這，明天寫個那，不可能原封不動的重複一個缺點。圖章就不行，無論書，無論畫，每次都用它，它的缺點按原樣兒不停的重複，如果缺點突出，這太可怕了。也許前面說的圖章最難，是說的這個意思吧。如果是這個意思，那是完全正確的。這個地方，最難辦的就是趨於平庸。因為使用頻率高，就想適應各種需要（字畫風格上的需要），於是久而久之就趨於平庸了。

平庸是個大敵，無論如何不敢對它讓步。這裡最需要的是個性。張揚個性，是驅逐平庸的唯一辦法。一講到個性，怪誕就來了。怪誕一出現，篆法，章法，刀法就出現扭曲，最後是奇奇怪怪，醜陋不堪，歪歪趔趔，一塌糊塗。這也不是好辦法。我感覺，所謂個性，其實就是精神，就是生動，就是別致。不是胡來，只是恰倒好處。在篆法，章法，刀法還沒有被扭曲以前，盡力使之生動活潑，精神抖擻，氣勢磅礴，也就足矣了。要有氣勢。曹丕說：「文章以氣為主。」其實，書畫圖章也一樣。有氣勢和沒有氣勢，差多了，誰都能感覺出來。有時寫個字，刻個圖章，毫無生氣，呆板平庸。這是因為沒有興致所至。沒有興致時寧肯呆著，閒著，不要動手。可以培養自己的興致。最好的辦法就是同朋友們閒談，談著談著，興致就不請自來了。所以我主張，二三友好，茶餘飯後，高談闊論，乘興揮毫。文化本身就是一種氛圍。文化在某種氛圍中生，在某種氛圍中亡。世界上有些民族，他們的文化乃至文明，已經消亡了。然而他們的人還在。若說，有人就有一切。這是不對的，至少不全面。若說再創造……不可能，那種氛圍沒有了。藝術創作的靈感，也是在某種氛圍中生，在某種氛圍中亡。在交友中生活的道路，是比較健康，比較正常的路。它不僅是書畫圖章的路，而且也是做學問的路，也是做人的路。古來如此，不可忽視。

說到藝術創作的方法，包括書畫圖章的創作方法，在理論上，在歷史上，說法特多，騰雲駕霧，玄之又玄，紛紜特甚。至於其中的要緊之處，或說微妙之處，又不敢細說，簡直是沒的可說。不是不想說，是不好說。「道可道，非常道。」「可道者，非道也。」不要說我並未做好，未曾得道，就是退一步說，假定我已經得道，我能把它說清嗎？傅山說：「此中亦有不傳之密。」不傳不是不肯傳，是不可言傳。輪扁說：「臣不能傳之臣之子。」他對自己的兒子，還保密嗎。藝術中有的是艱苦的歷程，卻沒有秘密。

來楚生的圖章非常好。他是當代的高手，精神境界非同凡響。他說，石頭不必磨得很光。磨石頭是件小事，可以前我只怕磨得不光，想不開。我曾經問王紹尊先生，怎樣才能把印面磨平。我只怕它不平，也是想不開。後來隔了許多年才知道，石頭印面非常平，反而不好。蓋印時使勁摁，結果是四邊很重，中間是虛的。最好是鍋底式的。我試驗了一次，「厓不登」，印面不平，反而好蓋。印面不平，一方印可以蓋出各不相同的印拓來。你只要使印面四邊受力不均勻，效果就大不相同。如果是大印，巨印，閒章，壓角章，可以在不至認錯印文的原則下，撕個小紙片在印面上遮一下，蓋出來效果完全不同，可以變換出許多花樣來。這當然只是玩兒，不過也要看到，這是一種需要。比如一幅狂草，一溜歪斜，滿紙雲煙，或者若隱若現，米家山水，一邊蓋個端端正正的圖章，道貌岸然，像個傻瓜，很不協調。

形式的多樣化，是一種需要，是一種本能的要求，完全合理，永不過分。關於這個厓字，也需要說一下。一般都念成岩，或涯，只有《康熙字典》標著一個另外的音，「似泥」。我的家鄉有些地名有此字，音捏。一般是指懸崖，曰厓頭。人反映遲鈍，發呆，說發厓，「看那人厓不登的。」我的閒章，正取此意。還有一方閒章，「燕趙之多士」。本來是「燕趙多慷慨悲歌之士」，我想，慷慨悲歌在我們這個時代用不著，就刻了「燕趙之多士」，也可以說得通。

老畫家趙梅生先生命我治名章，我刻了「梅生」二字小印。他非常高興。他說：「你的篆刻令人感動。」他的確是用了感動二字。我表示驚愕，他又進而說：「令人激動，真的，令人激動。我每次用它，令人激動不已。」我們一笑了之。感動也好，激動也罷，受到水平高的人的誇獎，心中是很舒服的。我後來發現，趙先生把「梅生」二字印作為標識，只加蓋於他最滿意的作品之上。女畫家汪伊虹先生，才氣橫溢，筆墨飛騰。她是詩人汪靜之的女兒，著名畫家祝肅的妻子。祝肅見到我刻的「林凡無恙」小印後，十分欣賞，希望我給他刻一方，我刻了

「祝燾」二字小印。祝燾有了，自然也要給伊虹女士刻一方。我給刻了「伊虹畫印」。她非常喜歡。這是很多年以前的事情了。前幾年，她告訴我說：「非常遺憾，有一次筆會，我把你刻的『伊虹畫印』弄丟了。」我說：「怕什麼，再刻！」說起來很簡單，幹起來不簡單。我怎麼也刻不出原來那個精神面貌來。她的印丟了，拓樣還在，左看右看，不對……弄得我非常苦惱。這是怎麼回事？莫非是「江郎才盡」了嗎？也可能，也不一定。你無法把你原來曾經有過的激情，重新鼓動起來。你甚至都不記得從前的情況了。我想，這是那真正的難處。

說到丟印，這也是常事，我丟過幾方印，都是引首和閒章。曾經多次找它們，找了一遍又一遍，想起來就翻騰一回……老年人最怕找東西，真出汗。為了這幾方小印，我非常生氣，怨天尤人……後來想，我家中來人多，人多手雜……就算往最壞處想，被人偷了，也沒啥，用不著大驚小怪。顧愷之的畫被人偷了，他一笑了之。我常用的印，石頭都是爛石頭，不值錢。值錢的石頭，我刻不好，放不開手腳。既然被人拿走了，不會為石頭，而是喜歡那篆刻，就算被人珍藏了吧。遇事想開點，不然，苦惱萬狀，也不值得。你有好兒子，做了人家的丈夫，你有好女兒，做了人家的媳婦。為這事，不敢著急。這話又得說回來。我丟掉的引首和閒章，我曾經幾次重刻，怎麼也刻不好，沒法說。這就和生兒育女一樣，照原樣再生一個，不可能。有人把藝術創作比做人走過的路，很生動，很深刻。但是，你可以在一條路上多次重複走過，你卻無法重複你的藝術創作。它有點像是歷史。歷史是無法重複的，永遠的獨一無二的，並且，永遠是空前絕後的。想開了，讓我們大踏步的向前走吧。蘇東坡說過這麼個意思，作詩作文要像丈夫見客，大踏步而出，不要像婦人見客，許多扭捏。他這個意思非常好。我刻了一方巨印：「大踏步而出」，後來又刻了一方小印「大踏步而出」，不知為什麼，總也刻不好。可能是這幾個字，不好安擺吧。傅山說：「寧真率，毋安排。」安排擺列，過於用心，大多傷了元氣，顯得不自然。其實，要認真說，一點不安排也不行。安排到很自然的樣子，彷彿一揮而就不事雕琢，幾乎沒有斧鑿痕跡就好了。這就是理想的境界。元遺山說：「一語天然萬古新。」大踏步而出的丈夫們，也不是不修邊幅，更不是蓬頭垢面，只是熱情自然而已，不拿捏罷了。黑格爾《小邏輯》，講究「度」。近些年來，學術界，評論界開始頻頻地說到「度」。這是個重要的概念。其實，在政治上，經濟上以及軍事上，很難做到什麼「度」。你不知道那最好的恰倒好處的「度」在哪兒。人們被迫接受的，都是不盡人意的東西，這就是現實。最後就只剩下文化藝術，人們在為最好的最理想的「度」，拼死拼活的奮鬥著。其實，誰也沒有達到它，甚至都還沒有摸著它的邊兒。就是黑格爾本人，他也不知道那最佳的效果在什麼地方。他只是反反覆複地玩弄它的名詞概念罷了。大概這只是一種理想境界，有的做的好一點，有的差一點，（事後看來）誰也沒有真正把握了它。

說到篆刻，人們往往引援楊雄的話：「雕蟲篆刻，壯夫不為。」是這樣的，楊雄是對的。需要耕田時就去耕田，需要做工時就去做工。甚至民族危亡，需要打仗時，年輕力壯的人們奔赴前線，為國捐軀。這有什麼說的，沒說的。在這以後呢？或說在這以外呢？總也得有些文化，或說文化生活吧。於是也有人說過，此雖小道，亦頗可觀。孔子說：「不有博奕乎。」人生在世，總得有喘氣的地方，不能不留餘地，那就太苦了。不是還有各種各樣的苦中作樂的事嗎？書畫篆刻，只不過是騷人墨客們的遊戲而已，原不是為了出名，為了賺錢，為了這個那個。它是漫無目的的，一有所為，這就是多餘了。

有一次給老年大學講課，我說：「你們老了，退下來了，寫寫畫畫，這就是玩嘛。」他們聽了很不以為然。他們說：「我們不是玩兒，我們是老有所為。」既然是對我的意見，我還能不考慮嗎。我曾經反覆考慮，我也是老年人，我年輕力壯時曾經有過什麼作為嗎？簡直是無所作為。現在老了，我能幹什麼呢？即使有什麼想法，也都是妄想。傅山在七十歲以後歎道：「斫輪餘一筆，何處發文章。」孔子說：「志予道，據予德，依予仁，遊予藝。」（《論語・述而》）遊也者，遊戲也，玩兒也。那真正的玩家，都是高水準的。哪裡像現在，張嘴就是詩人，七個字一句，提筆就是書法家，濁氣熏天。古人歎道：「人皆飲食，鮮能知味」也。不要把藝術看得太下賤了。這裡頭也有「道」：「道也者，不可須臾離也。」孔子曰：「君子謀道不謀食……君子憂道不憂貧。」（《論語・衛靈公》）憂道是什麼？首先考慮自己，道是什麼？自己懂了嗎？怕是根本不懂吧。道是很值得我們考慮的，我們真的為此考慮過嗎？「率性之謂道」（《中庸》），我們能率起來嗎，我們曾經率過嗎？捫心自問，我們差得多了。

有一次同我的學生們閒談，談到我的字和圖章，他們感到尚有不足，或說尚有缺陷，或者客氣點說，尚有潛力，需待進一步發揮。我聽了非常高興，真的是激動不已。聽了對自己的批評，為什麼高興？我高興的是，學生看到了老師的缺陷，或說不足之處。這是最讓人高興的事情。還有什麼比這更讓人高興的呢？這才是有發展的學生，有出息的學生。最後我說，我的缺陷和不足之處，我未必能糾正了，即使糾正也未必能糾正好，說不定治聾反而治成啞。這就有待於你們努力了。……那是一次非常愉快的談話，令我難忘。

元結（次山）晚號「聱叟」，傲吏也。人可缺衣少食，不可缺了傲骨。同人交往不敢驕傲，但在內心中，還得有點傲骨。孟子曰：「說大人而藐之。」不然，挺立不起來。中國古代的士君子們，大都傲骨凜然。西方歷史上沒有士人這個群體。近代以來，中國人只說外國人曾經說過的話，所以害得我們無法認識中國歷史上的士人，以及士人在歷史上的重要作用。他們居官，敢於犯顏直諫，不怕殺頭。他們為民，甘貧樂道，不怕餓死。我的閒章，「聱叟」、「大聱」、「聱叟糊塗」等等，都是這個意思。糊塗不是思想糊塗，是胡亂塗抹的意思。沈尹默說：「東塗西抹信偶然。」「穿椎」一詞原出《北齊書》，庫狄幹簽名時，幹字最後一筆由下而上，人謂之「穿椎」，極言其笨也。傅山詩句：「穿椎有怨尤。」就是指書法。你不進這個圈兒，倒也無所謂，一旦進了這個圈兒，自然也難免有些「怨尤」。傅山個性強烈，不耐俗，自然怨尤更多些。我輩俗人，嘻嘻哈哈，馬馬虎虎，隨波逐流，沒心沒肺，自然怨尤就少一些。絕對沒有，是不可能的。

前不久，我和張榮慶先生共同在保定搞了一個小型書展。我們都是保定人，他是安國人，我是易縣人，橫標寫著「回鄉書展」。說來好笑，這令我想起一九四七年國民黨的「還鄉團」。書展上有一位青年書家問我，我所使用的引首的含義。引首一般都有含義，就是沒有含義也可以。那裡有個紅點，指示從這裡念起，也就行了。「沃若」，取《詩經》「六轡沃若」之義。傅山說：「沃若在手」，是說的寫字。「布」，語出張衡《東京賦》：「聲教布，盈溢天」，注曰：「布，散被也。」我的用意是指草書，尤其狂草，一定要鋪攤開，滿紙雲煙的樣子。「循斯須」，語出《莊子•田子方》，遵循一時的想法，我理解為靈感。我常用的引首，「龍言人」，可以念成哲人。可惜此引首丟失了。「黔首文章」，秦始皇統一天下，下詔曰：「更名民曰黔首。」黔首之名戰國時就有，他加以統一而已。毛澤東自稱秦始皇。我們也就只好自稱「黔首」了。我們村外有座西山，叫黔陀。我有時就自稱「黔陀人」。有一位書法家，自號「紫蘿山人」，說是他家鄉的一座山。後來有人告訴我說，是個很小的山包。我們相視一笑。其實，這沒什麼。文人們取個家鄉的小山為名，倒也司空見慣。閆若璩號潛丘，他說：「潛丘在太原。」我問過許多人，潛丘何在，他們說不知道，太原附近沒有叫潛丘的山，可能是個不知名的小山。張孟談功成身退，隱於負親之丘，說在晉祠南邊，早已沒有丘了。反之，極少有人叫諸如「黃河人」，或「崑崙山人」，不敢搶占大山頭。這各種各樣的別號，也是文人們的遊戲。傅山的別號就無法統計，大概總有幾十個吧。

畫家任小軍命作堂號，「抱甕堂」，他取「抱甕老人」的意思。又命作引首，我刻了「無事」二字。取《老子》的意思：「取天下常以無事，即其有事則不足以取天下矣。」取天下是說做好天下的各種事情，包括藝術創作，不是要奪取天下。無事同無為差不多，無為而無不為。畫家孟爭命作堂號：「無夢堂」。他這個堂號起的好。他給找來大石頭，我為之刻了一方巨印。後來想，如此巨印，可往哪裡蓋呢？又一想，他善作大幅花鳥，也許用得上。既然給他治了巨印，我自己也想來一方。我刻了「大鵬一揮」。我今年七十七歲了。老年人手上沒勁。我請人做了一把長刀，有一尺多長，後端是圓的，可以用肩膀頂著。不過，老年人不適於賣力氣，用力過猛，手抖、出汗，不甚妥當。現在才知道，自古英雄出少年。

從前不刻閒章，現在盡刻閒章。閒章就是閒話，閒話就是涼話，涼話就是二話。二話不容易說，說不好，得罪人，甚至招來不測。所以，說二話，俏皮話，要水平，頗有雅俗之分。相聲是藝術。閒章有似於相聲。侯寶林的相聲裡有一首詩：「膽大包天不可欺，張飛喝斷當陽橋。雖然不是好買賣，一日夫妻百日恩。」這不能叫詩，誰跟誰也不沾邊兒，但是特別逗人。王朝瑞一想起這首詩來就笑不可支。有一次騎自行車走在路上，突然想起這首詩來，笑得支援不住，只好停車蹲在路邊笑，笑夠了再走。王朝瑞是我的好朋友，他讓我刻「大陵王屋山書畫印」。他很滿意。他滿意才引起我的注意，我也覺得不錯。他是文水人，文水古稱大陵。這地方出美女，一般人只知道文水出過兩個美女，一個是武則天，一個是劉胡蘭。人們不大知道在戰國時期，文水就出過一個著名的美女，她叫吳娃。又名孟姚（見《史記・趙世家》），她嫁給趙武靈王，趙惠文王和有名的平原君，都是她的兒子。閒章不可亂蓋。

有人對齊白石的畫風不滿，說他荒謬，齊白石鬥氣，刻了一方閒章：「荒謬絕倫」，堅決頂住的意思。後來有人欣賞齊白石的這種精神，也仿製一印「荒謬絕倫」。文革中紅衛兵請此公書寫毛主席詩詞，用印時胡亂蓋了此方閒章，紅衛兵發現，以為是在說毛主席詩詞荒謬，這一頓狠鬥就不用提了。日本人梅舒適到太原來，請我刻名章，我就刻了「梅舒適」三字印。有位書法家也喜歡篆刻，主動給梅舒適刻了一方閒章，印文是「君再來」。梅先生以為「不入印」，給他退回了。當時議論甚多，說什麼的都有……我以為無非就是歡迎再來太原的意思。梅先生說「不入印」，卻是值得注意的。不入印就是沒處蓋它。往哪裡蓋，這是大問題。比如刻個「父親大人」、「我的愛人」、「我愛你」、「好妹妹」、「不許放屁」、「傻哥哥」等等，這往哪裡蓋呢？沒處蓋。所以說文化就是文化，不能太庸俗。如果說，我喜歡，我願意，你管不著。是，是管不著，其奈文化何！我們中華民族，我們中國，歷史悠久，文化遺產豐厚，外人敬仰，非止一日了，不能自己糟踐自己，那就太殘忍了。

最後說到刀法，篆刻中講究刀法，完全不講刀法，那就是不得法。太講究了也不行。篆刻中的刀法猶如書法中的筆法一樣，真要講究起來，沒完沒了。古人愛好玄虛，今人愛好名詞概念。往往是越說越空，甚至進入禪宗的迷霧之中。我說筆法的基礎是筷子，既有法，也無一定之規。刀法也一樣，既有法，也無一定之規。握管使鋒，自然要握住，不要把筆掉在地上就行了。捉刀自然要捉住，要有準頭，不要割破手指就行了。我有時用力過猛，把左手的食指刺破過。我的老戰友王奐有一次把左手的無名指刺破了，我們大笑一陣，這是怎麼刻的。王紹尊先生是拖刀，三個指頭捏住刀，往後拉，也就是往下拖，比較穩。我問他，齊白石怎麼捉刀，他說齊先生是衝刀，往前推，有精神。我看過畫家王螢刻圖章。他是往前衝，左手的大拇指在刀後頂著點，也挺穩，也有精神。我就採取了這種辦法。不採用老師的辦法，也可以。只要準，有力，能實現自己的意圖就行了。友人送給一塊石頭，我一刻才知道，硬得厲害，不能用。大概是他刻不動才送了我。我用我的長刀，用肩膀頂著，刻了「蒙齋」二字。友人們說，這個印刻得好。我心裡清楚，就是刻得不好，也沒法重刻了，磨都磨不動。可見刻好刻賴也是碰勁。碰好了，就用，碰壞了，用不得，就磨掉。不可強求。有時候書展要字，很想寫好卻寫不好，也許是太緊張。有時某人讓刻圖章，很想刻好，怎麼刻也刻不好。這事情如同戀愛，不可不求，不可強求。你終於找到一個好妻子，你就狠狠的愛她就是了。至於怎麼得來的，有什麼經驗，說也說不清，就算你說的再清楚，你的經驗別人也用不上。書法篆刻，所有的藝術，所有的創造發明，都是如此，豈有他哉。

顏之推曰：「夫有過而自訟，始發蒙於天真。」（《觀我生賦》）再也沒有比一個積極投身革命的青年，十年後竟發現自己一無是處，更加痛苦的了。若說這便是一種「自訟」，其經歷卻是艱巨而漫長，雖然從不說起，卻是終生難忘。到後來欲說還休，只道天涼好個秋。深夜夢中哭醒，披衣而起，靜寂的街道，淒涼的路燈，忽然想起自殺的趙虹……那是一個才子，我的最好的朋友。當年我被降為「新戰士」代理主編的時候，也有人稱我是「才子」。不過，那只是把我從工農兵的行列中開除出去的一種「普遍呼聲」罷了。我是憑著我的傻，才渡過了千里萬里的難關。後來才知道什麼叫：「始發蒙於天真。」天真不就是傻嘛。我在邊區革命中學時的一位音樂教師，姓劉。後來在一次行軍中遇見他了，他也參了軍。我們有過一次有趣的談話。他說：「你們南管頭在三中的學生有兩個姓張，一個很聰明，叫張慶源，另一個有點傻，叫什麼來？」我說：「叫張德臣，就是我。」他有點不好意思，我卻處之泰然。我是有點傻，不僅是不會唱歌不會跳舞。後來在五〇年代，我打聽這位劉老師，他在華北軍區政治部任電影科長。有點傻的人，如果把心一橫，那就叫王八吃稱砣，鐵了心了。軍隊我是認清了，沒有我的前途。所以決心不幹了。一九五五年住了半年「肅反隊」，我一個字沒有寫。我的老戰友王奐寫了上萬字的交代材料。我不寫，該槍斃就槍斃好了。

到了地方，本想從頭幹起，誰知不行。一路整挨過之後，一九七〇年，在中央辦的山西機關幹部學習班中，省市兩級共上萬人，上至副省長，下至收發員，都寫了鬥私批修交代材料，只有一個人一個字沒寫，這就是林鵬。直到一九七七年、一九七八年清查四人幫時，依然一個字沒寫。王奐什麼時候都想表現好一點，我正好相反，不幹壞事，但是決不故意表現好。人家把我當敵人，我為什麼要把他們當同志呢。還有比這更簡單的嗎。這就是我的「發蒙」。我的齋號曰：「蒙齋」。姚國瑾作《蒙齋義解》述其義。林曰「蒙蔽」，降大任釋為「頓悟」，張頷釋為：「《易蒙》之象，上山下水，仁者智者，其樂和同，林子陶然，樂在其中。」姚寫道：「作廬夫子之義大而遠。」姚國瑾釋蒙為：「艮少，坎伏不明，故曰蒙。」「吾師少年從戎，意氣風發，中歲屢遭磨難，感慨悲歌，老來伏隱，返樸歸真。」姚國瑾的這篇短文很精彩。其實，此處還有另一層意思。蒙就是我。山西（五台）人說我，音「蒙」。張先生已拈出《文選》注為證，「謙詞也」。河北人說我，音「們」，《元曲選》寫作「每」，其實一樣，我。我之義，自我也。有人說，孔子發現了人，莊子發現了自我。自我是一種覺悟，一種尊嚴，一種文化或說道德的基石。這種東西，在上古就有了。姚國瑾的短文中提到巢由，是頗由見地的。中國的傳統文化是士君子文化。大舜就是一個典型的士君子。正是他開創了中國的禮樂文明。史學家們不注意此點，這是因為他們只看到了階級鬥爭。這也是無可奈何的事情。

文革前，除了臨摹以外，也刻過一些名章。現在能找到的就只有一枚「袁鶴齡印」。袁鶴齡是我在邊區師範學校的老同學，好朋友，後來都入了伍，幾十年沒斷通信聯繫。有一次我們團政委劉國輔同志行軍中問我：「林鵬，聽說你找了一個對象。」我很驚奇，極力否認。他說：「聽說叫袁鶴齡？」我笑了，我說這是我的老同學，是個男生。他一聽也笑了，說：「現在打仗，你還年輕，勝利以後再說吧。」我說：「我也是這個意思。我對當時愛彙報的人，從心裡佩服之至，不過他們太過敏感了，太無中生有了。這位劉政委是個好政委。從來不著急，不發態度，不亂罵人。」「三查」（查出身成分，查階級立場，查對土改的態度，大概是這樣）時我們在一個小組（我是宣傳幹事），一條炕上睡覺，緊挨著。我的被子又薄又短，那是冬天，睡時，我必須把下邊用背包繩捆住，不然一蹬腳就出去了。劉政委說：「你那是幹什麼呢？」我說明原因……他笑了。「三查」後，他派他的警衛給我送來一條新被子。我連聲謝謝也沒有說。那時候人們不太愛用這兩個字，但是心中懷著感謝。從圖章扯到一條被子，這扯的太遠了。

「張侯林鵬」，不是封侯的林鵬，是張侯村的林鵬。易縣南管頭的張姓，是從完縣張侯村遷來的。史載，漢丞相張蒼封北平文侯，其後裔世居中山義豐。後世史家找不到義豐在何處。我以為完縣張侯村就是當年的義豐。也是聊備一說而已。

革命成功以後，五十年代，到處都是「反革命」。六十年代，到處都是「反黨分子」、「反黨集團」。究竟是誰在反八大，這是人人皆知的。但是，「反黨集團」大豐收。省人事局也不例外，現任局長把前任局長打成了「反黨集團」，號稱「土皇帝」。在這土皇帝之下有多種官職，財政大臣，外交大臣，儼然是一個小朝廷。我官小，只是個秘書，給我定了個「狀元郎」。土皇帝大表公佈出來，林鵬頭上赫然三個大字：「狀元郎」。我一氣之下，刻了一方大印，「狀元郎印」。我不在乎，由他去！七十年代，江青穿上軍裝炮轟謝振華，有人又說我是謝的黑幹將。我又刻了一方印：「幹將」。我不在乎，由他去。說起來，這有點鬥氣。反抗是壓迫造成的。誰都知道真正的敵人已經沒有反抗的能力，於是就把屠刀對準了原來的同志，這樣遇到的反抗更少，更得手，更愜意，其樂無窮。我的一些印作，就是這麼產生的，傅山說：「貧道岑寂中，每耽讀刺客遊俠傳，便喜動顏色，略有生氣矣。」我的篆刻和讀書其實是一回事。魯迅說：「有病不吃藥，無聊才讀書。」雖然尖酸，倒也貼切。

大約在文革初期（一九六七年至一九七〇年）我有一方印，我刻過多遍都沒刻好，即「沙丘」二字印。史載秦始皇死於「沙丘平台」。沙丘在古代很有名，地址在河北省平鄉縣。據傳最早是商紂王修建的，史稱沙丘宮。後來，公子成圍沙丘宮，趙武靈王餓死在此。再後來就是秦始皇。我決心寫一部長篇歷史小說，寫秦始皇。這個決心是什麼時候下的，是在文革前。定下沙丘二字為書名，我記得很清楚，是一九六七年二月十九日，這天是我的生日。我把我在此以前的小說書稿（一個長篇，兩個中篇）當眾燒掉，然後我在自己的日記本上（我從來不記日記，怕人說是反動日記，但是有一個日記本）寫了兩個大字「沙丘」，注曰：「中國問題的關鍵在此。」即使紅衛兵抄了去，諒他們也不知道這是什麼意思。我認為要真正認清中國的古代史，關鍵就在「沙丘」。能認清中國的古代史，也就認清了中國的現代史。反過來說也一樣，能認清中國的現代史，也就認清了中國的古代史。我以為認清中國古代史的關鍵，就是認清秦始皇。而秦始皇一生活動的關鍵，就是他冠禮前後的一年多。這一年多事情很多，而一般歷史家卻避而不談。

我把我的歷史小說定名為《沙丘》，前頭有個「楔子」，等於序幕，寫他冠禮前後的事情，取名《沙丘引》，即《沙丘》的引子。一九六八年寫了一遍，一萬多字，乾乾巴巴，不滿意。一九七〇年冬天在插隊地點重寫一遍，也不滿意。到一九七四年，批孔開始了，我又重寫一遍，題辭是傳說孔子的歌詩：「何物男子，入我室，登我床，顛倒我衣裳。」依然不滿意。後拖到一九八四年冬天，降大任一句話救了我的命。他說：「所謂小說，就是閒話的藝術。」我一下子恍然大悟。一九八五年一月五日把《丹崖書論》的書稿交給王朝瑞，我把腳一跺，當晚我就動筆寫起來。我當時已經五十八歲了，此時不動筆，更待何時。我想起伍子胥的話，「吾日暮途遠，吾將倒行逆施。」把以前寫的全部拋棄，另起爐灶，不做計畫，不列提綱，人物故事隨寫隨編，寫到那裡算那裡。第二年一九八六年四月二十二日，我小外孫滿月時，寫完長篇歷史小說，取名《咸陽宮》。太原風俗外孫滿月要「挪騷窩」，到姥姥家住去。我高興極了，《咸陽宮》完成，可哥的又得一外孫，實在不知如何是好。從此外孫同我一起睡。一九八〇年，我得了一個孫子，高興非常，取名「騶虞」，《山海經》「林氏之國有仁獸焉，名曰騶虞，見之天下大安。」當時中央說，今後不搞政治運動了。我想，只要不搞政治運動，也就天下大安了。一九八二年得一孫女。現在又得一外孫。人生在世，尚有何求。

生命有限，藝術無窮。這就是說的精力。年輕時，不知道精力是什麼，自然也不知道愛惜，經常打疲勞戰，甚至搞破壞性試驗。到老來，知道了，卻是沒有多少了。往往是，有精力說話，比如發個言，卻無精力提筆。力氣就不夠，不可勉強。即使勉強，也弄不好，一塌糊塗，懊喪無限，於人於己都不利。有精力提筆時，如在一般筆會上，還能揮灑兩下，從效果上看，也還能混得過去。但是，卻沒有精力捉刀。由此可見，最後才是刻圖章。一般說，它不將就，它既要求興致、靈感等等，它還要求力氣，精力充沛。這就是篆刻藝術的獨特性。它不是一般的執筆、而是執刀，要力氣，要精力。而當人們談論藝術的時候，不可避免的，繞不過去的，就是性慾。沒有性慾，自然也就沒有藝術了。然而，仔細想來，性慾只是一種衝動，有時名之曰創作衝動，它只是感情，只是煙，只是火氣，還不是火。沒有煙，形不成火，但是光有煙，光有火氣，不頂用。性慾之外，或說性慾之上，還有食慾，食慾就理智多了。這才是火。所謂血氣方剛，大體上就是這種情形。而真正的藝術，它非常超脫，簡直就是超然物外，變化莫測，不可捉摸，不可不求，不可強求。求而不得，無須懊喪。求而得之，似得非得。名滿天下，未必真得。所謂浪得名，古來就有，遍地都是，青年學子，不可不戒。然而，卻無從著手，無從著力，不知功夫何在。過去說：「源於生活，高於生活，表現人民，教育人民……」那基本的意思並沒有錯。只是說過來說過去，越說越硬，越說越左，過於簡單了。書法篆刻怎麼反映生活？莫名其妙。然而，它是可以反映社會生活的，是能夠反映社會生活的，雖然比較曲折，比較不那麼直接，因為它也是社會生活的一部分，雖然不很重要。此雖小道，頗有可視。它所反映的，只是一種獨特的文化氛圍。古代的一些著名學者，當他們撰寫「印人傳」之類著作時，他們早已經充分的意識到這一點了。不過話又得說回來。道理必需能打來回，道路是可以回來的。不能回來，那就不是道路。說一句，「走自己的路」、「路在腳下」……說說可以，不能真走，回不來。這就是朝庭之士，入而不出，山林之士，往而不返的情形。這情形太普遍、太深刻、太耐人尋味了。因此，人們總是忽略它，不太在意。

兩千年前的古人所煉出的鋼，今人科技如此高度發展，反而煉不出來。在中國這就是歐冶子，在外國這就是大馬士革刀。不要在一千五百度（溫度）以上考慮，古人製造不出一千五百度來。其實這個道理很簡單，這就是所謂爐火純青。煙都冒完了，火也著完了，只剩了最後那一點點藍色的小火苗。它的溫度並不高，然而它可以摧垮一切，熔鑄一切，造就一切……這就是藝術。每個人都可以在自己的生活過程中，生命過程中，體驗出來，察覺出來，只是很難把握住它，不過如此而已。

回想自己的一生，總覺得與時代不合拍，好像慢半拍，這叫一步跟不上，步步跟不上。自己偶一想起，就苦惱萬狀，不知如何是好。一位組織科長對我的評價是，不聽話，不可靠。我聽說後很不服。我自幼積極投身革命。抗日時期我在我們易縣的最前線（最東邊四區）當區幹事。解放戰爭時期我到了野戰軍的團政治處當幹部，也是最前線。我工作很積極，一不怕苦，二不怕死。我沒有犯過任何錯誤。然而我卻給組織上這種印象，我沒有辦法了。孔子曰君子有三畏，首畏天命。天命不可違。這就是我從根本上說沒有地位觀念（不做升官夢想）的根源。這種不做升官夢的可以說冥頑不靈的思想，支配了我的一生。它實際是救了我，使我未能誤入歧途，也就是未能進入「彀中。」在上述對我的惡評之後二十多年，我讀了《禮記》之後，我才慢慢有了一點對自己的正確認識。

《禮記》裡有《儒行》一篇，好文章。降大任曾說，你把《儒行》用揩書寫出來，並加以注釋，然後出版，很有意義。我死抱著「古之學者為己，今之學者為人」的教條不放。我想，有意義也只是「對人」的意義。所以我遲遲未動。《儒行》曰，「難得而易祿也，易祿而難畜也。」畜就是豢養。吾刻「難畜」二字閒章，拒絕做馴服工具也。古今中外只有儒家有此一義。它和「逆命」、「不使之臣」、「君命有所不受」、「不可使為非」、「處士橫議」（橫議者逆也）是同一個主義。儒家的此一重要主義，不僅是法家的先生和後學們根本不瞭解，就是儒家的鄉願和冬烘們也不瞭解，這是一種全新的先進的主義。它同性格上的倔強，不羈、狂狷等等不是一回事。

五十年代，中國的馴服工具論，曾經受到東歐小兄弟們的批評。中國人大為惱火。蘇聯和東歐大體上仍在歐洲文明的系列之中，他們只知道民主自由等等時髦概念，只在個人主義中涵泳，這同儒家的以天下為己任的胸心和「逆命」、「不使之臣」、「不可使為非」等等，不可以道裡計也。

受人竄掇，這幾年收了幾個學生。說是學生，很少見面。我想我收的學生，有一個好處，不累人兒。學生們都是拜師前就已參加過全國書展，甚至有的還得過獎。寫的刻的都很好，認真說來，我能拿什麼教他們呢？他們也很少拿張字來，讓我點評，指導。這種情況極少。有一次一個學生拿了他的字來讓我看。我看後無話可說，其實比我寫得好。我也是見了丈母娘叫大嫂，沒話找話。我說，昨天一個鐘頭之內來了兩位客人，第一個進門就說，呀，你瘦啦！第二個說，呀，你胖啦！其實，我還是我。你拿上一張字，讓人批評。張三說，這裡應該靈動活潑一點，讓它飛騰起來……李四說，這裡應該凝重莊嚴一些，入木三分，力透紙背……還怕找不到話說嗎？其實沒用。這種意思，古人早就說的不待說了，你們也讀過多少遍了。這就是龍跳天門虎臥鳳閣的意思，不過如此而已。所以，我同學生們見了面，閒坐，閒扯，一般扯不到書法篆刻上來。回想起來，扯的最多的是讀書。我問他們最近讀了什麼書？哈耶克，給我講講哈耶克的意思。說到冰心，《無士則如何》……說到林語堂，《魯迅之死》。經常談論的是《四書》。子曰：「道之以德，齊之以禮。」「君子中庸，小人反中庸」「中庸之為德其至矣乎，民鮮久矣。」也有人問我：「你以足球為例，說中庸就是不偏不正，剛好進球，講的極好，這有出處嗎？」我說：「不偏不頗，『頗者偏也』，這種注值得考慮。頗就是過分、過於、過甚……只怕不是過偏，而是過正，過於板滯，過於教條，過於守舊。古人講，讀書有間，心知其意。間者間隙也，也有時候是，意在言外……聊備一說而已，不敢強人同我也。」傅山說：「文章亦有李廣，程不識兩種，看才之大小耳。」師生之間，認真說來就是朋友之間。老師教給學生的往往很少，學生啟發老師的卻是很多。這種事情，沒法記帳，要記帳老師欠學生的就太多了。

書法篆刻，總歸是小道。雖有可觀，依然是小道。此中只可見出大道，也只是見出而已。見念現，它需要有人發現它的含義，也許發現得對，也許只是無稽之談。我在文革中刻過一方閒章：「你死我活。」我不是說的階級鬥爭、路線鬥爭……我是說，在學習上，在創作上，你比較死板，我比較靈活。說來可笑，那是什麼時候，竟開這種玩笑。剛說了別人不入印，自己又來這些不入印的東西。這叫說嘴打嘴。這只是玩兒，有人說不錯，自己也覺得挺有意思，就留下了，只是沒處蓋。

歸根結底，騷人墨客，遊戲而已。指著這個吃飯，怕是不行。傅山說：「文章誠小技，可憐終日在裡邊盤桓，終日說夢。」此一番東拉西扯，視同說夢可也。就此打住吧。時在二〇〇四年春節過後，吾已七十有七了。

新絳筆贊

去年我到蘭州，寫字之間，有人問到我用的是那裡產的筆。我仔細一看，共帶了五支筆，都是新絳於良英製作的。在場的人都是書法家，他們竟至驚歎不已。「原來你用的筆就不一般呵」、「山西真有好東西」、「山西古代文化就非常發達，真是人傑地靈呵」……我高興起來，於是就趁機吹了一通新絳。

當時在場的人，都沒有到過新絳，經我一吹，他們都說，將來有機會一定到新絳去一趟。不過平心而論，新絳確實是個好地方。

我曾經有幸跟隨當年的華北野戰軍，從北京、太原、西安、蘭州這麼一路走下去。所到之處，人民城廓，頗多勝景。只有新絳，給我的印象歸為獨特。她的縣城不大，但是高高低低，亭台樓閣，錯落有致，有寶塔，有古寺。據說還有張士貴的花園。當時的印象，覺得這真是個神仙世界。後來讀書，又知道了「絳人疑年」、「絳人詢事」（見《左傳》）的典故。覺得那裡不僅風光獨特，人也獨特，真是了不得。後來學書法，才知道新絳有著名的碧落碑，我專程去看過。有絳州帖，我至今沒有見到過。

新絳在三百年前，盛產文房四寶，出產絳紙，出產絳墨，出產著名的四大名硯之一的澄泥硯。澄泥硯早已失傳了。但是絳州筆還一直在生產，最著名的筆工就是于良英。

我是通過梁鴻運認識的于良英。梁鴻運是著名的農民書法家，是一個村支部書記，是中國農民書法協會的理事，不幸於前年去世了。于良英祖輩製筆，到于良英手裡，他繼承傳統，精研技藝，立志要恢復絳州筆的盛譽。

毛筆要求尖圓齊健。目前南方筆廠甚多，材料好，工藝也不錯，就是不尖，腰裡不健。只是大長鋒，越造越大，越造越長。嚴格的說，那不是寫字的筆，是畫畫的筆。我這樣說是有根據的。已故的著名書法家潘伯鷹先生就反對用長鋒毛筆，詳見他的《中國書法簡論》。只有于良英製造的筆，才是真正寫字的筆。他的筆，有尖，腰裡硬，無論到什麼時候都挺得住，也就是說有彈性。如果說大長鋒夾一些豬鬃行不行，不行。光靠豬鬃的那種彈性，使你捺不下去，不好用。于良英的配料非常講究，工藝也非常精良，所以寫起字來非常舒服，要什麼線條有什麼線條，真可謂得之於心應之於手。

我這樣讚揚于良英，是不是會引起別人的同感呢？不用去故意徵求意見。我在某地寫字，寫完字我的兩支筆就不見了。人們一再向我表示歉意。我說沒關係，大概是有人認為我的秘密就在我所用的毛筆裡。後來，我見了于良英，我說，我的秘密就在你的手裡，他笑了。他是一個樸實誠篤的君子，就像山西普通的農民一樣。祝願他的事業興旺發達起來。

金包公傳說

一九五八年我轉業到山西省人事局工作，因工作之故自然經常在東西兩大院走走。一天，朋友告訴我，看見了嗎，那人就是人們傳說的「金包公」，那傢伙，為人剛直不阿，法眼如炬。我看見一位忠厚長者，外貌像個樸實的農民，從我們眼前走過去……我的朋友又說，三十年前的老黨員，省委監委書記，人稱「金包公」。後來他又補充道，我們黨內人才濟濟，好樣的都到共產黨內來了。我想到，「濟濟多士，文王以寧」，這句古話。他又說，只是有些人不得志，吃不開……我說，為什麼，他說，不知道。

這話說過不久，一九五九年下半年，廬山會議後，開始「反右傾」，頭一個就是批判這「金包公」。批判大會我參加了。這姓金的在台上站著，我在台下聽著那些批判發言，大多只是政治口號，沒有什麼事實。後來有一個人發言，說到一些事實，姓金的不斷的插話。他的意思其實很簡單，我只管是誰犯了法，我不管他是什麼階級出身。他的插話，聲音很宏亮，誰知又引起與會者的反感，有人呼口號，批判金某人態度不端正。我當時想，古代曾經有過「成湯論綱」的故事，夏桀論四面之綱，成湯改為一面之綱。他說：「高的低的，左的右的，我都不管，我只管犯法的人。」我想，金某的主張直接繼承成湯，我心中非常敬佩他。後來一想，我也是本單位的批判對象，看來我是真的有點右傾了，想到這裡，有些心灰意冷的感覺。一個人總是處在逆境中，大概這是命吧。

就在開這些批判會的時候，已經開始餓死人了。這是後來才知道，當時不報導，誰也不知道，知道也不敢說。第二年，一九六〇年，城市公社化，食堂化，人人都知道什麼叫饑餓，什麼叫饑荒了。餓了三年，六二年七千人大會以後，開始了比較靈活的政策，准許農民有「自留地」，並且機關裡也開始種地，自己生產糧食填飽自己的肚子。我們省人事局，在洪洞縣找了（借了）幾畝地，種了紅薯。到秋天，我和幾個同志就被派去洪洞起紅薯。因為下連陰雨，不能下地勞動，卻可以聊天，只好就聊起來。洪洞的同志就告訴我一件金包公的事情。

洪洞是個有名的縣份，並且是革命老區，老幹部甚多。有一個老幹部，不便說出真實的姓名來，就叫張三吧。張三是河西人，後來在河東當區長，因為有了權力，有了地位，所以也就有了許多非分之想。他想換一個年輕漂亮些的老婆，他想和他的老婆離婚，三次打報告，縣委不批。他後來出於無奈，在一九五五年，某一天，就把自己的老婆連同他的四、五歲的女兒，一起殺了。他做事非常縝密，當天晚上和同志們打撲克，打完睡下又起來，趁著月亮，騎自行車，四十里回到自己家中，用手槍打死在床上睡著的老婆孩子，又在院子裡扔了一顆手榴彈，還在牆上寫了「打倒共產黨」的標語，然後騎自行車回到住所，睡在自己的床上。然後，天明同大家一齊起床，（他單獨住一間房）同大家一同洗臉，同大家一同吃飯，一切都同不時一樣。

消息傳來，這張三痛哭失聲，他哭的非常傷心，大家非常同情。

根據反動標語，定為反革命報復。張三在一九四七年土改中，曾經在本村領導土地改革，於是，就設想一定是本村的地主富農分子們對張三家人的報復，於是就抓了好幾個村中地富分子和地富子弟。其中有三個人，一個七十多歲，一個四十多歲，一個十幾歲，都是富農成分，就承認了殺害張三老婆和女兒的罪行。問他們用什麼殺的，他們承認是宰羊刀殺的，並且交出了兇器，於是就定了案，三人一律判死刑。

死刑應該經省高院批准，不過，解放初期的縣委縣政府（縣法院）就有殺人權。金某人是省委監察委書記，並且兼著省監察長。他接到報告感覺到此案處理甚為不妥。就帶著好幾個人來到了洪洞縣。他一下火車，就看見火車站貼出了判處死刑的佈告。他叫人趕快撕掉，他拿著佈告進入縣委，指責他們草菅人命。這才知道，公審大會正在廣勝寺舉行，他要求立刻派人去制止公審，把犯人押回縣監獄來。派去的人騎著自行車，趕到公審大會會場，還算來得及，公審判詞已經念完，還沒有槍斃。大會立即停止，犯人押回了縣監獄。

洪洞是個大縣，縣委書記縣長們級別都比別的縣高。他們雖然聽了金某人的話，沒有槍斃犯人，但是，心中不服，覺得丟了面子。當面頂撞金某人，要求他找出真凶，不然，我們的工作沒法幹了……等等。全縣的幹部兩眼都盯著這姓金的，你說這三個人不是真凶，你就得把真凶找出來。要看金某人的好看了。

當時跟著金某人來到洪洞的幹事中，就有一個是後來在大會上批判金某人的人。他明白表明自己的階級立場，辦案就是要講階級觀點，階級鬥爭，階級路線，不能忘了這些。即使有些案情，不是階級鬥爭，但是階級鬥爭的思想觀點沒有錯。這是他後來的觀點，當時他只覺得金某人太武斷，下車伊始，一意孤行。他覺得金某人這回要丟人，除了縣委領導催金某人儘快辦案，就是這位幹事，也在不停地催促金某人快些辦案。金某人問他：「怎麼辦？」他說：「至少也得先到現場看看吧。」金某人說：「不用。」這人又說：「總不能這這麼在招待所裡蹲著吧。」金某人說：「你們要聽話，哪裡也不要去，就在這招待所裡待著。」明天開始，每天找縣裡的隨便什麼幹部來談話。那幹事問：「談什麼？」金某人說：「談什麼都行，閒聊天……」金某人說著笑著，跟他來的人都大惑不解。

這人要做了壞事，他總是放不下心來。這張三，從金某人到，就心神不安，不上班了，來到縣裡住下，每天到金某人住的招待所小院大門外察看。看見金某人找人談話，不斷有人進去，過一陣出來，張三就上前去問，找你談什麼話，跟我說說。那人說，沒說什麼，都是閒話。張三一聽急了，他以為所有人都不肯對他說真話。眼前最要緊的就是階級報復殺人案，怎麼可能總是說閒話，心想壞了，他們的對我保密……

到了第八天，縣委常委們，包括縣長，縣監委書記，縣法院院長，一干人等，在縣委書記的親自帶領下，來到了縣招待所金某人住的那個小院。縣委書記說：

「金書記，你說七天就夠了，今天是第八天了，怎麼樣，您這案子該破的，有眉目了吧？」

所有的人都認為，你金某人不出房門一步，你敢說你能破案？算了吧，我們已經準備好了，我們要到省委聯名告你……

金某人說：「有眉目了。你們都坐下吧，站著不好說話，別客氣，都坐好。」然後他對與他同來的幹事們說：「把這幾天一直在門外站著的那個人叫進來吧。」

於是，張三被叫進來了。

金某人對張三說：

「張三，我是山西省委的監委書記，山西省政府的監察長，這幾位是跟我一同來的省監察院的幹部，其他人，你都認識，縣裡的領導全都在這兒了。你的罪行已經大白於天下，你只有一條路，老實交待。」

張三聽完金某人的話，對著大家，撲通就跪下，他說：「我有罪，我有什麼罪，我承認，我承認，是我幹的，全是我幹的。」

當時全體洪洞縣的領導幹部一聽，大驚失色，目瞪口呆，喘不上氣來，支著耳朵聽完張三的供詞，那基本事實，同前述的情況一樣，此處不再細說。

當天，張三進了監獄，那三個在押犯立即無罪釋放。

洪洞人耿直、強悍，不容易服人，這一下全服了。全體洪洞縣的老百姓們，人人交口稱讚：「金某人真是金包公呀！」「多虧了金包公來了！」

後來縣領導請金某人等人吃飯，酒席宴上，縣委書記說：「金書記，你真是法眼如炬呀，我想問你，你怎麼能一開始就知道這是個錯案？」

金某人說：「很簡單。活人難免說假話，死人不會說假話。死人是被槍打死的，只有有手槍的人才能作案。你說是不是這個理。」

當時在飯桌上，眾人就鼓起掌來，熱烈的掌聲持續了好一會兒。

縣委書記又說：「金書記，您真是神通廣大，您一來，大門不出，二門不邁，不幾天就大案告破，您真神啦。」金某人說：「談不上神。按理說我應該沿著手槍去偵察，那就太笨了。本案已經出現如此波折，你們判了三個無辜者死刑，佈告都貼出去了，公審大會開了一半，我來就把案子推翻……這麼大的動靜，全縣人都知道了，犯人能不知道嗎。相比之下，他比我著急。現在不是我偵察他，他要偵察我了。所以他在我門口站了好幾天，後來一叫就進來了。」

話音一落，又是一陣熱烈的掌聲。

雖然如此，五年以後，金某人照樣挨批判。批判者中就有當時鼓掌的人，這就應了金某人的話，活人都難免說假話，大概是這樣吧。

我一直挨整，心情不舒。三中全會後，不挨整了，心情自然就好多了。我忽然想到，為何不拜訪一下這位金包公呢，一打聽，我的朋友說，早死了。以前人們叫他「金包公」，後來叫他「老右傾」，他不死還等什麼……

我想，正人君子越來越少了。

作者附記：

這是一篇多年前的舊稿，自覺文字粗率，不夠雅馴，不敢道出。又覺得沒有調查研究，都是聽來的傳聞，怕引起非議，就把當事人的真實姓名隱去了。現在考慮，這是不對的，我沒有權力埋沒一個正人君子的真實姓名。現在決定，原文不再改動，謹在此附記中鄭重聲明，金包公的真實姓名是，金長庚。金長庚值得我們山西人永遠敬仰，永遠懷念。作者謹志。

《丹楓閣記》真跡發現始末

一九八八年文物出版社出版了傅山的書法作品《清傅山書丹楓閣記》，並注明原件藏於遼寧省博物館。我看到以後覺得他同一九三四年上海商務印書館出版的《傅青主徵君墨蹟》中的《丹楓閣記》有很大出入，便寫了一篇文章，即《讀〈清傅山書丹楓閣記〉》，指出遼博那件是贗品。此文收入我的書《丹崖書論》（一九八九年由山西人民出版社出版）。《丹崖書論》一書在書法界稍微有些影響，同道們認為我的看法是對的。我沒有見過遼博的藏品，只是根據印刷品說話，這是很危險的。你說某件是假的，你就有責任把真的拿出來。我怎麼能拿出來呢？所以心中一直不踏實。如今真跡在哪裡，毫無影響，也許早已毀壞，或者流失海外，也未可知。後來，山西古籍出版社的編輯朋友們，同意我的文章，把一九三四年上海商務印書館出版的《丹楓閣記》，拿來重印，並把我的文章附在後面，發行全國。這事情就有點鬧大了。不過事有湊巧，正是這件印刷品，引起了《丹楓閣記》真跡藏主的注意。

藏主是一位老先生。他反覆研究我的文章，然後對他們的兒孫們說，這篇文章是對的……你們誰認識這個叫林鵬的人？我想見見他。正好他的大兒子，在上世紀七〇年代曾經同我一起工作，便說，想見林處長，這還不容易。這位長子，先來寒舍說明來意，並告訴《丹楓閣記》真跡就在我家中。我一聽高興之極，簡直是驚喜異常。第二天，他們攙扶著老人來到寒舍，暢談多時。老人說，一九三四年上海商務印書館來拍照時，他就在場。事後商務印書館給了一幅同原作一般大的照片，老人也帶來讓我看，我看同印刷品一模一樣。老人拿出真跡讓我看，絹本，微黃，冊頁裝，織錦封皮，高三十四公分，寬二十七公分，前後共蓋有六枚小印。墨氣生動，筆法自然，真跡無疑。

清道光年間壽陽劉（雪崖）將《丹楓閣記》刻石，除保留中間署名處的「戴廷栻」和「傅山」兩名印外，其起首處上下共四印皆不保留，又在左下加「真山」紅文小印一枚。此件刻石，十分精良。老人也將拓本帶來讓我看。以此推測，遼博藏品的造假者，沒見過真跡，沒讀過《霜紅龕集》，很有可能是根據這個拓片造假的。這只是推測，未必符合實際。真跡每頁七行，刻石每頁五行，遼博藏品每頁只有四行，精神氣味，迥然不同。

我同老人的長子，即為同事，無話不談。我說，見到此件無價之寶，心情激動不已，原以為已經流失海外，誰知竟然未出昭余一步，真是十分令人讚歎。從今而後，窮死餓死，不可賣掉。後來一想，人家三百年間，十幾代人，精心呵護，不失故物，完好無損，還用我囑咐嗎？想來十分可笑。我說，既然我見到了真跡，我就應該寫文章，同意嗎？他說同意。如果出書也同意嗎？他說同意。他並且說：「之所以全部拿出來讓你看，就是為了讓你寫文章，證明真跡還在山西。」他只提出一點，要求我注意，不要透露他們的真實姓名。我向他要一份複印品，他慨然應允了。後來我提出拍照，他也答應了。他提出，讓我在真跡後面寫幾句跋語。我說，別說我了，誰也不敢。這是佛頭著糞，不敢不敢。他反覆要求，我說可以在另外一張紙上寫下我的鑑定和拜觀之幸，他同意了。

我的跋語有這樣幾句話：「清初祁縣戴廷栻修建四層木塔高樓，命曰『丹楓閣』。以接待當時文化名流，並做《丹楓閣記》，請傅山書之。文極詼詭，字極老辣，誠不朽之傑作也。文中從始至終說一『夢』字，自己之夢，眾人之夢，民族文化之夢，充分反映出志士仁人們的真實懷抱，令人肅然起敬。而三百年來，真跡竟然未出昭余一步，此更令人驚歎不已……」

這就是這件事情的整個經過。現在將《丹楓閣記》公諸於世，以饗讀者，並附一九八八年我的文章於後，僅供參考。人生在世，不順心事極多，能有幾件愜意的事情？有一兩件，也就可以心滿意足了。謹志。

涿州行

盧生老去歸范陽，西山白雪見靈光。
魯連好比雲中鶴，狗屎一堆秦始皇。

——涿州行

上世紀九十年代，我曾兩次去涿州，看望我的老戰友楊善元同志。於是就在我的筆記本中留下如此四行俚句，遂命之曰涿州行。

涿州是個好地方，靠山近水，物產豐富。秦始皇夢寐以求的督亢之地，也就是荊柯刺秦時所獻的督亢地圖。督亢就在涿州，古稱糧倉。此地堪稱物華天寶，人傑地靈，出過兩個皇帝，劉備和趙匡胤。還有許多名人，其中以酈道元和邵雍最為著名。還有一個人們不太注意的人物，其實應算頭一個涿州名人，這就是盧生。

《秦始皇本紀》中稱「燕人盧生」，沒有名字。《淮南子》說，他叫盧敖，范陽人，涿州古稱范陽。

盧生就是向秦始皇獻圖篆曰「亡秦者胡」的那個人。他在當時的秦朝是第一個著名的人物。不要忘記，從「亡秦者胡」到「八三四一」，這是一個長時段，一個大時代，我們可以叫它「帝王時代。」這就是從古代的秦始皇到現代的秦始皇，可以說是一個時代。帝王思想、帝王文化發生發展，從勝利走向勝利是從秦朝開始的。也不要忘記，正是這「亡秦者胡」，給秦朝劃了個句號。這是無可否認的歷史事實，說別的都是閒話，都是胡扯。

盧生的年齡應該比秦始皇大，假定大二十歲，那他年輕的時候就有可能見過那位堅決反對帝制的號稱天下之士的魯中連。他或許曾經追隨魯仲連來往於齊燕之間，後來拜羨門高誓為師，遂入山學道。看來他的師父是個高人，正是為了進獻「亡秦者胡」的圖篆，師父才命他下山，混進秦國朝廷，並且多次面見秦始皇，對秦始皇說些道家的濫調，以便測其淺深。

那個「亡秦者胡」的圖篆，本身就是對秦始皇的當頭一棒。你不是說，萬世一系，秦國江山與日月長存嗎，告訴你吧，秦國也有滅亡的一天，「亡秦者胡」也。頭腦稍微靈動一點的，立刻就會有一種強烈的憂患意識產生出來，不幸得很，秦始皇的豬腦子，連一點點憂患之感都沒有。這大概就是所謂的天命吧，「天命之謂性」（《中庸》），性者性也，無可奈何。

正是由於盧生對秦始皇的批評引起了坑儒事件，並且正是他揭了秦始皇的老底，「以諸侯，兼天下」，秦始皇懷恨在心。秦始皇給盧生定的罪名是誹謗罪，這種罪名在當時是非法的，本身就是無道。古代朝廷設有「登聞之鼓」，路旁設有「誹謗之木」。當政的人盼望有人誹謗他，批評他，指出他的錯誤，促使他改進工作。在戰國時代，稍稍識幾個字的小孩子，也都知道「召公諫厲王止謗」的典故，召公說「防民之口甚於防川……。」大概只有秦始皇不知道厲王、幽王以及西周滅亡的故事吧。如果他知道，他怎麼敢冒天下之大不韙，給人定這種無道的罪名呢，這不等於給自己定了罪嗎。就算有一副豬腦子也不會這麼幹呀，然而不幸的很，秦始皇就這麼幹了。

秦始皇發明了焚書坑儒，以致整個帝王時代，文字獄不斷，而且愈演愈烈，直至文革。這文字獄可以說是帝王時代的標誌。秦始皇是敢為天下先，毛澤東是甘為人後。所以我說從「亡秦者胡」到「八三四一」是一個時代，一個大時代，一個帝王時代。這就是讖緯時代，是迷信的時代。為了鞏固個人迷信，不遺餘力的開展造神運動。歷史故事不斷地重演，一浪高過一浪，如此這般綿延了兩千二百餘年，中國人真是受夠了。不過，也有暴君暴王鞭長莫及的地方，曰深山老林也。

盧生是應該活埋的第一名。秦始皇當然首先是要抓到盧生，恨不得手刃之而後快，但是他卻沒有抓到盧生。不用問，盧生有兩條腿，他不會等著秦始皇派人來抓他吧。燕趙之間，遍地都有深山老林，莫說一個盧生，就是一萬個盧生，一旦進入深山老林，則立刻變得無影無蹤。

秦始皇三十四年焚書，三十五年坑儒，三十七年秦始皇死掉，二世三年秦滅亡。總共不過六七年，盧生又出現在人世間，他勝利了，秦始皇失敗了，後人不能不承認這是事實。他是該死沒死，該坑未坑的第一人，第一條漏網的大魚。他是帝王時代第一個倖存者，第一個最後的勝利者。

我想，盧生這時候大概有七十多歲了。魯仲連死了，羨門高誓也死了，盧生怎麼辦？想來他晚年，肯定會回到他的故鄉，也就是范陽，此所謂：「狐死首丘，仁也。」（《禮記》）這是很自然的，自然而然的，落葉歸根。

我的這四行俚句，也應該看做是合乎自然地，此所謂「道法自然」也。後面兩句是盧生的感慨，他無限推崇魯仲連，而極度鄙視秦始皇，這也是很自然的。

戰國後期，可以說英雄輩出，豪傑如林，但在盧生眼中，只有這兩個人值得一提。這兩個人，一個堅決反對帝制，一個堅決實行帝制，這兩股繩兒，你使你的勁，我是我的勁，擰成了兩千多年的中國歷史。雖然帝王思想總是得勢，但是秦始皇最害怕的詩書百家語都流傳了下來。它們一直作為經典，影響著中國歷史。這是事實，這是無法否認的事實，這就是實實在在的歷史。

附錄一　三打紅山包

【按語】好友韓石山先生鼓勵我編一本散文集，我說東西太少，他說，你當編輯記者的事，把過去的通訊報導，合手兩篇放上。於是，不揣翦輒迭之兩篇放在這裡，都是一九五三春發表在六十年《衛國前線》上的，後曾被編選入《光榮的開城保衛者》一書中。《三打紅山包》後來曾經被六十五軍軍長張振川的回憶錄，作為附錄轉載。悠悠往事，不堪回首，作者謹志。

九月初，一九四師五八二團一連九連三排都以緊張而興奮的心情，作攻打紅山包（即西場裡北山）的準備。紅山包雖然被敵人占領著，可是如同我們自己的一樣，我們對它非常熟悉。戰前從戰鬥小組長到團長，每人都看了兩、三次地形；摸雷手們有時都摸到敵人的鐵絲網裡去了（後來他們就是攻擊中的爆破手）。

九月六日下午六點鐘，攻擊開始了。紅山包上火光閃閃，煙霧騰騰，我們的大炮開始射擊了。就在我們的炮彈連續在紅山包上開花的時候，在一營營長張善交指揮下，共產黨員景仁和同志所率領的爆破組已衝到了敵人的鐵絲網前，僅用五分鐘便炸毀了敵人的三道鐵絲網。乘著爆炸的煙霧，衝鋒部隊衝上了山頭。用火箭筒、無後座力炮、機槍，繼續摧毀著敵人的地堡。

戰士們衝上山頂，炸毀了敵人的坑道，戰鬥結束了。雖然這次戰鬥是勝利了，但戰士們仍感到不足。這時，團長張振川來了，他說：「我們是勝利了，可是我們還有缺點。我們沒有抓住俘虜，而且讓敵人跑了幾個。部隊上來之後亂打亂炸，鬧得誰也不敢進坑道。有的單位還失掉了聯繫。特別沒等大量殺傷來攻的敵人我們就撤下來了……」誰能在勝利中看到自己的缺點，誰就會不停地前進。張團長的話給了一連很多啟示。一營營長張善交在一連馬上開了一個會，總結了上次戰鬥的優缺點，表揚了表現好的同志。這樣一來，戰士們的求戰情緒更高了，紛紛向團長要求：再次攻打紅山包，抓回俘虜，消滅敵人！團長經過慎重考慮之後，答應了他們的要求。

在第二次攻打之前，一連調到二線轟轟烈烈地開展備戰訓練。團長親自教育他們，親自幫助他們作戰鬥方案，親自給他們上技術課，親自指導他們進行戰鬥演習。這樣，戰士們的戰術技術水平都大大提高了，每人不但有飽滿、高昂的戰鬥情緒，而且也有了高強的殺敵本錢。為了活捉敵人，戰士們還發揮了智慧，想出了將辣椒面、石灰面綁在手榴彈上炸昏敵人捉俘虜的辦法。

這一次的指揮也加強了，各級都提前一級指揮。戰前一切都計畫得十分周到，戰士們對自己戰鬥中的任務和動作都記得非常清楚。

九月十九日，我們強大的炮火又一次顯示了神威，炮彈像沉雷一樣在敵人的山頭上轟鳴著，山上成了一片火海。

「衝啊！……」

「為人民立功啊！……」

二打紅山包仍然是在一營營長張善交同志率領下，我們的突擊部隊像洶湧的波濤、像猛烈的狂風迅速前進，衝向制高點。從發起衝鋒到占領陣地，只用了四分鐘。在這緊張短促的時間裡，英雄們作出了無數驚人的事情。

青年團員、戰鬥小組長白福成同志雖然渾身都是被火焰噴射器燒傷，但仍英勇地率領同志們迅速前進，打死了敵人的射手，繳了敵人的機槍。共產黨員李發廷同志，只用了兩分鐘，就跑過了一百五十米的衝鋒道路，衝上了敵人的陣地。青年團員龔振達最先衝一個地堡。敵人的另一個地堡了被我們圍住了。

「偽陸一團的士兵們，快交槍吧！」戰士們用剛學的外語向地堡裡的敵人喊話：「交槍不殺，我們寬待俘虜！」

被圍在地堡裡的敵人，還企圖繼續抵抗。

「不投降就打死你！」戰士白福成，把爆破筒插進坑道。「轟」的一聲，敵人的地堡被粉碎，坑道被炸塌了。這時，營長、連長一面指揮部隊迅速挖俘虜，一面命令部隊修工事，防備敵人的反攻。不久，挖出來兩個俘虜，還有許多槍支彈藥。

敵人以為我們很快就會撤走，從四五・四高地來了十來個敵人，結果，一個也沒回去，全被我們打死在山腰上。後來又來了兩個排的敵人，可是剛走到半路就被我們的偵察排擊退了。

「守住紅山包，繼續殲滅敵人！」九連三排防守在紅山包上。在二十號一天中，他們打退了敵人三個炮群和十八輛坦克掩護下的一個排至一個連兵力的六次反撲。等到他們把敵人打退之後，他們就奉命撤了下來。在這一天的戰鬥中，我們共殲滅敵二百餘名，俘虜×名，而且我們的大炮還擊毀敵人的五輛坦克。

這一次戰鬥下來，戰士們請求再戰的情緒更加高漲。為了更多地殺傷敵人，決定由三營營長孟令春同志率領三打紅山包，指定由七連執行（一連有七位同志參加戰鬥）。

就在中華人民共和國成立三週年的第二天，就在亞洲及太平洋區域和平會議開幕的那一天，開始了對紅山包的第三次攻擊。戰士們以實際行動表示了對祖國的熱愛、表示了對人類和平的無限擁護。

十月二日夜，猛烈的攻擊開始了。炮彈像暴風雨，在小小的紅山包上爆炸。炮聲還未停止，在營長孟令春的指揮下，七連的勇士們就衝上去了。地堡裡的敵人仍在頑抗。青年團員盧黑子說：「這個地堡我炸過兩次，班長，讓我完成這個任務！」戰士穆飛亮負了傷。班長讓他下去，他說：「消滅完敵人我再下去。」地堡內扔出了三個手榴彈，英勇機智的五班長高富，伸手就把敵人的手榴彈扔回去，炸死了一個班的守敵。劉文奎將要去炸另外一個地堡，忽然負重傷了，熊邦儀接著衝上去，又犧牲了。正在這時候，戴天覺喊道：「我來完成這個艱巨的任務！為咱們祖國爭光！」他衝上去炸毀了地堡。其餘的敵人都投降了，他們已經知道只有投降才是出路。

這一天晚上，沿著沙河川的整個戰線都在反擊敵人。六七高地被告我們占領了，八六・九高地也被我們占領了……

在指揮所裡，團長張振川高聲地喊道：

「向縱深開炮！向四五・四高地開炮！」

幾個鐘頭之後，張團長走出聯合指揮所，疲倦之中帶著極度的興奮。他小聲對參謀長張學義說：「老張，這一次又算勝利結束了。咱們該作下一次的戰鬥方案了。」

附錄二　愉快的勞動

這裡是殿座山，距離敵人約四千公尺，美國噴氣式飛機不斷的低空飛過，偵察機也經常來看望這些山丘和矮松……可是，在那小山窪裡，在那栗樹陰下，有人在愉快的勞動著，而且叮噹當的彷彿是在奏樂。

在幾個月前當小草剛剛發綠的時候，五七九團二營的同志們已在緊張的修築工事，用小鎬兒開了一條大路，直著通到山的心臟。英雄們用自己的勞動改變了古老山崖的面貌，使它們變成了一座高入雲霄的雄偉無敵的堡壘。可是，這並不是輕易完成的，這是用血汗和智慧創造出來的。起初他們被堅硬的石頭擋住了，小鎬禿了，禿得像棒槌頭，使老大勁打下去，石頭上添一個白點，手腕子震腫了，虎口流血了，手心起泡了，一天才挖了五十生的。

「怎麼辦呢？」戰士問班長。

班長說：「這可怎麼辦呢？」

這戰士為自己的禿鎬發愁，深夜不得睡眠。忽然他覺得自己手裡的鎬是一個鋒利的新鎬，他一樂就醒了，原來是一個夢。他對班長說：

「祖國的鎬運不來，此地又沒有鐵工廠。」他停住了。

班長說：「咱們應該建設一個鐵匠爐，不然工事沒法完成。」

「誰會打鐵呢？」

這個班長叫廖心樹，他想說：「不瞞你說，我就會。」可是他沒說。這幾天他總想，建設鐵匠爐非常必要。連長也問過大家，說：「誰會打鐵？來給解決鎬的問題吧。」可是自己是十多年前學過一年打鐵。如今鐵匠活計這樣多，又恐怕自己完不成。所以他就總想一定還有人會打鐵，或許比自己手藝還高，不一定非用我不可。現在已經等了兩三天，並沒有人報名，於是他決定報名。就是有天大的困難，他也準備去克服。

在這裡，一方面他是謙虛，另一方面是他認為一旦自己要決心做個什麼事情的時候，那就得要堅決作好。

現在他什麼都打算好了。

「要是再有一個就好了。」

「什麼？」

「掌鉗兒的。」

忽然，連長來了。連長為什麼深夜未睡呢？連長見廖心樹還沒睡，便說：「你看，現在就差一個掄大錘的了。難道咱連裡就沒有會掄大錘的嗎？」

「連長，有呵。」

「誰？」

「我。」

「什麼？真的嗎？你怎麼不早說。」

廖心樹笑了笑，說道：「我有點思想毛病——害怕困難。我沒有暴露這事，現在我決定了要暴露它。」

「好吧。這太好啦。現在別的連有一個掌鉗的，叫陳光輝。」連長說著站起來要走：「我趕快給你報名去。」

那戰士樂壞了。拍著班長的胳膊說：

「班長啊，我要是你，我早就說啦！」班長說「現在不晚吧？」

「不晚，不晚。」那戰士說：「你明天就去，你們儘量想辦法，給俺們解決困難。你的工事，我們每人多挖一下就挖出來了。工具的問題長短得解決。」

第二天，廖心樹到營部去了。這位老戰士，個兒不高，黑黑的圓臉，灼灼的兩眼含著微笑，好像他受眾人之託要去從事一件極偉大的事情似的。

當他見到營長的時候，營長旁邊立著一個青年人，細高個兒，圓圓的臉兒，說話的時候總帶著年青人的羞怯，那人說：

「想不到在朝鮮又當起鐵匠來了。」這人就是陳光輝，他今年二十三歲了，是青年團員，可是已經打了七年鐵了。

「廖心樹，你來啦！」營長招呼著他，並對陳光輝說：「陳光輝，這就是你的夥計。」

說著又來了一個黑小夥子。他高聲的對營長說：

「營長，我可弄不太好呵，反正咱們有的是力氣。你算算，我才學了不到五個月，我沒有打過鐵，年紀小，光拉風箱。我這東北人，怕熱，我就跑回家去了。」這人叫李本孝。

營長跟他們三人談了很多，在什麼地方盤爐，注意什麼問題……最後他說：「我是外行，我想不出很好的辦法來，你們努力搞吧，困難是很多，你們使勁吧，需要領導上幫助的，我們一定想辦法。」

幹什麼的就精什麼心，陳光輝記起了，他在那邊幾裡遠的莊子裡，曾看見過一個打鐵的砧子。李本孝說：

「我去找風箱。我在那邊看見過一個風箱。」

說著找了聯絡員就去了。那朝鮮老鄉不大願意借給。李本孝說：

「老大伯，我們志願軍要建設一個小鐵匠爐，這就跟您老自家的一樣，往後您老少啥只管說話，您是缺鐮刀，您是缺斧頭，咱們盤好爐灶之後，就給您做，您看方便不方便。」

這一番話不要緊，把老大伯的心說活了，他們就把風箱扛來了。那以後他們當真就給老鄉們打過鐮刀、斧子、菜刀、小鋤、鍘刀等東西，老鄉們也更願意幫助他們了。

李本孝問廖心樹：「斫子借來了沒有？」

「借來了。」

「好。」

「鐵還沒有，從哪去弄鐵呢？」

「上火車站去弄鐵。」

「車站上有嗎？多不多？」

「老鼻子啦！」

廖心樹一聽十分高興，便說道：「困難，困難，那個困難能擋住咱們？」

李本孝說：「你說不說吧。五次戰役當中，困難多不多，可是，能怎麼咱們。那時候上級說往前插，我就是往前插。把鞋穿壞了，我撿了老美一雙破皮鞋，穿上就又往前插……」他說著，帶著歡欣，和在不知不覺中所流露出的誇耀的神情。

這天他們三個人，帶著機槍連的馱騾，從被美國飛機炸爛了的車站上，弄來了許許多多的廢鐵。他們的對營長說：

「明天就生爐呵。」

「明天就生爐。」營長滿心歡喜的重複著：「明天就生爐。」好像過去重複著「五點鐘總攻」一樣的，尋味著這意義重大的時辰。

盤爐台，沒有石頭，他們得要從二里遠的地方把適用的石頭搬來。他們得要在沒有木頭的情況下搭一個小棚……而且炮彈不斷的在周圍爆炸，一會這邊的房子被告打著了，一會那邊的栗子樹被炸斷了，然而，他們的小棚和爐台卻毅然的站立起來了。

現在他們已經把爐子生起來，首先生產什麼呢？首先生產生產工具，因為打鐵用的錘子還沒有，鉗子也沒有，其他還需要不少的傢具，也都沒有。他們給自己做了兩個大錘、兩個小錘、六個鉗子。他們被武裝起來了，於是，更大的戰鬥也就跟著展開了。

那種對於祖國人民的愛所產生出來的勇敢、以及那種完全出於自覺的創造性的勞動，就好像自行車的兩個輪子，它轉動著，不知不覺的我們就前進了，當我們偶爾回首的時候，才知道前進得是飛快呵！

勇敢和勞動，使陳光輝他們三個人，空手在前線建設了鐵匠爐，這乃千萬件真實生動的創造性勞動的一件呵！

他們在八十五天內，修理了鎬頭七千七百零一把、製造了斧頭六十一把、鏨子一百一十三根、錘子九十個、鎬頭二十三個，抓釘一千三百三十個。還有別的許多東西。這些成績使人們不得不讚美他們。青年團的小組長來了。他問候陳光輝他們，並且送來了祖國人民的慰勞品。

小組長面帶笑容的說：

「你們看，多年的老山坡，現在讓我們打成了洞。我越想這事越不簡單。這都是用手硬挖出來的，手裡就一個鎬頭，鎬頭嗎？就是你們打的。陳光輝同志，李本孝同志，廖心樹同志，這得首先謝謝你們呵！」

「別謝，別謝我們。」廖心樹說：「謝謝黨和上級的領導吧。當初，我們多少有點害怕困難。如果不是上級給我們想辦法，鼓勵我們，我們那能搞出這些成績來呢。」

陳光輝很受感動的慢慢的說道：

「小組長，誰也別謝誰，因為咱們是在開城前線，不是在別處。」

「就是呵，小組長，」李本孝說：「我們後邊是開城，再走不遠就是祖國，是祖國什麼地方？是我們東北。就為著這點，你看，連裡送來叫趕修的鎬頭又堆起來了，我們一見這，連飯都吃不下去，寧願不吃飯也得把鎬修好。」他又接下去說道：「你別嫌我話兒多。從前我不願意拉風箱，叫我爹揍過一頓，揍我也不去學打鐵了。可是這會兒，我說不上來的這麼愛打鐵，我越打勁越大，越打越打得歡，我一聽說你們從五十生的的速度提高到了五公尺，小組長，我心裡高興的了不得。」

在前線上，在敵人炮火的威脅下，他們勞動著，叮叮噹噹的大錘小錘不斷的響著、響著，用勞動製成了自己的優美的音樂。現在已經是夏天了，誰都覺得很熱，熱的吸煙都不肯。但是，陳光輝他們正在熾熱的爐火旁，緊張的工作著。汗珠滴下來，滴在剛剛打好還未冷卻的鎬頭上。你在爐台旁聽不見別的聲音，你只能聽到風箱沉重的呼吸和那鏗鏘的鐵鳴，而且你也看不見別的東西，因為你只被那愉快的勞動和那四濺的火星吸引住了。

他們一邊打鐵一邊唱歌，深切的表現了他們勞動的愉快：

太陽喲出來紅似火，
掄起了錘頭打起鐵，
打鐵喲只打得日頭落，
日頭能落爐火不能滅。

一天，營長來了。他滿身泥土，這些泥土深深的感動了陳光輝他們，他們想到，營長也在挖工事呵。營長說：

「光輝，你們研究一下，為什麼鏨子總是卷刃呢？」

「鋼的質量有關係。」

營長說：「禮拜天去工事裡看看，研究研究，是什麼原因，有辦法解決沒有。」

第二天，他們三人來到山頂坑道裡。他們和戰士一起打鏨子，打一下看一看。廖心樹說：

「這樣吧，把這尖兒打成鴨子嘴似的，大概就好些。」

「也許。」戰士們說。「那就試試看吧。」

後來一試驗是好多了，不很捲刃了。

戰士們說：「老陳，你們製造的錘子太輕呵。」

「那就打重的。」

他們開始打三斤的錘子，後來打八斤的，打十斤的，戰士們說什麼樣的合適就打什麼樣的。

一天連裡又送來了許多要修的鎬頭，廖心樹一看，心中納悶：「怎麼竟是斷鎬呢？」

李本孝說：「這是什麼原因呢？」

陳光輝帶著行家常有的口吻說：「這鐵就跟人一樣，是有性格的。」

「對，實在是。」李本孝說：「咱這回找來的這鐵的性格是什麼樣的，我們還沒有摸透。你說往水裡淬，它脆的直斷，你說不淬吧，它軟的捲刃。」

「這得研究研究，我也沒有打過這種鐵。」

後來他們找會打鐵的老鄉來一同研究，最後想出辦法來了。先燒成紅色，淬下去就拿上來，等藍上來時再淬下去。這樣既不軟又不脆。

以前他們在一天早晨近三個鐘頭之內，才打五個抓釘，後來選擇原料改進製作法，提高到每小時打二百一十個。

他們是從戰火中鑽過來，今天仍然是置身於戰火中的勇士。當他們用衝鋒槍掃射美國侵略者的時候；當他們揮動錘頭，汗珠落下火星飛揚的時候；當他們熬費心思鑽研和創造一個東西的時候，我們可以毫不誇獎的說他們是模範的勞動者，是勞動的英雄。

血歷史52　PC0240

新銳文創
INDEPENDENT & UNIQUE

過往雲煙
——林鵬先生回憶錄

作　　者	林　鵬
主　　編	蔡登山
責任編輯	蔡曉雯
圖文排版	邱瀞誼
封面設計	王嵩賀

出版策劃	新銳文創
發 行 人	宋政坤
法律顧問	毛國樑　律師
製作發行	秀威資訊科技股份有限公司 114 台北市內湖區瑞光路76巷65號1樓 電話：+886-2-2796-3638　傳真：+886-2-2796-1377 服務信箱：service@showwe.com.tw http://www.showwe.com.tw
郵政劃撥	19563868　戶名：秀威資訊科技股份有限公司
展售門市	國家書店【松江門市】 104 台北市中山區松江路209號1樓 電話：+886-2-2518-0207　傳真：+886-2-2518-0778
網路訂購	秀威網路書店：http://www.bodbooks.com.tw 國家網路書店：http://www.govbooks.com.tw

出版日期	2013年10月　一版
定　　價	450元

Printed in Taiwan

國家圖書館出版品預行編目

過往雲煙：林鵬先生回憶錄 / 林鵬著. -- 初版. -- 臺北市：新銳文創, 2013. 10
面； 公分
ISBN 978-986-5915-10-0 (平裝)

1. 林鵬 2. 回憶錄

782.887 101015604

讀者回函卡

感謝您購買本書，為提升服務品質，請填妥以下資料，將讀者回函卡直接寄回或傳真本公司，收到您的寶貴意見後，我們會收藏記錄及檢討，謝謝！如您需要了解本公司最新出版書目、購書優惠或企劃活動，歡迎您上網查詢或下載相關資料：http:// www.showwe.com.tw

您購買的書名：________________________________

出生日期：________年________月________日

學歷：□高中（含）以下　□大專　□研究所（含）以上

職業：□製造業　□金融業　□資訊業　□軍警　□傳播業　□自由業

□服務業　□公務員　□教職　□學生　□家管　□其它____

購書地點：□網路書店　□實體書店　□書展　□郵購　□贈閱　□其他

您從何得知本書的消息？

□網路書店　□實體書店　□網路搜尋　□電子報　□書訊　□雜誌

□傳播媒體　□親友推薦　□網站推薦　□部落格　□其他________

您對本書的評價：（請填代號　1.非常滿意　2.滿意　3.尚可　4.再改進）

封面設計____　版面編排____　內容____　文／譯筆____　價格____

讀完書後您覺得：

□很有收穫　□有收穫　□收穫不多　□沒收穫

對我們的建議：________________________________

____

____

____

請貼
郵票

11466
台北市內湖區瑞光路 76 巷 65 號 1 樓
秀威資訊科技股份有限公司 收
BOD 數位出版事業部

（請沿線對折寄回，謝謝！）

姓　　名：____________ 年齡：________ 性別：□女　□男

郵遞區號：□□□□□

地　　址：________________________________

聯絡電話：(日) ________________ (夜) ________________

E-mail：________________________________